中国经济文库

理论经济学精品系列（二）

U0838079

中国特色农民合作组织的国际比较研究

An International Comparative Research on Farmers Cooperative Organizations with Chinese Characteristics

陈家涛◎著

中国经济出版社
CHINA ECONOMIC PUBLISHING HOUSE
北 京

图书在版编目（CIP）数据

中国特色农民合作组织的国际比较研究／陈家涛著
.--北京：中国经济出版社，2019.12
ISBN 978-7-5136-0573-1

Ⅰ.①中… Ⅱ.①陈… Ⅲ.①农业合作组织-对比研究-中国、世界 Ⅳ.①F321.42②F313

中国版本图书馆 CIP 数据核字（2019）第 001530 号

责任编辑　伏建全　孙喆浩
责任印制　马小宾
封面设计　华子设计

出版发行　中国经济出版社
印 刷 者　北京九州迅驰传媒文化有限公司
经 销 者　各地新华书店
开　　本　710mm×1000mm　1/16
印　　张　18.5
字　　数　289 千字
版　　次　2019 年 12 月第 1 版
印　　次　2019 年 12 月第 1 次
定　　价　68.00 元
广告经营许可证　京西工商广字第 8179 号

中国经济出版社 **网址** www.economyph.com **社址** 北京市东城区安定门外大街 58 号 **邮编** 100011

目 录

第一章　导　言

第一节　选题背景和意义

一、选题背景

合作经济是一种特殊的经济组织，合作社是合作经济的组织载体。1844 年，英国罗虚代尔公平先锋社创建成功之后，合作社运动迅速在世界各地掀起，从英国发展到西欧、北欧，紧接着又传入北美。一般地，合作经济是社会弱势群体的组织，社会弱势群体通过组织合作社进行互助，从而增强抵抗风险的能力。由于合作经济维护社会弱势群体的利益，改善了其社会和经济地位，因此，合作经济是弱势群体融入社会的路径。1895 年，国际合作社联盟成立，合作社在世界各地取得了快速发展。截至 2013 年，国际合作社联盟拥有 125 个国家的 235 个成员组织，其社员总数超过 7.5 亿人。

20 世纪初，西方的社会思想被中国的一些知识分子介绍到中国，合作主义思想也随之传到中国。从西方合作思想和理论在中国开始传播至中华人民共和国成立，农民合作组织在生产力发展水平低下、工业落后、商品经济不发达的特定历史条件下获得了广泛的发展。农民合作组织可以分为民间自办、官办以及官民结合等类型。它们大多是在政府的积极倡导与推动下发展起来的，以信用合作社和生产合作社为主。中华人民共和国成立后，我国通过社会主义合作化运动改造个体小农，合作社也变成了社会主义的经济组织，人民公社成为“工农商学兵”一体的“共产主义的大学校”。合作化运动有其积极的一面：积累了公共财产，兴修了大量的农业水利设施，培养了农民集体劳动的观念，为农业现代化提供了物质基础和宝贵经验。

1978 年，中共十一届三中全会作出把党和国家的工作中心转移到经济建设上来、实行改革开放的历史性决策，为中国农村的改革和发展掀开了新的一页。党中央全面把握国内外发展大局，尊重农民首创精神，率先在农村发起改革，使我国农村发生了翻天覆地的变化。我国农村实行家庭联产承包责任制和农副产品市场化改革，被誉为中国农业改革的“第一次飞跃”。取消农业税，对农民实行直接补贴，初步形成了适合我国国情和社会生产力发展要求的农村经济体制；农产品供应日益丰富，农民收入大幅增加，扶贫开发成效显著，依靠自己的力量解决了 13 亿人口的吃饭问题；农村市场兴旺繁荣，农村劳动力大规模转移就业，亿万农民工成为产业工人的重要组成部分。

农副产品市场化改革直接将农民推向千变万化的市场，单个农户无力承担市场风险，在市场交易中处于弱势地位。如何找到一条有效解决上述问题的途径，切实提高农民收入和市场地位，减少农民市场交易风险和不确定性，解决日益增长的“小农户”和“大市场”之间的矛盾，成为本书分析的起点。

农民合作组织作为一种实现“小农户与大市场”有效对接的经济组织形式，能够解决小农户与大市场之间交易费用过高、交易效率低下的问题，契合了我国农业领域对组织制度的创新需求。通过组建农民自己的合作经济组织，改变单一农业生产者与大市场之间进行不对等交易的制度，实施以合作经济组织为载体的农业产业化经营，是解决上述问题的正确选择。

目前，中国特色的农民合作组织发展迅猛，业务范围不断延伸，但与发达国家的合作社相比，仍处于初级阶段，还需要更深入的研究。本书依据我国基本国情，分析比较国际合作社的治理结构、组织模式与政府的关系等方面的差异，以期为发展既具有中国特色又符合农民意愿和国际规范的农民合作组织提供借鉴。

二、选题意义

（一）理论意义

本书具有如下两方面的理论意义：

（1）有利于繁荣与发展马克思主义合作经济理论。马克思主义合作经济思想是马克思主义的重要组成部分，这些理论直到今天对于各国合作经济理论的发展仍发挥着重要作用。本书以马克思主义合作经济理论为指导，借鉴西方合作经济理论的研究成果，开展合作经济的理论研究，对推进马克思主义合作经济思想理论研究具有重要意义。

（2）有利于加深对农民合作组织理论的理解，探讨有中国特色农民合作组织的发展道路。合作思想于20世纪初传入我国，许多学者对农民合作组织的发展道路进行了大量的探索，提出了不同的理论模型，这些探索都是对各个国家合作社发展经验的科学总结。比较有影响的理论模型有研究生产合作社的Ward-Vanek模型、购买合作社和运销合作社模型、垂直一体化框架内的合作社价格和产量决策的模型、合作社作为联盟企业集体选择模型、有限次重复博弈和无限次重复博弈模型等。通过研究各个国家合作社发展的历程，对比各种理论模型，吸收和借鉴国外合作社成功发展经验，对于发展中国新型农民合作组织具有重要意义。

（二）实践意义

通过对农民合作组织进行国际比较，借鉴国外合作组织的成功经验和中国历史经验，适合中国国情多样化的合作社组织模式，更好地发展中国特色农民合作组织，推进农业现代化，增强农产品的国际竞争力。

第二节　国内外研究综述

合作社早在16世纪就开始出现，在19世纪得到快速发展，到20世纪，合作社理论在实践中不断发展和创新。

一、国外合作社理论文献综述

（一）20世纪40年代以前的合作社理论

早期空想社会主义者的合作思想可以追溯到古希腊思想家柏拉图的《理

想国》对理想社会的描述。18 世纪的空想社会主义者则对未来理想社会从富有想象力的文学描述转向理论上的探索和论证，其代表人物有托马斯·莫尔（Thomas More，1478—1535）和托马斯·康帕内拉（Tommaso Companelle，1566—1639）等。19 世纪初，被称为“合作经济之父”的欧文在 1817 年提出“合作公社”的模式，认为合作社是理想社会的细胞组织。1829 年，傅立叶在他的著作《经济的新世界或符合本性的协作行为》中阐述了合作经济思想，他倡导的“法郎吉”模式就是一种合作经济组织。主张用他设计的和谐制度代替资本主义制度。1821 年，圣西门在《论实业制度》一书中构建了一种“实业制度”模式，将从事产业活动的资产者等同于从事工农活动的实业者。三大空想社会主义者所构建的理想社会模式中，和谐社会成为共同的追求目标，蕴含了丰富的合作思想。特别是欧文被马克思和恩格斯称为英国合作制的播种者。

20 世纪 20 年代以后，合作社成为资本主义体系的一个重要组成部分，合作经济理论分为两大流派：改革派和进化派。改革派分为以毕合（Buchez，1796—1865）为代表的社会主义学派和以查里·季特（Charles Gide，1847—1932）为代表的合作联邦学派。社会主义学派将社会主义看作合作运动的最终目标，用和平的方式谋求社会主义改革，带有改良主义色彩。合作联邦学派将合作看作支配社会的经济体制，合作本身就是目的，主张将经济控制权交给消费者，奉行“消费者至上”的原则。进化派认为合作经济是资本主义内部的进化因素，分为竞争尺度学派、萨皮罗学派和美国学派。竞争尺度学派以艾德温·诺斯（Edwin G.Nourse）为代表，认为合作经济不可能成为支配资本主义社会的经济机制，只能作为来衡量资本主义体系是否完善的尺度；以萨皮罗（Aron Sapiro）为代表的萨皮罗学派提出合法垄断说，主张合作社需要获得政府的支持，建立中央集中控制的合作社体制；以埃米里扬诺夫（Ivan Emelianoff）为代表的美国学派认为合作社是业务的联合而非人的联合，是独立经济主体间的不完全联合。在改革派和进化派提出之后的几年，学者们对合作社的研究开始从寻求其存在的合理性解释转向对合作社内部问题的深入剖析。

（二）20 世纪 40~90 年代的合作社理论

国外合作社理论随着合作社实践的发展而不断发展，大多数学者认为，从20世纪40年代开始对合作经济学有了真正意义上的研究，并产生了比较规范的合作社理论。大致可以分为两个阶段，第一阶段是20世纪40~80年代，经济学家应用新古典经济学方法沿三条主线分析合作社：一是作为纵向或垂直一体化；二是作为一个企业或厂商；三是作为通过集体或联合行动联结起来的厂商之间的联合（联盟）。第二阶段是20世纪80~90年代，经济学家应用新制度经济学研究合作社问题。

1. 20世纪40~80年代

在萨皮罗（Aron Sapiro）和艾德温·诺斯（Edwin G.Nourse）之后，对合作社研究的重点从合作社的外部合理性转向合作社运行的市场效率，通过构建微观模型和新古典经济学派均衡分析法和边际分析法，研究合作社与投资所有者企业（Investor-owned Firms）的价格和产量决策有何不同，及其对产业的竞争均衡结果有何不同的影响。通常将企业看作是以盈利为目的追求利润最大化的组织，合作社是社员自愿联合实行民主管理的非营利组织，传统的企业理论及模型分析不适用于对合作社的分析。为了解决这个难题，埃米里扬诺夫（Emelianoff，1942）将合作社看成一个集合，集合中包含众多的微观经济主体，形成垂直一体化结构，他建立了相对应的分析框架解释合作社成员与合作社之间的关系。安克（Enke，1945）研究消费合作社时将合作社看成一个企业或者厂商，将企业理论中如果生产者和消费者剩余达到最大则社会福利达到最大的结论应用于合作社中，如果合作社中的生产者剩余和消费者剩余达到最大，则合作社成员福利和社会福利也达到最大。

菲利普斯（Phillips，1953）和罗伯特卡（Robotka，1957）发展了埃米里扬诺夫（Emelianoff）的研究，菲利普斯依据埃米里扬诺夫的思想，建立了一个垂直一体化框架内的合作社价格和产量决策的模型，分析的结果表明社员的决策原则是私人边际成本和合作社的边际收益相等。罗伯特卡认为合作社是一种经济现象，是独立的经济主体之间不完全的经济联合，是业务的联合而不是人的联合。赫尔姆伯格（Helmberger）和胡斯（Hoos，1962）在现有研究的基础上，创建了一个合作社模型，结果表明：①合作社可以通过限制合作社成员的数量来给予现有成员潜在激励；②在不同的市场类型中合作社会对市场均衡产生影响。完全竞争市场条件下，合作社的参与导致市场短期内偏离均衡，长期内市场处于均衡状态。而沃德（Ward，1958）和波特曼

（Putterman，1980）等利用新古典主义的经济学方法来探讨合作组织资源配置的效率问题。这些研究试图说明，至少从长期来看，资源的配置在合作社里是可以实现其静态效率的，对成员的劳动激励可能会达到市场雇佣条件下的水平。

但是，阿尔钦和德姆赛茨（Alchain & Demesetz，1972）研究发现，对于合作组织而言，实现上述激励水平和生产效率的条件并不容易满足，因此对劳动的衡量是不完全的，于是他们发展了关于合作组织变迁的理论。后来，霍姆斯特姆（Holmstrom，1982）通过构建一个简单的团队生产模型，讨论了平均分配条件下合作组织的效率问题。结果表明，在一个封闭的，即预算平衡的合作组织内，“搭便车”可能导致诸如劳动力等生产性投入的供给不足。无论是米德（1972）、阿尔钦和姆赛茨（1972），还是霍姆斯特姆（1982），他们的研究都将合作社生产的低效率归咎于团队内部在收入分配上采取的分享或平均主义原则，而这又被认为是公平和公正的体现。因此，一些学者便从非经济因素的角度来解释合作社的内部激励结构及其性质，波特曼（1980）等详细地讨论了这些问题，而 Maclend（1988）通过构建模型论证了平均分配原则可以和效率相容。

把合作社作为通过集体或联合行动联结起来的厂商之间的联合（联盟）的代表人物有坎顿（Condon，1987）、维塔里阿诺（Vitaliano）、尤金和麦克尔·詹森（Eugene，Michael Jensen，1983）等。他们通过建立理论框架解释合作社之间的相互竞争对市场均衡和合作社内部社员收益的影响以及不同的财产控制权对合作社组织联盟的影响。

2. 20 世纪 80~90 年代

20 世纪 80 年代，随着交易费用理论、博弈论等一些新制度经济学理论的应用，一些学者开始使用这些理论研究合作社问题。在完全信息条件下，有限次重复博弈唯一的子博弈精炼纳什均衡使每个参与者每次都选择静态战略均衡，也就是说，有限次重复博弈不可能导致参与者的合作行为。但是阿克斯罗德（Axelord，1981）实验研究表明，即使在有限次重复博弈中，合作行为也会出现。通过将不完全信息引入重复博弈，证明了参与者之间战略空间的不完全信息对均衡结果有重要影响。克瑞普斯、米尔格罗姆、罗伯茨和威尔逊（Kreps，Milgrom，Roberts and Wilson，1982）的声望模型证明合作行为在有限次博弈中会出现，也解开了有限次重复博弈中合作行为不会出现的悖论。20 世纪 90 年代，合作社的理论研究有了更快的进展。戈特曼（Joel M Guttman，1992）认为，在合作社内部，工人的报酬不仅仅是其投入的函数。例如，在以色列的基布兹（Kibbutz）内，无论其成员对集体的贡献如何，净收入在成员之间平均分配。在这种情况下，存在着严重的“搭便车”问题：当工人的收入与其贡献无关时，为什么他们还自愿合作为集体的产出贡献力量，戈特曼通过采用对策性匹配博弈提出了两种排除这些非合作结果的方法，给自愿合作更合理的解释。埃申堡（Eschenburg Rolf，1992）则认为合作社对市场的代替并不是取消了市场，而是将外部市场内部化，即“合作社内部市场”。

（三）当代合作社理论的新拓展

20 世纪 90 年代以来，合作社的理论研究有了更快的发展，以新制度经济学为主的大量新方法、新理论（委托代理理论、产权理论、交易费用理论、博弈论等）用于研究合作社，对前期理论进行拓展。

（1）一些学者围绕合作社是追求单一目标函数最大化的独立厂商的假定，改进了前期的研究。Sexton（1990）比较了不同的市场结构和企业行为模式下加工企业价格范围，在阐明这种市场中开放成员资格的合作社可以促进竞争的基础上，得出了合作社加工者在买方寡头垄断市场中的价格——产出均衡。

费尼曼（Feinerman）和费克威特（Falkovitz，1991）从另一个视角，研究了在新古典理论框架下如何制定合作社的价格和分配机制最终达到帕累托最优状态。他们基于社员同质性的假设，构造了一个社员既是生产者又是消费者的多目标服务型合作社的模型，合作社的服务影响社员的生产，进而影响收入和消费效用函数。在给定具有代表性社员的效用函数情况下，该类型合作社的目标即最大化社员的总福利，以色列的莫夏夫（Moshav）即是该类合作社的典型。然而，这些结果仅在他们的假定范围内适用。

（2）一些学者把合作社看作一个追求效用最大化的群体的联合，而形成的联盟。（Zusman，1992）根据契约理论构建了一个关于合作社企业中的集体选择模型。该模型解释了合作社在成员异质性、信息不完全、有限理性和追求讨价还价成本最小的限制条件下如何制定集体抉择规则以及如何选择集体抉择规则。模型采用两阶段博弈：第一阶段博弈是选择合作社的基本制度，第二阶段博弈是在选定的制度环境下合作社的具体运作。随后，Zusman 和 Rausser（1994）在社员存在异质性的条件下，采用贝叶斯纳什均衡方法，构建了一个在集体行动中存在一个核心参与者与 N 个非核心参与者之间讨价还价的交易博弈模型，解决了合作社社员在群体选择中如何影响合作社的效率及不同群体的利益。

沃卡曼（Vercammen）、富尔顿（Fulton）和海德（Hyde，1996）针对以前模型中的关于成员的异质性及信息不对称所产生的问题，他们以营销合作社为对象运用标准新古典理论构建非线性定价模型，进一步拓展了如何运用非均衡定价方法赤改进失效问题的思路。

（3）一些学者把合作社作为契约集或合约集，拓展了合作社股东之间的交易关系。在 20 世纪 90 年代，将合作社视为合同契约关系受到了学界的关注。该理论认为合作社利益相关者之间的关系是契约性的，实际上是建立在委托代理理论、交易费用理论、不完全契约理论的综合，这些理论的共同点在于其契约性。

David W.K.、Leon A.、Markus C.L.（2007）克服了静态合作博弈的参与者能做出具有约束力的协议假定，从动态博弈[①]的视角，讨论了时间不间断的决定性动态环境下合作博弈和成功的合作社联盟所取得的动态平衡，从而达到多赢的帕累托最优局面。

除了以上三种理论，还有合作社发展周期论。如库克（Cook，1995）把合作社的发展周期分为 5 个阶段，他不仅从合作社所占据的市场份额不断扩大和新的合作社不断出现来说明合作社具有旺盛的生命力，还从外部一系列经济因素、社会因素的变化，强调合作社要随着外部环境的变化不断地进行调整。正因如此，“新一代合作社”受到众多学者的重视，如富尔顿（Fulton，2000）指出“新一代合作社”既是适应现代农业变化的一个调整，也是对合作社内部制度安排的缺陷进行的创新和改革。

---

① 在博弈论的研究和应用范畴中，动态微分博弈研究的是随时间而转变的决策互动，动态博弈的困难在于，前一刻最优的决策在下一刻可能不再为最优，因此在求解上会产生很大的困难。可以说，如何解决随机动态环境下的合作问题是博弈论应用和发展的一个重大课题。

二、国内合作社理论综述

农民合作组织一直是我国经济学者的重点研究对象。大多数学者认为我国真正的合作社运动开始于1918年北京大学消费合作社，有近100年的发展历史。20世纪20~30年代，在少数精英知识分子、社会团体的推动下，我国的合作社运动进入了高潮，尤以“华洋义赈会”、梁漱溟与晏阳初的乡村建设理论与实践等最为典型。中华人民共和国成立后，我国合作社运动分为3个阶段，包括土地改革到1956年的生产合作社、人民公社及家庭联产承包责任制。从20世纪80~90年代开始，关于农民合作组织的研究日渐增多，从开始的介绍国外合作社发展的经验、我国合作社发展历史、合作组织在我国存在的必要性，到后来学者们开始关注合作社产生的必然性、特征、内涵、制度安排，当今的研究又触及合作社发展的限制因素、运行机制、成员异质性、合作社联盟等。在当前农民合作组织理论取得新的进展的背景下，如何更好地发展具有中国特色的农民合作组织是摆在学者面前的一道难题。

（一）关于农民合作组织的界定

合作理论与合作原则演变至今，最初的罗虚代尔原则注重的公平（尤其是劳动公平）原则已很难适应当前中国农村合作发展的需要，我们应该在遵循马克思恩格斯的论述的基础上，依据中国发展的现状，重新界定中国农村合作经济组织的内涵和外延。

首先，不能将农民合作组织局限于劳动的联合中。历史表明，将合作社局限于劳动的联合中，等同于将合作社作为社会大生产中的一个农业车间，而不是相对独立、存在内部经济利益的经济组织。马克思指出不论生产的社会形式如何，劳动者和生产资料始终是生产因素。只要进行生产，就必须将两者结合起来，不同的结合方式将社会区分为不同的时期。中国农业集体化之后，分配制度的平均化，使公有财产下的合作制度效率低下，最终人民公社制度解体。这充分说明，合作社不仅要体现劳动者劳动的联合和资本的联合，还要使劳动者实现收益的增加。

其次，不能将农民合作组织局限于公有产权和单一的治理机制。合作社既是一种经济组织形式，又内含一种经济制度，而这种经济制度既决定着劳动者的经济利益能否增加和怎样实现，同时又决定着合作社的形式。劳动者拥有的财产权利不同，组建的合作组织的形式也不同，混合产权形式是不同合作组织建立的前提。在创新的合作组织形式中，已经出现了多种产权形式和委托代理关系，说明合作社的产权和内部治理机制可以有多种形式。

最后，不能将农民合作组织局限于单一的组织形式和农业生产领域。不应该将合作社局限于公有产权形式，更不应该局限于生产领域，而应包含产前、产中、产后的整个生产领域，加入投资、生产、分配的各个环节，参与农业、工业、服务业的利润分配。

综上所述，将农民合作组织界定为：农业生产劳动者为了谋求、维护和改善其共同利益，遵守合作社的原则，实现劳动的联合和资本的联合，建立以民主管理为基础的管理制度，实现劳动的分工协作和资本的有效运营，采取按劳动分配和按资本分配的方式，直接为农民提供服务的经济组织或联合体。

（二）农民合作组织产生的必然性

高明（2016）认为在合作社成立初期，政府应实施有效的宏观调控，减少合作社发展障碍，加速合作社发展。徐旭初（2014）从赋权理论视角，基于我国政府与农民合作社的现实关系状况，揭示了合作社发展中政府行为的动因、维度及作用机制，研判了合作社发展中政府赋权行为的特征。[①]

以专业合作组织为载体，研究农村合作经济组织。周立群和曹利群（2001）认为，在农业产业化开始阶段，农村的主要经济组织形式是“龙头企业＋农户”，但其不能对当事人构成有效约束，导致机会主义出现。为了克服这种缺陷，保障农户的权益，有必要引入中介组织，形成新的组织形式——“龙头企业＋中介组织＋农户”。[②] 苑鹏（2003）提出农民合作组织是农业企业化的有效组织载体。

黄祖辉（2000）从分析农业生产的基本特征入手，探讨农民合作的必然

---

① 徐旭初．农民合作社发展中政府行为逻辑：基于赋权理论视角的讨论［J］．农业经济问题，2014（1）：19.

② 周立群，曹利群．农村经济组织形态的演变与创新——山东省莱阳市农业产业化调查报告［J］．经济研究，2001（1）：96.

性。他认为由于农业是利用生物的生命过程来取得人们所需要的产品的产业，其特征是自然再生产与经济再生产的统一；生产周期长、资金周转慢等使得农户联合起来，共同抵御自然风险和市场价格波动风险。农业产业的这些“先天劣势”使其更需要组织的保护。

程恩富（2006）从农村改革和发展的第二次飞跃离不开合作经济的广泛发展的角度揭示了当前发展农民合作组织的必要性。提出合作化经营是广大农户联合起来从事市场活动的经营形式，是解决小农户与大市场矛盾的最佳途径，是市场经济实践的产物。马艳（2006）认为，农民合作组织是不同于传统集体经济组织的新型农村经济组织，其建立和发展经历了 3 个阶段：稳步发展的初始阶段（1951—1955 年初），激进发展的曲折阶段（1955 年下半年—1978 年），改革开放后的回归发展阶段（1978 年以后）。

陈于（2015）从动机理论的视角探析农民合作社产生的机制，认为在农户力量均匀且弱小、有内在需求和内聚力的村庄，有效的村民自治具有促进农民合作社产生的动力机制。[①] 韩瑜（2010）以制度变迁理论为基础，对我国 20 世纪 80 年代兴起的农民专业合作经济组织产生的主客观原因进行分析。主观方面：①农民有强烈的增收愿望；②政府有农村稳定与农业发展的目标；③农业企业有降低风险和减少资本支出的需要。客观方面：①商品农业的发展；②市场规模的扩大；③原有制度安排的缺陷。[②] 邱志扬（2009）从交易费用的视角，运用制度变迁理论，采用“制度需求—制度供给”的经典理论框架，分析农民合作组织成立的必要性。[③]

（三）农民合作组织的功能

一个均衡的社会必然是政府部门、企业部门、社会部门的融合共存。农民合作组织在提高弱势群体市场谈判地位、提高就业、促进社区发展等方面的作用日益增强，农民合作组织自身所具有的独特的企业部门和社会部门的

① 陈于 . 动机理论视角下农民合作社产生机制探析——以广西上寨屯为例［J］. 农业经济问题，2015（7）：72.

② 韩瑜 . 制度变迁与农业专业合作经济组织产生的原因分析［J］. 山东农业大学学报（社会科学版），2010（1）：11.

③ 邱志扬 . 从交易费用的角度分析农民专业合作社的产生［J］. 黑龙江对外经贸，2009（4）：100.

功能近年来成为学者关注的重点。

部分学者从农民合作组织的单个功能进行分析。黄季焜等（2010）以中国 7 省农产品专业合作社大样本数据为基础，以农民专业合作组织提供服务功能强弱为视角，分析农民专业合作社的发展现状及服务功能影响因素。研究表明，组织化潜在收益、组织的创建方式对组织服务功能强弱有明显影响，组织领导人市场从业经验等人力资本条件和村庄市场条件等对组织的发展也有一定影响。[①] 于志明（2009）从金融功能拓展的角度，认为要使农民合作组织蓬勃发展，必须在创新金融服务上加大力度。[②] 费广胜（2012）从生态文明功能的角度解释农民合作组织价值取向与生态文明价值理念的契合性。[③]

构建农民合作组织功能体系是单个功能的凝练和提升。黄大学、刘国炳（2005）从农民合作组织功能和构建评价的角度分析农民合作组织对农业规模化经营的作用。[④] 阎占定（2011）认为，传统的农民合作组织基本功能是生产服务功能，在市场经济背景条件下产生的新型农民合作组织的功能由单一的生产服务功能向以市场服务为核心的多功能的扩展和转换。多功能包括增收益扶贫功能、权益维护和政治参与功能、产业推进功能等。[⑤]

黄宗焜（2007）从合作社功能与社会主义市场经济关系的角度进行研究，探讨社会功能建设在社会主义市场经济中的地位，认为当前的中国社会是社会部门功能严重短缺的社会，合作社所具有的社会和企业部门功能更好地促进社会主义市场经济和社会平衡。[⑥]

崔宝玉、陈强（2011）从资本构成与治理机制的角度分析合作社功能是否被弱化，认为合作社资本控制具有现实性和必然性。然而，伴随着合作社

---

① 黄季焜，邓衡山，徐志刚．中国农民专业合作经济组织的服务功能及其影响因素［J］．管理世界，2010（5）：75.

② 于志明．农民专业合作组织的金融功能拓展研究［J］．华北金融，2009（7）：28.

③ 费广胜．农村生态文明建设与农民合作组织的生态文明功能［J］．农村经济，2012（2）：104.

④ 黄大学，刘国炳．农民经济合作组织的功能和构建评价与思考［J］．广西社会科学，2005（12）：55.

⑤ 阎占定．新型农民合作经济组织创新性功能分析［J］．中南民族大学学报（人文社会科学版），2011（5）：131.

⑥ 黄宗焜．合作社功能和社会主义市场经济［J］．经济研究，2007（12）：11.

制度、机制设计及合作社社会资本的丰富度不同，其效应表现形态也会有所差异，合作社的资本控制不会必然导致合作社功能弱化。[①]

（四）农民合作组织的制度安排

许多学者从农民合作组织绩效的视角探讨合作组织的制度安排。大部分学者认为不同时期的农民合作组织制度安排产生不同的绩效。杨娜曼（2008）从制度与绩效视角审视我国农民合作经济组织的三个阶段，即农业合作化时期、人民公社时期和改革以来的历史变迁，认为作为一种经济组织，农民合作经济组织在不同时期有其不同的经营方式和制度绩效。[②]罗必良、王玉蓉（1999）认为经济组织的经济绩效，既取决于组织内部的制度安排，又取决于组织产权结构与宪法秩序、意识形态的相容性。[③]黄胜忠、林坚和徐旭初（2008）基于有序模型的研究发现，农民合作社的绩效与治理机制相关，治理机制规范的合作社表现出良好的成长性和盈利能力，社员的参与度与收益比较高。[④]

部分学者从农民合作组织制度变迁的角度进行探讨。韩瑜（2010）认为，中国农民合作经济组织制度处于不断变迁之中。20世纪80年代产生并蓬勃发展的新型农民合作经济组织是由农民、政府和企业三者的共同需求引致的一次新的制度变迁，这也正是新型农民合作经济组织发展的动力所在。[⑤]冯开文（2003）从制度变迁的协调演进方面系统分析了我国合作制度变迁的路径，得出了制度变迁和创新的路径一旦选定就会不断强化形成路径依赖，进而成为后续制度变迁的轨道的结论。王天宇（2008）认为制度变迁有两重含义：一

---

① 崔宝玉，陈强．资本控制必然导致农民专业合作社功能弱化吗？[J]．农业经济问题，2011（2）：8.

② 杨娜曼．我国农民合作经济组织的制度变迁与绩效研究[J]．湖湘论坛，2008（3）：44.

③ 罗必良，王玉蓉．农业经济组织的制度结构与经济绩效——一个理论框架及其应用分析[J]．农业经济问题，1999（6）：11.

④ 黄胜忠，林坚，徐旭初．农民专业合作社治理机制及其绩效实证分析[J]．中国农村经济，2008（3）：65.

⑤ 韩瑜．经济问题探索[J]．制度变迁与中国新型农民合作经济组织的发展动力研究，2010（4）：35.

是制度创新，二是新旧制度接轨。[①]

随着农民合作组织制度安排研究的不断深入，运行机制和内部治理受到越来越多学者的关注。徐龙志、包忠明（2012）通过对江苏省农民合作组织的分析，资产权属呈现出资金来源的异质性，且剩余控制权与剩余索取权分配极为不合理，从而影响了会员管理、参与的积极性。社员行为激励机制应包括显性及隐性激励机制，若从合作组织的发展周期进行分析，每一发展阶段应分别采取不同的激励机制。[②]黄凤、杨丹（2014）根据 15 个省份微观合作社调查数据，实证分析了农民合作社内部治理对农业横向服务能力和纵向服务能力的影响。结果表明，股权集中度对两者负向影响，成员广泛持股对两者正向影响，内部监督对两者有显著的正向影响。[③]傅晨（2006）从会员制度、治理结构、决策机制、利益机制 4 个方面，结合案例分析了农村合作经济组织的运行机制。赵意奋（2008）认为合作社具有独特的治理结构，主要包括成员大会、理事会和监事会 3 个机构，这使其与集体经济组织、公司区别开来。

三、国内外文献综述评价

以上回顾了国内外学者对农民合作组织的研究所取得的进展。可以看出，由于合作社的发源地是欧洲和北美，因此，合作社的理论研究在这些国家相对领先。国外学者研究从合作社存在的必要性向激励约束机制的设计、治理结构的选择方向转化。关于合作社的效率，国外学者意见不一，尚需进一步深入研究。国内学者对发展农民合作组织基本形成了共识，由于中国农业生产、家庭经营、农民自身特点不同，中国合作社发展不同于西方国家。学者对农民合作组织的界定、产生的必然性、功能、制度安排等方面进行了广泛的研究，取得了丰硕的成果。目前的研究领域正在向深层次即合作社内部治

① 王天宇．我国农村合作社制度分析［J］．三江论坛，2008（5）：34.

② 徐龙志，包忠明．农民合作经济组织的优化：内部治理及行为激励机制研究［J］．农村经济，2012（1）：12.

③ 黄凤，杨丹．农民合作社内部治理对其农业服务的影响［J］．湖南农业大学学报（社会科学版），2014（6）：40.

理及合作社联盟方面推进。表现为：①中国特色农民合作组织是在遵循国际合作社联盟概念的基础上，依据各地实际情况，发展了多种合作社形式，有农民专业合作社、农民专业合作组织、农民专业协会、社区合作社等。②农民合作组织由单个合作社向合作社联社发展，包括纵向的一体化和横向的一体化，合作社的企业化和跨区合作社联盟成为我国农村合作组织未来发展的主流趋势。③合作组织绩效与治理结构有直接联系，在剖析合作组织制度变迁的基础上，分析了农民合作组织的运行机制和治理结构。

第三节 研究方法、创新及不足

一、研究方法

（1）以马克思辩证唯物主义和历史唯物主义为指导，在系统分析合作经济理论起源的基础上，研究合作经济理论在西方产生与发展的具体历史背景，采用抽象分析与具体分析相结合、动态观察与静态分析相结合的方法，比较不同经济社会制度下，合作经济理论发展变迁的特异性与共性，剖析空想社会主义理论的历史局限性。

（2）历史分析法。通过对国外合作社的发展历史和中国农民合作组织发展历史进行梳理，了解研究对象在历史演进过程中的变化。

（3）理论研究与实证分析相结合。在理论研究方面，引入博弈论、规模经济理论、交易费用理论等，分析合作社的产生和发展。在实证研究方面，选取了世界上一些国家的合作社作为研究对象，在分类归纳总结成功经验的基础上，为中国特色农民合作组织的发展提供有益的借鉴。

（4）比较研究法。通过将国外合作社的起源、发展历程、运行机制及对中国的启示进行纵向和横向的分析比较，揭示我国与西方合作经济发展的共同趋势及差异。在此基础上，从合作社自主治理、功能、与政府的关系和组织模式 4 个维度与中国农民合作组织进行比较，为中国特色农民合作组织的发展提供建议。

二、研究创新

（1）当前关于合作社研究的文献资料非常多，主要集中在以下3类：关于中国农民合作组织发展研究、制度研究、治理机制研究；介绍国外某一个国家或地区合作社的发展及对中国的启示；中国与国外某一个国家或几个国家就合作社的某一运行机制的比较研究。通过查阅大量数据库和文献资料，发现有相关的国际比较，研究有中国特色农业的国际比较、农民问题的国际比较，鲜有关于中国特色农民合作组织的国际比较研究，涉及十几个国家以上的合作社多维度的国际比较文献就更少，凸显了本书的价值。

（2）依据埃莉诺·奥斯特罗姆提出的8项原则，将中外农民合作组织的自主治理从清晰产权界定、成员的集体参与度、有效的监督机制、对组织权的最低限度的认可进行国际比较，进而对构建有中国特色农民合作组织的治理机制提出合理建议。

（3）本书将中国特色农民合作组织同国外合作社的功能、组织模式、与政府的关系逐一进行国际比较，挖掘其共同特征和差异，为构建中国特色农民合作组织提供借鉴。

三、不足之处

本研究存在一些不足和缺陷：①由于第一手数据的获取渠道的限制，现有的实证研究的数据大多是依据某一个县、市或者省里几个典型地区而得出的，这样的结论缺乏广泛的认同，很难代表中国特色农民合作组织发展的实情。②关于合作社的内部治理、分配机制的研究相对较弱，对如何提高具有中国特色农民合作组织绩效的研究刚刚开始，有待进一步深入研究。③如何在借鉴吸收国外合作社成功经验的基础上，更好地发展具有中国特色和符合国际规则的农民合作组织，这方面的研究相对较少。④面对日益激烈的国际农产品市场竞争，国内合作社如何联合共同抵御市场风险，这方面的研究甚少。

第二章　合作经济思想与合作社的发展

合作经济不仅与微观经济组织的制度创新有着紧密联系，也对宏观经济的调控运行有着重要影响。合作社是这种合作经济关系的一种典型组织形式。联合国前秘书长潘基文指出："合作社注重价值观的鲜明特点使其即使在艰难岁月也能繁荣昌盛，证明自己是百折不挠生命力强的商业模式。合作社的成功迄今已帮助许多家庭和社区摆脱陷入贫穷的命运。"

第一节　相关概念界定

在有关合作经济的著作和文章中，人们对于合作制、合作组织、合作经济、集体经济、股份制经济以及股份合作制经济、混合所有制经济等范畴的概念及它们之间的区别和联系存在争议。为了便于研究和讨论问题，需要对相关概念做简单界定和分析。

一、合作制

合作制是一种社会经济制度，是近代商品经济的产物，有其特定的组织形式，反映特定的经济关系。合作制从本质上有两方面含义：一方面，它是劳动者为改善生活或生产条件，谋取和维护自身利益，在自愿互利的基础上建立起来的经济组织；另一方面，它又是以劳动联合为基础的经济关系，生产资料、资本等生产要素通过合作占有，为联合劳动提供物质前提。合作制的具体形式在实践中千差万别。

合作制既是一个历史范畴，有其产生、发展和消亡的规律和过程，又是一种普遍的社会现象，它的内涵、类别、性质、功能和作用，依其所处的时代、国家、社会经济条件的不同而变化。由此可将合作制概括为，合作制是劳动群众为了谋求自身的经济利益，在自愿互利的基础上结合起来的经济组织制度。

二、新型农民合作组织

新型农民合作组织泛指我国农村经济市场化以来，在家庭承包经营的基础上依照自愿、民主、平等、互利的原则，按章程进行共同生产经营活动，谋求和维护其成员的社会经济利益的组织，包括乡村专业合作社、社区合作社、专业（技术）协会、各类经济联合体、合作社之间的联合组织等。这种新型农民合作组织是改革开放后出现的，既区别于近代的农村合作社又区别于改革开放前的合作化和人民公社运动，其制度安排更接近于真正意义上的合作组织。

三、中国特色农民合作组织

中国特色农民合作组织是指遵循世界合作运动及合作社发展的一般规律，并从中国的基本国情出发，确定中国发展合作组织的内涵、民主管理、治理机制、功能和组织模式。中国特色农民合作组织是实现中国特色现代化农业的重要选择。具体来说，就是从城镇化和农业现代化的快速发展、单个农户经营规模狭小、东中西部区域产业和资源禀赋差异巨大、农产品国际竞争日益激烈的特殊背景出发，以农民自愿互惠联合，领办人转向各社会精英，成员生产者、经营者、投资者身份叠加，综合服务功能不断拓展，合作社采取横向和纵向一体化联合扩大规模，组织模式日益多样化，公司化经营趋势突出为特征的合作组织。文中中国特色农民合作组织范围比国际合作运动中的合作组织范围更宽泛，既包括规范的农民合作社，也包括各种松散的、不完全具备合作社特征的农民合作与联合组织。

四、合作经济

当社会经济发展到一定阶段时，为了获取更好的服务和更大的利益，劳动者常常以自愿入股的方式联合起来，组成民主化管理的合作组织，这就是合作经济。在不同的社会经济制度中，合作经济会表现出一些共性特点，主要表现为自愿成立、民主管理、互惠共利，合作经济组织成员的个人所有与其合作成员共同所有相结合，也就是惠顾者与所有者相统一。

合作经济通常表现为合作社经济，即合作经济是各种合作社经济活动的总称。合作社作为一种组织形式，更是社会经济结构中的重要经济形式。在我国历史上，合作经济有多种表现形式：①在对私有制的生产资料的改造过程中，由零星的小商户组织起来的合作组织，如合作小组和合作社商店等；②在农业的合作化进程中出现的互助组等合作组织，这是劳动者创造的初级合作形式；③农村地区在实行家庭联产承包责任制后，各种股份合作制经济组织和协会开始出现，这些组织以土地入股，并提供产前产后的技术服务。合作经济不仅是简单的、不固定的互助合作经济组织及单纯的合作经营企业，那些既包括合作经营企业又有社团组织的合作社，也都是合作生产和合作经营的不同发展形式。

合作经济是一个全球范围内的概念和实践。世界上的第一个合作社——英国的罗虚代尔公平先锋社[①]提出的"罗虚代尔合作原则"，是世界上公认的合作原则的典型。在相同的基本原则和不同的背景下，世界各国在一个多世纪的合作运动中形成了不同的合作学派。1966年，国际合作社联盟提出了的国际合作社运动指南的原则，得到各国普遍认可，主要包括：①入社自由。不会限制和歧视任何个人的入社意愿，愿意履行社员的责任和义务的个人都可以入社并享受合作社的服务和收益。②民主管理。合作社的成员地位平等，每个人都有相同的投票权，在决策上实行"一人一票"制。③资本报酬适度。成员投入的资金只能用利息来回报，且利率有着严格的限制，不能进行分红。④盈余返还。合作社的发展和公共服务事业主要依靠合作社的盈余，其余部分要返还给社员，并按照社员与合作社的交易额进行分配。⑤合作社的教育。

① 罗虚代尔公平先锋社于1844年12月21日成立。发起人28人，其中16人是纺织工人，其余是木工、鞋匠、工程师等，有14人是欧文空想社会主义的拥护者。

合作社具有对其成员和一般公众提供教育的义务，保证他们能够合作社在经济原则和活动方式等方面的信息。⑥合作社之间应加强合作。

关于合作经济的概念，《政治经济学辞典》的描述为“合作经济是劳动群众为改变生活条件或生产条件而联合建立的一种经济组织”。[①] 合作经济从内涵上讲是合作制，在外延上则是各种类型合作社的具体实践。迄今，合作经济大致经历了 4 个发展阶段：19 世纪初合作经济思想起源于空想社会主义；1844 年英国罗虚代尔公平先锋社奠定了合作社原则的基本框架；1895 年国际合作社联盟确立合作社的基本原则；20 世纪最后 20 年新一代合作社对合作社制度进行创新。随着合作经济的发展，合作经济的基本原则也在变化。随着社会历史的发展，合作经济的组织形式、经济关系会有不同程度的变化。合作经济的基本形式、所遵循的基本原则虽然有很大的继承性，但由于参加合作经济成员的社会经济地位的变化，其社会性质也发生了变化，具有一系列新的内容。

五、集体经济

（一）集体经济的内涵和特征

我国于 1992 年印发了《关于经济类型划分的暂行规定》，其中对集体经济的内涵进行了界定。“集体经济是指生产资料归公民集体所有的一种经济类型，是社会主义公有制经济的组成部分。包括城乡所有使用集体投资举办的企业，以及部分个人通过集资自愿放弃所有权并依法经工商行政管理机关认定为集体所有制的企业。”

根据马克思主义经典作家的相关论述，在借鉴国际通用原则的前提下，结合中国发展集体经济的实践，集体经济的特征概括如下：第一，集体经济是以劳动者的劳动联合和劳动者的资本联合为主的经济形式，它是社会主义公有制经济的重要组成部分；第二，集体经济组织的大部分成员兼有劳动者和所有者双重身份；第三，集体经济组织财产形式、联合方式和经营方式各异；第四，集体经济组织是独立的市场竞争主体，是在自愿的前提下组成的

① 许涤新 . 政治经济学辞典（下）[M] . 北京：人民出版社，1981：84.

自主经营、自主管理、自负盈亏的自治经济组织。

（二）新集体经济的若干模式

改革开放以后，我国的集体经济呈现出多样化的发展模式。在社会主义基本经济制度不断完善和社会主义市场经济体制逐步建立的基础上，出现了一种新的形态——“新型集体经济”。“新型集体经济”是对过去集体经济形式的扬弃，以劳动者的劳动联合和劳动者的资本联合为主要经济纽带，并实行共同共有和按份共有相结合的集体经济。这种集体经济的本质主要表现为“两个联合”，即劳动者的资本联合和劳动者的劳动联合。其特征主要表现为：在产权制度上，劳动者个人所有权和共同所有权相结合；在分配制度上，实行按劳分配为主与各种生产要素参与分配相结合；在实现形式上，既包括上述以劳动者“两个联合”为特征的股份合作制，也包括以劳动者个人财产出资组建的合作制以及由职工持股并有控制权的股份有限公司和企业集团。此外，集体经济的实现形式还包括完全集体经济，以共同共有和按份共有相结合、以集体资产共有为主的集体经济，以及由集体资本控制或参股的混合所有制经济等。

与此同时，我国农村集体经济迅速发展，出现了多种模式。经过多年的实践，以建立农村家庭承包经营制为起点的农村集体经济组织产权制度改革取得了重要成就。随着农业现代化、农村工业化和城镇化的快速推进，出现了一批新的集体经济实现形式，如股份合作、社区合作制、专业合作社等。传统的农民经济合作组织在逐步回归合作本位中不断发展，如供销社、信用合作社等。

随着改革开放的不断深入发展，在各种新型合作经济组织大量涌现的情况下，把集体经济与合作经济等同的说法已经行不通了。因此，党的十七大报告以及新的政府工作报告的表述中都把集体经济与合作经济并列地提了出来，把两者区别开来，具有重要的理论意义和实践意义。据此，我们可以得到以下启示：首先，要把集体经济与合作经济当作两种不同的经济形式区别开来，不能再像过去那样，混为一谈；其次，明确了不管是集体经济还是合作经济都可以有多种实现形式。

集体经济与合作经济既相互联系，又有一定的不同之处。合作经济具有集体经济的一些性质，作为一种经济形式，是由劳动群众共同入股、联合经营的，所以有人把它等同于集体经济。其实，两者是有很大差异的。合作经济是生产资料的私有者自发建立的，随着经济的发展，小生产者自愿联合成立的经济组织。集体经济是有目的地联合全体劳动者建立起来的，是无产阶级为了将生产资料私有制度改为社会主义生产资料公有制度而利用合作制这一途径建立的。集体经济遵循“社会平等，平均分配”的基本价值观，合作经济遵循“互惠、互助、平等、公平”的基本价值观；集体经济的产权制度为取消个人股权和社员私人财产所有权，合作经济的产权制度为社员个人股权联合，保护社员私人财产所有权。是否承认私人产权是二者的本质区别。合作经济承认私人财产所有权，因为其本质是交易的联合；而传统集体经济的本质是财产的合并，不承认私人财产所有权。理由如下：

（1）在所有制的层面上，集体经济建立在生产资料归部分劳动者共同所有的基础上，否认个人资产的收益权，而合作经济是建立在生产资料私有制的基础上实现组织成员对生产资料的共同占有，它保留了个人对生产资料的所有权并承认个人资产的收益，这是两者之间最大的差异，如果合作经济不承认对个人入股股份的所有权，就变成了集体经济。

（2）在成员之间的相互关系上，合作经济实行劳动联合和资本联合相结合，而集体经济成员仅实行劳动上的联合。这也就决定了两者在分配制度上的不同：集体经济以按劳分配为主，而合作经济既可以实行按交易额分配，也可以实行按投入生产要素比例分配。

（3）就经营管理方式来看，合作经济具有开放性，它对合作成员实行民主管理的原则，自愿互利，入退自由；而集体经济中，个人都是总体生产资料的所有者，但个人成员所有权的份额并不是明确的，因此具有范围内的整体性和封闭性。如果某个成员离开集体，其所有权也就自动放弃；当一个新来的人参加本集体时，也就自然获得了所有权。也就是说，在集体经济中，财产的所有权是不可分割的，所有权的分割也就意味着集体的解散。[①]

（4）就成员与集体之间的利益关系来看，合作经济确定了成员入股资本在企业总资产中所占的份额，借助股份形式实行按股共有，成员在享受收益

① 韩俊. 关于农村集体经济与合作经济的若干理论与政策问题［J］. 中国农村经济，1998（12）：11.

的同时要承担一部分资产风险，这使得成员在经济运行中比较关心本组织的经营和发展；而对集体经济来讲，上面已经提到过，其生产资料归全体成员共同所有，个人所有权的份额不确定。因此个人不承担集体资产风险，成员与集体间的利益关系相对疏远。

中国传统的合作化运动没有认识到合作经济与集体经济的本质区别，仅仅是以加速集体化作为合作化运动的目标。以集体化的形式代替合作化，虽然从表面上看有相似之处，但却从根本上背离了马克思主义经典作家的合作制学说，也与国际合作社的通行原则不相符。

六、股份制经济

（一）股份制经济的内涵

如果不同的生产要素所有者以投资入股的方式把分散的生产资料集中起来，将分散的使用权转化为集中的使用权，在所有权保持不变的前提下实行对生产资料的统一经营，并按股分配利润、自负盈亏，这样的经济组织形式就是股份制经济。股份制经济的基本特征是生产要素的所有权和使用权的分离。

股份制是商品经济发展到一定阶段的产物，在不同的社会历史发展阶段有不同的表现形式。股份制的雏形出现于奴隶社会末期和封建社会初期的合作经营，这种合伙以普通大众和手工业者之间的劳动、财产、物品等要素为联合内容，并没有对入伙内容、合伙的经营方式以及成果的分配方式做出明确规范，在股份分配制度上也没有具体的规定。17 世纪初，资本主义经济萌芽已经出现，随着商品经济的进一步发展，以股份公司为主要形式的股份经济出现了。到 19 世纪后半期，资本主义商品经济的产生极大地提高了社会生产力水平，社会化的生产力已经无法用个体的私人资本来满足。此时，一种把大量私人资本组织起来的股份公司开始出现，它们采取以资本认购发行股票的方式获取大量资金，并得到迅速发展。至此，股份制经济成为资本主义股份经济的典型形态，以股份公司为主要表现形式。

股份制创造了一种新的产权组织结构，在这种组织结构中，资本所有权与经营权相分离，股权分散和经营权集中相结合，在一定程度上缓解了资本主义生产方式的基本矛盾，也是对资本主义生产方式的消极扬弃。

因此，股份制作为一种资本组织形式和集资经营的经济制度，同资本主义生产方式相适应，但是股份制是同社会化大生产相适应的，其本质是要求资本的社会化，这与社会主义生产方式是相通的、一致的。因此，股份制不是资本主义社会特有的经济组织形式，社会主义不仅可以而且应该用它为自己服务。

（二）股份制经济与合作经济的关系

股份制经济同合作经济、集体经济既有联系又有区别。合作经济组织中社员入社时缴纳一定的股金相应占有一定比例的股份，集体经济组织中分为集体股和个人股。这两种经济组织在分配收益时，用收入扣除相应的成本费用后，按持股比例分配剩余收益。因此，股份经济中有合作经济和集体经济的成分。

股份制经济与合作经济的区别如下：

（1）合作经济以劳动者自愿联合为基础，这些联合起来的劳动者就是企业的主体，虽然它采取了以入股方式进行联合的形式，但与股份制经济有本质的不同。合作经济成员的股份在入股前是作为个人的私有财产存在的，当纳入合作企业的整体财产之中时，其个人所有的性质虽然存在，但也具有了联合占有的性质，也就是个人所有的使用权转为企业集体所有的使用权，以联合占有的形式实现个人占有所实现不了的利益。职工作为资产所有者，也是劳动者，他们没有脱离劳动，也不会凭借对资本的占有去获取其他人的剩余劳动。合作经济的资金聚集方式虽然同股份制经济类似，都采取资金入股的形式，但这种资金的联合本质上属于劳动的联合，它消灭了资本与劳动之间的对立关系。

而股份制是资本及其所有者的联合和集中，社会资本是由私人资本联合转化而成的。在股份制经济的内部，资本作为主体，与雇佣劳动之间的对立依然存在，而且股份的所有者并不一定是劳动者。

（2）合作经济中的成员有入股和退股的自由，且其入股的形式不仅仅限于资金、土地、设备和技术等生产要素，同资金一样可以参与利润的分配。而股份制经济中不允许其成员退股，但成员持有的股票可以自由转让。

（3）利润分配的本质不同。合作经济是劳动者在资金上的合作与联合，利润分配的实质是以成员股金入股所占比例和交易额为标准来分配劳动者创造的劳动剩余。股份制经济是以个人或单位的投资入股，股份分红的实质是以股份份额来决定投资者对劳动者创造价值的分割，是按资本分配。

（4）组织成员的内部关系不同。合作经济内部实行民主平等的原则，不论股金多少，人人权利平等，成员在责任平等、机会平等的条件下自愿将部分资产投入组织，通过共同的管理和使用，以平等的身份参与企业的决策与经营，风险共担，利益共享。股份制经济的成员之间是不平等的，由于投票权实行“一股一票”制，且股票可以买卖，某些股东会通过购买股票获得更多的投票权，以此来掌握股份制经济的股份控制权，从而左右经营决策权。

七、股份合作制经济

（一）股份合作制的概念

关于股份合作制的概念，不同时期和不同地方的理解和表示不同。股份合作制的含义在1992年发布的《关于推行和完善乡镇企业股份合作制的通知》中得到了明确。股份合作制企业被定义为两个以上劳动者或投资者在一定的章程或协议规定下，以资本、实物、技术或者土地使用权等经济要素作为股份，以自愿的形式依法从事各种生产经营服务活动，按劳分配和按股分配相结合，并留有公共积累的企业法人或经济实体。

也就是说，股份合作制是通过借鉴股份制的一些做法，在合作制的基础上将生产要素所有者的技术、资金或实物等资料以入股的方式联合起来，实行共同经营并独立承担民事责任。它是劳动联合基础之上的劳动与资本的结合。这既不同于合作经济和合伙企业，也与股份制经济存在差异。这是我国合作经济的新发展，也是社会主义市场经济中集体经济发展的一种新的组织形式。

现实中股份合作制的发展形态多种多样。作为一种灵活的制度安排，它把劳动与资本有机地结合了起来，是一种创新性的企业组织形式。在对产权进行了明确的划分、实行风险共担的前提下，法人财产制保证了财产最终所有权与实际营运权的分离，并对出资者、企业法人和经营者三者之间的权、责、利进行了明确。这样就使入股成员的权益和组织的合作力有了保障，因为这是以劳动的合作为基础的，避免了“一讲合作就合并财产”。股份合作制突破了分散经营和单一产权结构的局限性，对生产要素有着更强的吸纳和集聚能力。

（二）股份合作制与股份制、合作制的关系

股份合作制既不同于一般意义上的股份制，也与传统意义上的合作制存在差别。股份合作制是集体所有制和个人所有制融合的产物，它既有合作制的特征：自愿互利，互助合作，利益共享，提供公共积累后按照一定比例按劳分配等，也包含了股份制的特点：合股集资，按股分红，风险共担，独立经营等。从本质上来讲，股份合作制经济是集体经济。

股份合作制与两者的不同具体表现在：①就联合方式而言，股份合作制是资金和劳动的双层联合，不同于合作股份制的单一的资金联合和合作制的单一的劳动联合；②就分配原则而言，股份合作制实行按劳分配和按股分红的两种分配方式，而合作制和股份制分别是按劳分配和按资分配；③在劳动者与生产资料的结合方式上，股份制采取间接结合，合作制是直接结合，股份合作制则综合了两种方式；④在股权配置方面，与股份制的“一股一票”制不同，合作制实行“一人一票”制，而股份合作制则是劳股结合制。

八、混合所有制经济

（一）混合所有制经济的含义

从一般意义上看，不同性质和不同形式的所有制经济形式在同一个社会经济体当中互相结合所形成的所有制状态就是混合所有制经济。[①] 从不同的层次上来讲，它包含两方面含义：一方面是指一个国家在特定社会经济制度下的各种不同所有制经济间的有机结合，这是就整个国民经济总体而言的所有制结构及由此决定的社会经济基础，也称宏观所有制结构；另一方面是就企业个体而言的产权结构和与其对应的企业治理结构，即一种由不同出资者投

① 刘伟. 发展混合所有制经济是建设社会主义市场经济的根本性制度创新［J］. 经济理论与经济管理，2015（1）：5-13.

资共建或者由不同所有制经济联合构成的一种企业形式。在这种组合形式下，企业内部的各种所有制主体之间的生产要素是共同占有的，产生的利润也是按生产要素的投资额共同分享的。

对混合所有制经济的考察可以从宏观和微观两个层面展开。上述混合所有制经济的两方面含义既有联系又有区别。第一个层面是从宏观角度而言的，从这个意义上来讲，它决定了社会经济制度的性质和根本特征。第二个层面则是从微观角度分析，它对企业主体的产权归属和其权、责、利从制度上做了安排。但无论是从宏观层面还是从微观层面分析，都不能将两者割裂开来，应从相互统一中展开分析。混合所有制经济本身既是经济制度的实现形式，也构成了一定历史条件下社会经济制度的本质特征。

而本书所探讨的混合所有制经济指的是在微观主体上的多种所有制构成的股份制，即企业股权构成是将不同的所有制经济融为一体，既不全是由公有制经济参股构成的股份制，也不全是由私人参股形成的股份制，而是由国有资本、集体资本、非公有资本等不同所有制经济共同参股、相互融合的经济。我国目前存在的混合所有制主要有三大类型：

（1）公有制与私有制联合组成的混合所有制经济。这主要是国有经济或集体经济等公有制经济与外资或国内私营经济联合组成的企业，如中外合作经营、合资经营等。

（2）公有制与个人所有制联合组成的混合所有制企业。这主要是进行股份制改造的国有企业的部分企业，这些企业的内部成员持有部分股权，也是本企业的股东。此外，在实行股份合作制的集体经济中，集体与个人共同所有相结合的混合所有制企业也属于这种类型。

（3）公有制内部国有企业与集体企业联合组成的混合所有制企业。这是公有制企业之间的联合，如城市国有企业与农村乡镇企业或城市集体企业组成的联合体。随着经济的发展，混合所有制经济的形式也呈现多样化的发展趋势。

混合所有制经济的性质是由其占主体的所有制形式所决定的，因此不能简单地将混合所有制定性为公有制或者是私有制。如果从资产运营的角度来讲，不管其资本来源是公有还是私有，都转变为企业的法人财产。因此，混合所有制经济跨越了公有制和私有制的界限。

（二）混合所有制经济与股份制经济

混合所有制经济具有多种形式：股份制经济（股份公司），股份合作制经济（包括城市和农村），城乡联合经济，各类联合组建的企业集团、中外合资企业、合作经营企业，以及其他资本联合和劳动联合相结合的形式等。实际上，股份制是混合所有制的主要实现形式。股份制经济鼓励不同类型的资本交叉持股、相互融合。

股份制是以财产占有形式的社会化为特征的现代企业组织形式。混合所有制经济是由不同性质的所有制经济联合起来形成的所有制形式。两者之间“你中有我，我中有你”，不能笼统地说股份制是公有还是私有，也不能笼统地把股份制经济和混合所有制经济等同起来。

（三）积极发展混合所有制经济

混合所有制经济的产生及发展具有客观必然性。这种资本组织形式是市场经济发展的必然结果。

实践中，公有制经济和非公有制经济都存在着自身的弱点。就公有制经济来说，缺少有效的动力机制。相比之下，非公有制经济起步较晚，发展时间较短，因此其发展规模、经营水平和竞争力都存在一定的局限性。实践证明，通过把不同类型的所有制经济“混合”在一起来深化和发展混合所有制经济，能够有效地取长补短，更加顺应当代生产力的发展需求。

混合所有制经济能够推动社会主义现代化的建设。具体来说，首先，混合所有制经济中资金来源渠道的多样性能够很大程度上增加社会主义资金积累；其次，混合所有制经济对经营机制所进行的转变能够直接调动各方积极性，激发出很大的潜力，有效改善企业经营管理方式，从而有助于提升企业的经济效益；最后，混合所有制经济能够推动企业经济增长方式由粗放型向集约型转变，有利于调动各方面的主动性和积极性，从而促进生产力的发展。

总体而言，混合所有制经济的出现和发展顺应了社会主义初级阶段的要求，是公有制经济的重要实现形式，有利于建立现代企业制度，有效促进生产力发展，所以在我国现阶段应大力推广这种资本组织方式。从长远角度来看，实行混合所有制经济有助于我国向发达的社会主义过渡，为我国所有制经济开辟一条新道路。

第二节　农民合作组织的相关理论

一、博弈理论

博弈论分析的是当个人或企业决策主体的选择受到其他决策主体的影响时，这个决策主体反过来也会影响到其他决策主体选择的决策和均衡问题。因此，博弈论又称“对策论”，但“对策论”目前只应用于数学领域和运筹学领域，相较而言，“博弈论”的用处较为广泛。

博弈论思想在古代就已出现，中国古代春秋时期的《孙子兵法》可以称作世界上最早的一部博弈论著作。“博弈论”最早由德国数学家、哲学家戈特弗里德·威廉·莱布尼茨（Gottfried Wilhelm Leibniz）于1710年提出。近代的博弈论研究始于策梅洛（Zermelo）、波莱尔（Borel）和冯·诺依曼（Johnvon Neumann）。1928年，冯·诺依曼对博弈论基本原理的证明标志着博弈论的正式诞生。冯·诺依曼和摩根斯坦于1944年共同编著了《博弈论与经济行为》，这本划时代的巨作成功地把2人博弈推广至N人博弈，并将博弈论完整地应用于经济领域，从而奠定了这一学科的基础和理论体系。

半个多世纪以来，许多学者致力于博弈论的研究，取得了丰硕的成果。约翰·福布斯·纳什（John Forbes Nash Jr）利用不动点定理证明了博弈均衡解的存在，推进了博弈论理论的一般化。纳什编著的《N人博弈的均衡点》（1950）以及《非合作博弈》（1951）等，提出并解释了“纳什均衡”这一概念以及纳什均衡的存在定理。20世纪60年代，莱因哈德·泽尔腾（Reinhard Selten）对纳什均衡进行了改进，找到了更具说服力的纳什均衡点：子博弈精炼纳什均衡。20世纪60年代末，约翰·海萨尼（John C Harsanyi）将不完全信息引入了博弈论研究，并提出了“贝叶斯均衡”这个新概念。20世纪80年代，克雷普斯（Kreps）和威尔逊（Wilson）于1982年发表了有关动态不完全信息博弈的重要论文，为不完全信息动态博弈的研究做出了巨大贡献，同时深化了均衡概念：贝叶斯精炼纳什均衡。现在，博弈论已经发展成为一门较完善的学科。

（一）一次博弈：囚徒困境

博弈论的著名经典案例之一就是“囚徒困境”，其支付矩阵如表 2–1 所示。

表 2–1　囚徒困境

	策略选择	囚徒 B	
		坦白	抵赖
囚徒 A	坦白	–8，–8	0，–10
	抵赖	–10，0	–1，–1

“囚徒困境”这个案例能够抽象地概括实际生活中的很多现象。这个案例讲述的是两个犯罪嫌疑人作案后被抓，分别被关在不同的房间受审讯。若是他们都坦白，则两人各判 8 年；若都抵赖，则会因证据不足各判 1 年；若一人抵赖另一人坦白，则抵赖的判 10 年，坦白的释放。

在囚徒困境案例中，双方博弈的纳什均衡解是（坦白，坦白）：如果 B 坦白，A 的最优战略是选择坦白；如果 A 坦白，B 的最优战略同样也是坦白。实际上，在这个例子中，（坦白，坦白）也是一个占优战略均衡，也就是说不论对方做出什么选择，两人的最优选择都是坦白。

从以上的分析可知，囚徒困境的纳什均衡解为（坦白，坦白），但实际上对双方来说，帕累托最优的组合是（抵赖，抵赖）。在实践中，“囚徒困境”这种逻辑结构存在于很多合作行动中，虽然进行合作有利于增加双方收益，但合作中的利益分配形式通常又会导致双方选择相互对抗。[①]

“囚徒困境”是一个典型的一次博弈案例，当博弈的参与者双方都在追求个人利益的最大化时，结果必然是双方都选择坦白，这个结果虽然是一个纳什均衡解，但却不能使双方的利益最大化。

---

① 该“囚徒困境”案例分析来源于张维迎《博弈论与信息经济学》。

（二）重复博弈

“重复博弈”是指结构相同的博弈过程进行很多次甚至无限次地重复，并且博弈的参与者在每一阶段中都同时行动，其中，每次重复的博弈过程称为阶段博弈。因为可以观察到其他参与者过去的行动历史，所以每个参与者在重复博弈中都能够依赖其他参与者过去的行为来选择自己在每个阶段的策略。

重复博弈中每个阶段博弈的条件、规则和内容都相同，所以参与者就不能像在一次博弈中那样不考虑其他参与者的利益，而要从长远利益出发，使得自己在当前阶段博弈中的策略不引起其他参与者在以后的阶段博弈中的对抗、报复或恶性竞争。

具体来讲，重复博弈的基本特征有三种。一是阶段博弈之间没有“物质上的联系”，即后一阶段博弈的结构不受前一阶段博弈的影响；二是所有参与者都可以观察到其他参与者过去博弈的行动历史（例如，在囚徒困境案例中，两个囚徒在新的阶段博弈中都知道对方在过去的博弈中选择了坦白还是抵赖）；三是将所有阶段博弈支付的贴现值之和或者加权平均值即为参与者的总支付。

1. 无限次重复博弈

无限次重复博弈的含义是具有相同结构的博弈过程被重复无限次。在这种博弈中，如果博弈中某个参与者违约或欺骗其他参与者，那么其他参与者有机会对该参与者进行报复。

由于无限次重复博弈不存在确定的结束博弈的时间，这样就不能用普通的逆推归纳法来分析。与此同时，对无限次重复博弈的分析并没有合适的判断依据，原因有以下两种：首先，无限次重复博弈的全部阶段的得益在许多情况下趋于无穷大；其次，无限次重复博弈在实践中的过程非常漫长。

无限次重复博弈中总是有报复的机会，如直接不再与其合作，这样就会造成违约方或欺骗方遭受持续性的损失。因此，博弈的参与者不会违约或欺骗，囚徒困境合作的均衡解是存在的。

介于心理原因和实际利益，人们相对比较看重短期利益而非长期利益，因此在对无限次重复博弈进行分析时，应首先解决不同时期得益对参与者决策的影响问题。

2. 有限次重复博弈

有限次重复博弈是指相同结构的博弈被有限次地重复进行。有限次重复博弈的参与者有可能会对其他参与者进行欺骗或违约，但假如参与者不清楚哪一次是末次博弈，那么此时的决策就与无限次重复博弈近似。

如果参与者知道博弈进行到了末期，那么此时的末期博弈和一次博弈就没有什么差别，参与者的欺骗和违约行为是不可能被报复的，于是最后一期单个参与者的占优策略就是不合作。那么在前一期的博弈中，由于每个参与者都知道以后将不再合作，所以也不会在这一期合作。因此，在有限次重复博弈中，囚徒困境博弈的纳什均衡是参与者之间的不合作。

农民合作组织内部成员的生产合作过程实质是一个博弈的过程。如何实现合作？通过重复博弈可以建立可信性的基础，合作是可以实现的，这也为合作组织找到了合作的基础。如何把一次博弈变为重复博弈？改革开放前，农民的流动性受到很大的限制，居住的固定性使得农民之间的合作从一次博弈变为重复博弈，改革开放后，农民的流动性大大增加，农民之间的被动的重复博弈变得有弹性。一次博弈实现合作的条件是合作比不合作获得的收益大；在完全信息条件下，有限次重复博弈仍无法使农户摆脱合作失败的困境；无限次重复博弈如果参与人有足够的耐心，任何满足个人理性的可行的支付向量都可以通过一个特定的子博弈精炼均衡得到，即合作可以达成，但在现实生活中很难真正实现，只有引入激励机制，成立农户自愿参加的合作组织，改变合作的外部环境，对农户投机生产进行约束，避免合作的短期化，才能使合作长久地进行下去。

二、规模经济理论

规模经济理论是指在一定时期内，企业经营规模的扩大能降低平均成本，从而提高利润水平。

（一）规模经济理论的演变

随着工厂手工业的发展，越来越多的学者开始研究规模经济理论。亚当·斯密（Adam Smith）是规模经济理论的创始人，他从劳动分工的角度分析了细化制造工序提升生产率的原因，为规模经济提供了解释，从此规模经济进入萌芽阶段。

美国是真正意义上的规模经济理论的起源地，它研究的是大批量生产的经济性规模，主要有阿尔弗雷德·马歇尔、贝恩、张伯伦以及罗宾逊（Joan Robinson）等代表人物。新古典经济学的代表人物马歇尔最早开始系统地研究规模经济理论，他利用边际成本分析法把当边际收益与边际成本相等时对应的极值点界定为企业的最佳规模点，第一次提出了形成规模经济的两条路径。美国学者科斯则从市场交易费用的角度对规模经济进行了解释，深化了其内涵。

（二）规模经济产生的原因

1. 专业化程度

前文已提到，斯密指出劳动分工和专业化可以提高规模经济。工人的专业化水平会伴随着机械设备的更新改进而变得更加精准化，二者紧密相连。工人劳动熟练程度的提升，生产效率的提高，导致了规模经济。专业化程度还有另一种含义，就是工人知识结构水平的多样性。生产规模的扩大能够提高生产率，同时也会造成组织上的不协调，因此工厂需要知识结构层次不同的劳动力。调整工人的知识结构在一定程度上可以提升生产效率。

2. 资源的集约化利用

资源集约化是指应用现代管理技术水平，充分调动人员积极性，对其生产要素进行最优配置，从而提升劳动生产率。从现代企业的组织结构特点来分析，企业通过提升其多元化生产水平和纵向一体化水平可以有效解决因外部性产生的交易费用上升等问题，也有利于增加生产要素组合方式，不同的生产要素利用优势互补达到最优配置。

3. 机器设备具有不可分性

对于某些特定企业，其机器设备具有某种“资产专用性”，即在一定的生产规模前提下，生产能力才能得到充分发挥，也就是说，机器设备的生产效能在规模化下才能最大限度地发挥，实现其效益最大化。

4. 节约资金

扩大生产规模的结果就是企业扩大对生产要素的需求，这样一来，企业在生产要素市场上的谈判和议价能力得到提升，从而能够获得相对优惠的价格，这就节约了企业生产成本，从而提高利润率。

作为接近于完全竞争市场的农产品市场，存在着大量的买方和卖方，作为卖方的单个农民都是小规模生产者，产量占市场份额非常小，产品质量同质性强，是农产品市场价格的被动接受者，单个农民只有扩大市场规模来实现自身的收益，而扩大规模必须多种生产要素投入同比例增加。单个农民的土地和劳动力规模在短期很难增加，依靠化肥、种子的增加导致边际收益递减。农民通过合作建立农民合作组织为农业生产规模的扩大提供平台，提高专业化生产程度和资源的集约化利用。

三、交易费用理论

（一）交易费用理论的建立与发展

新制度经济学最基本的概念就是交易费用。1937 年科斯首次提出交易费用（Transaction Costs）思想，标志着交易费用理论初步形成，同时也修正了新古典经济学的零交易费用假设，对新古典经济学提出了挑战。交易费用理论从全新的视角分析了经济理论和现象。交易费用经济学指出，经济活动的进行总伴随着交易的发生，而进行交易又会产生成本。交易费用理论以交易费用为研究工具，分析各种经济组织和制度的产生及发展，能够很好地解释经济现象，尤其是一些转型国家的经济现象。

科斯对企业存在的理由以及企业的边界问题做出了解释。他指出，人类通过市场来配置经济资源和组织经济生活成效很大，但同时也要付出代价，企业存在的理由是减少交易费用，作为生产组织者，企业可以让某位企业家配置其资源从而节约成本。因此，企业在一定程度上是市场价格机制的替代物。

继科斯之后，威廉姆森（Williamson）扩展并深化了科斯的理论。他探索了交易费用的产生原因，指出交易费用主要产生于市场上的主客体。他还指出，交易不确定性、交易频率大小和资产专用性程度将影响组织形式的选择，减少交易费用是选择组织形式的标准之一。关于资源配置方式，除了企业和市场，还存在着具有二者双重性质的中间组织。在特定条件下，如果一种组织能够最大限度地降低交易费用，且能使交易费用和生产成本之和最小，那么这个组织一定能成为其所在领域最优秀的组织选择形式。

（二）交易费用理论的基本内容

1. 交易费用的定义

所谓交易费用，是指通过市场机制进行交易所产生的各种费用，包括搜集市场信息、谈判协商以及监督履约等费用。

2. 交易费用的分类

根据科斯的研究成果，交易费用包括 3 个方面的内容：①通过市场的价格机制组织交易产生的成本，也就是在交易中发现相对价格的成本。这部分费用发生在交易准备阶段，主要包括从市场上获取和处理信息的成本，如查询价格分布、寻求交易对象等所发生的费用。②市场上每进行一笔交易，都会产生谈判和监督履约的费用。这部分费用发生在交易进行阶段。③其他方面的费用，如因为未来的不确定性风险而产生的费用，度量、界定以及保护产权的费用等。

威廉姆森对交易费用的划分则基于契约的视角，他将其分为“事前”和“事后”两种类型。事前交易费用是指草拟、协商谈判、保证契约达成等费用，即契约达成的费用。事后交易费用是签订契约以后产生的费用，主要有：①交易一方发现合同条款有误需要更改所产生的费用；②一方想要终止契约关系所产生的费用；③为延续契约关系所产生的费用；④交易方为解决冲突所产生的费用，如法院费用等。

3. 交易费用的决定因素

威廉姆森曾指出，科斯并没有明确指出交易费用和交易方式的决定性因素。因此，在深化交易费用理论研究的过程中，威廉姆森的理论具有重要作用。威廉姆森认为，交易费用的决定因素主要包括以下两个方面：

（1）人的因素。主要有两点：有限理性和机会主义倾向。有限理性导致事前交易费用的产生，机会主义倾向则导致事后交易费用的产生。

（2）与特定交易有关的因素。不同的交易有不同的方式。这两种因素导致了交易的复杂性，增加了交易费用，这就使得制度安排和交易方式的选择成为必要因素。

通过上述对交易费用理论的描述，可知将交易费用作为研究农民合作组织成本与效率的理论依据是可行的。农民合作组织为成员所有、成员控制、成员交易服务，通过农民合作组织将外部交易所要面对的机会主义的风险转化到合作社内部，从而降低了农户与合作社的外部风险和计算信任并且增加资产专用性，增加利润空间。因此，基于交易费用，将农产品市场中分散独立的主体进行整合，形成信息互通的利益共享体，改善市场中弱势谈判主体的地位。

四、农业产业化经营理论

（一）农业产业化经营的内涵

农业产业化经营的内涵为：以家庭承包经营为基础，优化各种生产要素组合，以龙头企业和农民的合作模式为组带，采用合同、订单以及股份合作等方式，龙头企业和农民结成“风险共担、利益同享”的经济共同体，二者相辅相成、有机结合。通过对农业经营方式和组织方式的创新，农业产业化经营改变了传统计划经济体制和传统农业模式，形成了经营一体化、生产专业化、管理企业化、布局区域化和服务社会化的一条龙的农业经营机制。

农业产业化经营的意义包括以下 5 个方面：①使农民进入市场，有助于提高经营主体的市场竞争能力；②提升了农业区域化和专业化生产水平，从而提高了农业规模效益；③促进科技进步，有利于传统农业转变为现代农业；④调整并优化了农业结构；⑤加快了城镇化的进程。

（二）农业产业化经营的基本类型

1. 龙头企业带动型

龙头企业带动型是指将农副产品加工和销售企业作为龙头，开拓国内外两个市场，同时联结农民和农副产品生产基地，通过合同、契约订单以及股份合作制等方式，和农民结成风险共担、利益共享的利益共同体，双方互惠互利、合作共赢。一方面，农民应龙头企业的要求组织生产销售；另一方面，企业为农民提供各种服务，如实施保护价收购农副产品战略。

2. 专业农协服务型

专业农协服务型是指在平等、自愿、互利的基础上，遵循“民办、民管、民受益”的原则，从事于专业生产经营的农民，依赖技术骨干和专业大户，进行经营服务和科技推广，实现生产、供销、技术以及资金之间的融会贯通。这种经营类型可以较好地对农业生产进行引导、组织和协调，通过提供信息、技术以及服务的方式，将原本分散的农民组织在一起，用专业化服务深化农业产业化经营。

3. 农业合作社连接型

农业合作社连接型是指把农业合作社作为龙头企业与农民之间的中介组织，成为连接二者的纽带。一方面，把农民组织起来进行规模化的生产活动；另一方面，和龙头企业衔接。这样一来使得农民更大范围地进入市场，有利于形成具有市场优势的规模化产业。按照性质划分，农业合作社可分为农产品销售型合作社、农资供应型合作社以及农工商一体型合作社等。

4. 批发市场辐射型

批发市场辐射型是指在农产品批发市场上，以合同、契约或股份合作制等经济形式，筹集资金进行市场基础设施的建设，这对周边生产基地建设、推进农民专业化生产具有辐射带动作用。

（三）发展农业产业化经营的意义

1. 有利于缓解小生产与大市场的矛盾

带领农民进入市场，对实现农业生产市场化具有正面促进作用。单个农民的农产品生产规模较小，获取信息能力不足，经济实力水平较低，很难有效地抵御各类市场风险。农业产业化经营可以有效改善这些问题，通过将分散的生产经营和市场需求对接，很大程度上增强了农业生产的活力，从而有助于缓解小生产与大市场的矛盾。

2. 有利于改善农业发展低效的局面

我国农业生产的现状是家庭承包经营规模小，劳动生产率比较低下，农民多数只能出售初级产品，农业生产存在着社会效益高但经济效益低的问题。农业产业化经营能够很好地解决这一问题，将农业的生产和流通领域连接起来，把农户和中小企业连接起来，有利于延长农业生产的产业链，使广大农民享受到农产品加工和流通环节的利润，有利于效改善农业发展低效的局面。

3. 有利于缩小工农差别和城乡差别，加快城乡一体化进程

农业产业化经营能够加速农村剩余劳动力的转移，使得农业生产链条延伸至产前和产后两端，对农产品的生产加工、储存运输以及销售等环节进行集中整合，有助于转移大量的农村剩余劳动力，提高农民就业率，从而缩小工农差别以及城乡差别，加速实现城乡一体化目标。

4. 有利于加快传统农业向现代农业的转变

现代农业的主要特征就是以科学理念为指导发展农业，主张采用先进的科技来进行农业生产，采用现代经营管理方式来管理农业，促进传统农业向现代农业。

5. 有利于提升农产品在国际市场上的竞争力

就现在而言，国际农产品市场已经进入标准化和品牌化阶段。但由于我国的农产品生产规模小、经营分散，使得农产品质量不稳定、供货能力低下，无法形成自主品牌，导致我国农产品在国际市场上的竞争力较弱。农业产业化经营的实行，有助于提升我国农业的整体生产和营销水平，以龙头企业为先导，紧密联合农产品生产经营的各个环节，同时加强广告宣传力度，从而扩大农产品在国内和国外市场上的品牌知名度，增强国际竞争力。

第三节　合作经济思想的演化

一、空想社会主义合作经济思想

合作经济思想的根源可以追溯到早期的空想社会主义。

（一）傅立叶的和谐社会

查尔斯·傅立叶（Charles Fourier，1772—1837）在批判资本主义的基础上第一次明确提出了和谐社会理论，表现了他对人类美好和谐社会的向往和追求，对后来的合作社运动产生了一定影响。“法朗吉”社区是傅立叶所构想

的和谐社会的基层组织。“法朗吉”具有合作所有制、人人参加劳动、以农业生产为主、按劳动等要素平均分配的特征。[①]

（二）欧文的合作社思想及试验

罗伯特·欧文（Robert Owen）合作社的设想是在不断地进行试验的基础上逐渐丰富起来的。“在英国，合作制的种子是由罗伯特·欧文播下的。”[②]可以说，世界范围合作运动的历史无不受到欧文思想的影响。与同时期其他社会主义思想家相比，欧文合作公社思想对社会发展的贡献更大，甚至现代合作社原则也是以欧文合作公社思想为基础发展起来的。

1812年，欧文在《致工业和劳动贫民救济协会委员会报告》中提出建立合作社来解决失业问题的主张。1820年，欧文发表的《致拉纳克郡报告》中对合作社的发展，随后发表的文章完善了合作社公社思想。

欧文的贡献在于他抨击了资本主义私有制。1917年欧文成立“合作社经济协会”；1824年欧文在美国印第安纳州创办了“新和谐”公社；1829年欧文回到了英国，投身于蓬勃的英国工人运动中，并在工人中宣传自己的思想；1832年欧文创办“劳动公平交换市场”；1833年10月欧文主持了英国工会代表会议；1834年2月欧文主持了合作社的代表会议，成立了“全国大统一工会”，这是英国工会运动史上第一个具有全国性质的总工会，欧文被选举为联盟主席。但在资本主义制度下，欧文的这些想法只能是空想，这些试验都以失败而告终。

二、马克思主义经典作家合作经济思想

（一）马克思和恩格斯合作经济思想

1. 马克思和恩格斯合作经济思想的形成

马克思和恩格斯的合作经济思想是在以傅立叶、欧文、圣西门等为代表的思想基础上发展起来的。在吸收空想社会主义合作经济的合理思想的基础上，马克思和恩格斯深刻认识到资本主义社会的根本矛盾，对空想社会主义思想的科学性和局限性进行了深入的分析。

---

① 洪远朋．合作经济的理论与实践［M］．上海：复旦大学出版社，1996：19-22.

② 马克思恩格斯全集［M］．北京：人民出版社，1964：12-13.

马克思和恩格斯一方面吸收了空想社会主义合作经济思想合理的部分，另一方面对空想社会主义合作经济思想的空想成分进行了批判，认为它们具有一定的局限性。具体表现为：空想社会主义者忽视了无产阶级在历史进程中的主动性；忽视了合作经济思想能成为现实的客观基础条件，特别是物质条件；没有明确实现合作经济思想的对象。[①]

正是由于空想社会主义者没有充分认识到理论中的空想成分的局限性，使得空想社会主义最终沦为空想，其指导的合作经济实践失败不可避免。马克思和恩格斯的伟大之处在于，他们吸收了空想社会主义合作经济思想的合理部分，对其局限性进行深入剖析批判，结合当时社会发展的现实条件，最终形成了系统的马克思和恩格斯合作经济思想。

2. 马克思和恩格斯的合作经济思想的特点

（1）重视生产合作。生产合作作为马克思和恩格斯的合作经济思想的重要内容之一，在马克思和恩格斯的整个理论体系中占有重要位置。当时的英国存在各种类型的合作社，而从事供销和消费类型的合作社在这些合作社中所占的比例相当大，然而，马克思坚持主张走生产合作的道路。[②]

（2）坚持自愿的原则。引导工人和农民走合作化道路时，应该在坚持自愿原则的基础上进行，而不是不顾工人阶级或农民的意愿，更不能采取直接掠夺等不正当手段。

（3）合作经济形式的多样性。马克思和恩格斯认为，合作社的建设应根据不同地区实行不同的政策与制度。马克思和恩格斯还指出合作经济关系具有多种形式。

（4）合作社的分配制度。马克思和恩格斯认为合作社既不能实行按劳分配，更不应该按需分配，而是应该按入股的土地、预付的资金和所付出劳动力的比例分配。[③]

（二）列宁的合作经济思想

列宁的合作经济思想是对马克思恩格斯合作经济思想的继承与发展，其

① 马克思恩格斯选集［M］. 北京：人民出版社，1995：281.

② 马克思恩格斯选集［M］. 北京：人民出版社，1995：520.

③ 马克思恩格斯选集［M］. 北京：人民出版社，1995：503.

贡献在于在总结实践经验的基础上，将农业合作的共耕制思路转变为合作制思路，并且提倡发展的合作社是流通领域的供销合作社、信贷合作社，不同于马克思恩格斯关于农业合作社的认识。列宁的合作经济思想主要表现在以下 3 个方面：

1. 对合作社的性质进行了重新界定

列宁认为，在私人资本主义下合作企业是集体企业，资本主义企业是私人企业。① 而在国家资本主义的情况下，合作企业既是私人企业又可以被认为是集体企业。②

2. 创造了流通领域的合作社组织

列宁在共耕制失败以后，致力将农业合作的共耕制思路转变为合作制思路，也将农业社会主义改造的重点由生产领域转向流通领域，列宁还把流通领域的合作看作农民经济与国营经济联系的纽带。列宁的这一思想将马克思主义合作社理论“俄国化”，是对马克思和恩格斯合作经济思想的发展。

3. 对合作经济的实现过程有了新的认识

第一，合作经济是一场“文化大革命”。第二，合作经济需要财政支持。③第三，合作经济需要文明合作教育，列宁认为，通过文明合作教育，可以使居民文明。第四，合作经济需要建立奖励机制。④

第四节　合作社的产生与发展

一、合作社的产生与发展概述

合作社经过 170 多年的发展，因其显著地改善了参与者的收益和市场地

① 列宁全集［M］. 北京：人民出版社，1985：543.

② 列宁选集［M］. 北京：人民出版社，1972：684.

③ 列宁选集［M］. 北京：人民出版社，1972：684.

④ 罗骏 . 马克思恩格斯列宁合作经济思想探究［J］. 四川大学学报（哲学社会科学版），2005（6）：58.

位，受到全世界的关注并在160多个国家付诸实践。究竟是什么原因使得合作社在不同国家、不同社会经济制度、不同文化背景下都能产生？合作社为什么具有如此强大的生命力？我国合作化运动为什么走过一条曲折的道路？在进行中国特色农民合作组织的国际比较研究之前，必须对这一基本理论问题做深入研究。

（一）合作社产生与发展的3个阶段

从1844年的罗虚代尔公平先锋社算起，合作社已经走过170多年的发展历程，按照合作社自身发展和外部社会经济环境的变化，可以将其分为3个阶段：

1. 萌芽阶段

16世纪初至1844年，为合作社的萌芽阶段。16世纪初，由于工厂手工业的快速发展，尤其是毛纺织业的发展引起羊毛价格快速上涨，贵族、地主开始扩大牧场，开始了史上有名的“圈地运动”。空想社会主义奠基人托马斯·莫尔目睹整个过程后，认为资本主义和私有制是造成广大农民贫困的根源，设想建立“乌托邦”。随后，意大利的托马斯·康帕内拉在《太阳城》中阐述他的空想社会主义，傅立叶、圣西门主张组织“和谐社会”，欧文进行“合作公社”的试验，最终都以失败而告终。原因在于他们的空想社会主义思想中隐含的合作思想是资本主义生产还不发达、资本主义基本矛盾还未充分暴露的产物，因而，合作社无法成为改造资本主义制度的有效药方。

2. 曲折发展阶段

1844年至第二次世界大战结束，为合作社反复曲折发展阶段。罗虚代尔公平先锋社建立之后，合作运动很快在欧洲和北美蓬勃发展，并逐步扩展到经济落后的国家。1844年至第二次世界大战期间，合作社在各国的发展虽然经历了曲折反复的过程，但是合作社表现了独特的生命力。合作社首先在市场经济发达的国家确立，随着其他国家市场经济和生产力的发展及合作思想的传播，合作社在经济落后的国家开始建立，并且建立了一些国际性的合作经济组织。如1895年国际合作社联盟在伦敦成立，是世界上最早的国际合作组织，成员国只要遵循罗虚代尔原则即可申请加入，不受意识形态和经济发展水平的限制，既有经济发达国家，也有经济落后国家。中国于1985年加入。合作运动是一场国际性的运动，由于每个国家国情的不同，形成了各具特色的发展道路。

（1）经济发达国家合作社的发展。①美国合作社的发展。1890 年之前，是美国合作社初步发展时期。从 1810 年康涅狄格州成立第一家牛奶合作社之后，合作社的类型及数量日益增加，包括乳业合作社、谷物、畜牧合作社、水果销售合作社、消费合作社，各个州开始为合作社立法。1890 年至 20 世纪 20 年代，是长足发展时期，合作社逐渐走向成熟。合作社的类型和经营业务更加丰富多彩，农场主成立了运输合作社、葡萄生产合作社、鸡蛋销售合作社等，信用合作社也开始出现，合作社立法进一步加强。至此，美国合作社步入正规化发展道路。②丹麦合作社的发展。丹麦合作社萌芽可以追溯至 19 世纪中叶，1850—1914 年合作社体系初步形成，截至 1945 年，合作社与国民经济一起发展壮大。丹麦合作社分为消费合作社、农业合作社和劳工合作社 3 类。③瑞典合作社的发展。瑞典是合作社发展比较早的国家，合作经济现已成为其“第三种经济力量”，对工业化进程起到积极的推动作用。瑞典的合作社产生于 19 世纪中叶，1846 年颁布的《商业自由法案》，为消费合作社的产生提供了土壤。19 世纪末，合作社进入稳步发展阶段，成立了牛奶场和合作屠宰场、住房合作社、批发协会和全国性的合作联盟。④英国合作社的发展。英国作为合作社的发源地，主要形式是消费合作社，19 世纪末至 20 世纪初，消费合作社处于全盛时期，从“一战”至“二战”期间，由于工会与合作社的联系减弱，导致合作社发展缺乏社会支柱，发展逐渐减慢。

（2）经济落后国家合作社的发展。经济落后国家合作社发展比经济发达国家晚，由于历史背景、文化信仰差异，使得合作社在经济落后国家发展经历了漫长而曲折的过程。这些国家合作社的发展大多在政府的干预下发展起来，带有明显的欧美合作思想和模式的烙印。①巴西合作社的发展。巴西合作社产生于 19 世纪末 20 世纪初，大量的欧洲、亚洲和非洲国家移民涌入巴西，外来思想和文化的传播是巴西合作社产生的直接原因。最早成立的是农牧业合作社、信贷合作社和消费合作社。巴西政府的干预和法律的支持是合作社产生的另一个原因。巴西政府为合作社发展创造了良好的环境，在 1903 年、1907 年、1925 年、1926 年分别颁布法令，合作社法律日益完善。②印度合作社的发展。20 世纪初，在欧洲合作运动和合作思想的影响下，经过政府大力推进，印度合作社开始发展。从早期的信贷合作社到消费合作社、销售合作社和农业生产合作社。印度合作社从产生到“二战”结束，历经几次周折，发展非常缓慢，但合作社影响日益增加，主要原因在于政府的强力支持。政府不断完善合作社法律，政府直接干预合作社的发展，成立了专门的管理机构，组建委员会督促合作社的发展。1929—1933 年经济危机让合作社一蹶不振，停滞不前，1933—1945 年获得回升。③墨西哥合作社的发展。20 世纪 20 年代前后，墨西哥索诺拉州南部建立鹰嘴豆生产者联盟，标志着合作社的开始。到第二次世界大战结束时，墨西哥合作社经历了自上而下和自下而上的反复发展，形成了私人家庭农场和村社合作社两种形式。其中，村社合作社发展成为一大特色，即成员共同使用土地、集体经营和统一分配劳动成果。经济落后的国家，由于资本主义生产关系和市场经济发展缓慢，合作社建立初期需要政府大力推进，但不能干预太多，否则会影响合作社的发展。

3. 全面快速发展阶段

第二次世界大战结束至今，为合作社全面快速发展阶段。随着第二次世界大战的结束，农业现代化、市场经济、技术革新的不断加快，合作社规模不断扩大，在国家经济中的地位越发重要，被称为第三种经济力量。自从资本主义国家在“二战”后对合作社采取扶持政策后，西方资本主义国家合作社进入全面快速发展时期。为了适应激烈的市场竞争，合作社发展出现集中化、一体化趋势。政府加强了对合作社的支持，包括法律上的保护、税收上的优惠、财政上的资助、教育和技术上的帮助，同时通过立法和经济杠杆对合作社的活动给予限制和干预，如限制资本回报率和股金份额，限制合作社的业务范围，规定合作社获取信贷的条件。

（二）合作社产生与发展的根源

合作社产生与发展的根源由下列因素构成：

1. 社会分工和生产专业化发展

在斯密《国富论》发表之前，柏拉图、威廉·配第等经济学家已经认识到社会分工和生产专业化对生产力的促进作用，但社会分工和生产专业化真正取得发展，是在 18 世纪下半叶开始的工业革命。早在 15 世纪，英国农村半农半工的手工业就非常普遍，到 15 世纪末，毛纺织业逐渐出现将单独的家庭手工业联合起来，形成早期的毛纺织业手工工场，分为分散和集中两种形式。工业革命初期阶段，英国生产方式以单独的家庭专业化手工业和分散的手工工场为主。随着英国圈地运动的深入，丧失土地的农民越来越多，加之欧洲不断爆发战争，使得熟练工匠逃到英国，具有各种技能劳动力的聚集为集中手工工场发展提供了条件，以至于分散的手工工场随处可见。手工工场的发展使得技术分工更加精细，社会中出现了熟练工与非熟练工的区别。17世纪中叶，英国资产阶级革命后，国内财富增长除了表现为货币的积累，还表现为生产的增长。1733年，飞梭的发明使用是英国工业革命的前奏，各种机器陆续发明投入生产中，到19世纪初，机器代替手工劳动，英国轻工业基本实现现代化，工业革命使得个体劳动农民和手工业者变成了产业工人，手工工场过渡到大机器生产的工厂，资本主义工资雇佣劳动制度建立起来，社会分化为工业资产阶级和无产阶级。随着大量农民、手工业者、雇佣工人被社会边缘化，社会两极分化逐渐加剧，为改善生存条件和社会地位，他们需要联合起来。

2. 商品经济的发展

社会分工和生产专业化发展的同时，商品经济获得了发展，市场在整个社会经济生活中占主导地位，对资源起决定性配置作用。生产、分配、交换和消费全部依赖于市场，由于资本家占有大量的资本，在市场交易中处于垄断地位，作为弱势的无产阶级只有联合起来，降低交易成本，提高自身的市场谈判地位，增强抵抗市场风险能力。

3. 信用制度的发展

在自然经济时期，交易与分工都处于比较低的状态，信用以个人赊销、借贷为主，形式比较简单。商品经济时期，交易与分工都有了长足的发展，商品交易普遍化，不同生产资料和劳动产品的所有者需要通过市场等价交换才能获取所需商品，信用制度逐渐发展起来，出现资本所有权与使用权相分离，使得个人资本逐步转向了社会资本，加速了社会化大生产的发展。作为弱势群体的个体手工业者、雇佣工人联合成立合作社时，可以向社会资本获得贷款，也可以向金融机构获得贷款，还可以通过集资入股等方式获得资金。信用制度的发展为合作社的成立提供了现实的基础。

合作社能在世界上160多个国家生根、发芽、开花和结果，除上述原因之外，还与合作社质的规定性密切相关。质的规定性包括以下 3 个方面：

（1）合作社宗旨。国际合作社联盟明确合作社宗旨是为成员服务，为全体成员提供各种所需要的服务，最终实现共同富裕。这与企业追求资本所有者利益最大化有本质区别。合作社的最终目的是推动社会进步，变革旧的生产关系使之与更高级的生产力相适应，促进人类可持续发展及社会经济发展。

（2）合作社原则。合作社原则从确立到现在发生了几次修订。从 1844 年罗虚代尔 12 项原则到 1937 年国际合作联盟大会修订为 8 项，再到 1966 年第 23 届国际合作联盟大会的 6 项。①入社自愿原则。所有人只要遵守合作社章程，不受性别、宗教信仰、文化背景的限制，自由加入和退出合作社，一旦入社，就应该享有相应的权利和承担相应的义务。②民主管理原则。全体社员通过选举组建组织机构，社员代表大会是最高的权力机构，负责合作社一切重大事项，选举产生理事会、监事会等机构，合作社坚持“一人一票”原则，讨论合作社重大经营和决策事项。③股金付息原则。由于合作社强调劳动联合，对入股资金支付利息时，要对利率严加限制。④平等原则。合作社的经营成果属于全体社员所有，不允许某个社员利益凌驾于其他社员之上。合作社利润分为个人部分和公共积累，个人部分交易额与惠顾额分配，公共积累作为合作社的未来发展资金，既考虑到单个社员对合作社贡献的多寡，又考虑到全体社员的利益。⑤重视社员的教育。管理层和社员都应该加强教育培训，使得他们掌握新技术、新方法，培育社员的合作意识。⑥合作社之间联合原则。为应对合作社外部环境的变化和国际竞争力的加强，合作社之间应加强联合，提高抵御市场风险能力，维护社员的共同利益。

（3）合作所有制。合作所有制的突出特征是合作社所有，是由合作社社员个人所有与合作社共同所有相结合。合作社初创阶段，劳动力、股金、技术等生产要素属于社员个人所有，合作社成立后，分散的生产要素通过合作社平台融为一体，利润归合作社社员个人所有和合作社共有两部分。合作社强调的是劳动的联合，在劳动联合的基础上实现资本、技术、信息等生产要素联合，社员作为所有者和生产者的双重身份进行生产经营活动，利润按交易额与惠顾额分配给个人后，剩余部分作为合作社公共积累，用于合作社的再发展。合作社将个人利益与社会利益有机结合在一起。

合作社所有制有 3 种形式：①社员拥有资金（资本）等生产资料的所有

者和劳动者双重身份；②社员是劳动者，合作社是资金（资本）等生产资料所有者；③社员是劳动者，资金（资本）等生产资料所有者既参加劳动又带有剥削性质。如果社员是资金（资本）等生产资料的所有者和劳动者双重身份，那么这种所有者制就是以劳动者家庭为基础的小私有制，这种形式在奴隶社会、封建社会、资本主义社会都有一定数量存在，我国当前的单个家庭经营和小农经济也属于此种形式。如果社员是劳动者，资金（资本）等生产资料所有者既参加劳动又带有剥削性质，这种所有制是小业主私有制，在资本主义初期出现过这种形式。如果社员是劳动者，合作社是资金（资本）等生产资料所有者，这种所有制就是我国改革开放之前推行的集体所有制。由此我们可以得出结论：合作所有制是合作社具有强大生命力的根本原因。

中华人民共和国成立后合作化运动有其积极的一面，如积累了公共财产，兴修了大量的农业水利设施，培养了农民集体劳动的观念，为农业现代化提供了物质基础和宝贵经验。也有其消极的一面，随后的人民公社带来的消极作用是非常明显的。在人民公社体制下，纯粹的公有制形式完全代替了合作社原则，超越了生产力的发展阶段，反而阻碍了生产力的发展，给农业生产和农民增收造成了极大的损失。马克思曾经说过，合作经济是落后的小农经济向社会主义经济过渡的最佳形式，但是这种合作经济一定要秉承合作社原则，并且在生产力发展到一定水平后，才能向社会主义生产方式转变。

二、当前合作组织在世界各国的发展

（一）世界合作组织的发展

广义的合作组织涉及政治、经济、社会各个领域的合作组织，本部分所研究的合作组织不涉及政治和社会领域，仅指经济领域的合作组织即合作社。合作社本身属于合作组织的一种，是不同于其他合作组织的一种特殊的组织。1995 年，国际合作社联盟（ICA）对合作社重新定义并修订了合作社的基本原则，合作社的理论与实践都取得了快速发展。目前，世界上 160 多个国家都建立了合作社并享受到其带来的益处，合作的领域日益多元化，从某种意义上，合作社代表着人类发展的态势。

目前，世界范围内合作社的数目日益增多，受获取数据的限制，世界范围内合作社和国家具体数目并没有精确的统计，为了研究的规范性和客观性，我们选取了最具权威性的国际合作社联盟网站中统计的合作社数目和国家数目作为标准，实际数据和表 2–2 中的数据有较大的差异，详细数据见表 2–3。

表 2–2　世界合作组织规模　　单位：个

	合作社成员数	合作社数目				国家数目		
年份	1995	1995	2001	2002	2013	1994	2002	2013
世界（合计）	765258821	230	233	234	235	95	94	125
非洲	13924267	26	24	24	24	16	—	—
美洲	170527990	45	65	66	66	18	—	—
亚太地区	492966512	59	52	52	53	25	—	—
欧洲	87840052	93	92	92	92	36	—	—

注：表中所列的数据是根据国际合作社联盟网站中国际合作社联盟对其成员的统计，现实中有许多合作组织没有加入国际合作社联盟，世界合作组织实际数目比表中数据要大。全世界合作组织机构数包括 233 个全国性合作组织和 7 个国际性合作组织。

数据来源：国际合作社联盟（International Cooperative Alliance，Inc.www.ica.coop.org）。

从表 2–2 可以发现，全世界范围内合作组织的规模是非常庞大的。当前，合作组织的业务范围已经从农业领域发展到工业领域，从生产领域到消费领域，进而深入到住房领域、医疗领域、信贷领域等。根据联合国 2011 年的有关统计数据表明，全世界近 30 亿人口（占总人口的 40%）依靠合作社生存，合作社为超过 1 亿人口提供就业机会，超过全球跨国公司提供的总就业 20%。[①] 国际合作社联盟 2013 年统计资料显示，目前合作社运动涉及 7.5 亿人，合作组织数量为 235 个，加入国际合作社联盟的国家增加到 125 个，占世界国家和地区总数的 53.88%。在这之中，发展最迅速、普及最广的就是农业合作社。据统计，农业合作社现已占全世界的合作社总数的 36%。[②]

① 数据根据联合国网站（United Nations，Inc：www.un.org）2011 年度相关数据整理而成。

② 农朝 . 合作社思想的传播与合作社运动的发展［J］. 农村经营管理，2007（2）：26–31.

发达国家基本上所有的农民都参加了各种各样的农业合作社，有的农户甚至同时参加几个不同的专业合作社。农业合作社中也不乏发展中国家的农民，具体可见表 2–3。[①]

表 2–3　发达国家和发展中国家农民参与合作社概况

国家		农民参与农业合作社占全部农民的比例	每个农户平均参加合作社个数
发达国家	美国	—	2.6
	丹麦	98%	3.6
	法国、荷兰	90% 以上	—
	西班牙	95%	—
	新西兰、澳大利亚、日本、韩国	90% 以上	—
发展中国家	巴西、智利	80%	—
	印度、孟加拉国、斯里兰卡、泰国	30%~60%	—
	肯尼亚、坦桑尼亚、毛里求斯、乌干达	10%~30%	—

（二）世界信用合作社的发展

合作组织在全世界获得了快速发展，与充当“血液”角色的信用合作组织的同步快速发展是分不开的，表 2–4 给出了 2006—2013 年世界信用合作社数目、成员数、储蓄 / 分红、贷款、储备金、资产等指标的变化情况。从表 2–4 中的数据可以发现，所有指标总体上呈逐年增加的趋势。

表 2–4　世界信用合作社发展概况　　单位：美元

年份	信用合作社数目（个）	成员数（人）	市场占有率（%）	储蓄 / 分红	贷款	储备金	资产
2006	46377	172010203	7.36	904123492396	758215979921	106831725217	1092146353173
2007	49134	177383728	7.51	987861245618	847896069372	115358461838	1181465915013
2008	53689	185800237	7.70	995741235542	847058749227	115316544868	1193811863723

① 农朝 . 合作社思想的传播与合作社运动的发展［J］. 农村经营管理，2007（2）：26–31.

续表

年份	信用合作社数目（个）	成员数（人）	市场占有率（%）	储蓄 / 分红	贷款	储备金	资产
2009	49330	183916050	7.6	1145851168440	911752609009	119738181486	1353602749986
2010	52945	187986967	7.5	1229389373994	960089324649	131659476973	1460551666291
2011	51013	196498738	7.8	1221635067922	1016243687594	141314921924	1563529230920
2012	55952	200243841	7.72	1293256192194	1083818986319	161810294796	1693949441328
2013	56904	207935920	8.06	1433306753706	1135173182583	171626687471	1732945830626

数据来源：信用社世界理事会（World Council of Credit Unions，Inc：www.woccu.org）。

除此之外，合作组织的类型也呈现多元化的态势，图 2–1 给出了 15 种主要类型的合作组织及其所占比例。

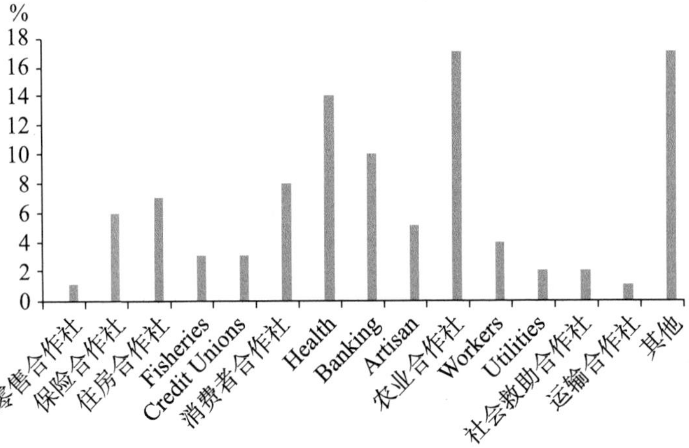

图 2–1　合作组织的类型

资料来源：国际合作社联盟（International Cooperative Alliance，Inc.www.ica.coop.org）。

从图 2–1 可以发现，目前世界范围内的合作组织的种类多种多样，单个种类中占比最高的是农业合作社，比例达到加入国际合作社联盟合作组织总数的 17%，占比最低的为社会救助合作社和零售合作社，仅为 1%。

三、合作社的作用和特点

（一）合作社的作用

合作社的不断发展也体现出新的优势：一是合作社体现了以人为本，体现了民主；二是合作社将单个农户联系起来抵御垄断；三是合作社具有一定的稳定作用，重要的是可以确保就业；四是合作社成为人类可持续发展的重要力量和政府的最佳合作伙伴。

（二）合作社的特点

1. 合作社将农户与市场连接起来

合作社是连接农户与市场的载体，农户的产品可以通过合作社销往全国乃至世界各地，许多国家通过合作社销售的农产品数量占据半壁江山。例如，荷兰花卉合作社的花卉 80% 销往世界各地，荷兰农业合作社奶制品占市场份额 83%，信贷占市场份额 87%；爱尔兰合作社销售的奶制品的市场份额能达到 90% 以上；法国的合作社谷物占市场份额 75%，果用葡萄酒占市场份额 60%，猪肉占市场份额 89%。①

2. 农业合作社的数量减少，但规模在扩大

从发达国家农业合作社的发展情况来看，农业合作社的数量在不断减少，但单个合作社内部成员数量却在不断扩大，同时合作社的业务领域和服务范围也在不断扩大。

3. 合作社规模化经营

合作社推动农业向专业化、综合化发展，同时合作社与合作社之间相互联合成立联盟已不是新鲜事，合作社之间的联盟也推动了合作社向规模化经营的发展。合作经济与市场经济在规模性合作社的经营下得到了更好地融合。单一经济的企业组织形式也逐渐转向开放多元化的新型合作经济发展形式。

4. 农业合作社运行管理发展的新趋势

在农业合作社的运行管理上也出现了一些新的发展趋势，如公司化运营逐渐成为农业合作社经营管理的新趋势，其设立控股公司或者出资成立股份

---

① 农朝 . 合作社思想的传播与合作社运动的发展［J］. 农村经营管理，2007（2）：26–31.

公司，按照公司化的运营方式并聘请专业的管理者。同时，其业务范围扩展到与非社员之间的业务。

从世界合作社发展的数量和种类可以看出，合作社的数量在总体上升过程中，背后表现为一批被市场淘汰的合作社消失的同时，另一批符合市场需求且有强大竞争力的合作社诞生。因此，通过中国特色农民合作组织与国外合作社比较，在借鉴吸收它们成功经验的基础上，依据中国实践，更好地促进中国特色农民合作组织的发展。

第三章　中国农民合作组织的历史变迁

从合作社史界公认的1918年北京大学“消费公社”成立算起，合作社在中国实践了约100多年。在此期间，中国的历史发生了翻天覆地的变化，本书通过对我国农民合作组织历史变迁的梳理，在总结成功经验与不足的基础上，对中国特色农民合作组织的发展提供借鉴。

第一节　大革命时期之前中国农民合作组织的发展及评价

一、中国早期合作思想的传播

1850年前后，西方一些国家产生了以反对工商资本及高利贷剥削为特征的合作社运动。之后，合作社思想通过以下几种途径传入中国：

1. 由一些国外留学、考察的爱国知识分子传入

主要的代表人物有覃寿公、徐沧水、戴季陶、汤苍园等。在早期合作思想传入中国的进程中，需要特别提出一位有影响的人物——薛仙舟。他在积极传播西方合作思想的同时，还率先在国内实践。1919年创办中国第一个信用社——上海国民合作储蓄银行，1920年与陈果夫等发起成立上海合作同志会，其代表作为1927年撰写的《中国合作化方案》，成为国民政府推行合作运动的纲领性文件。

2. 由民主革命的先驱者孙中山传入

孙中山联合许多革命的小团体，成立了“中国革命同盟会”，结合中国国情，借鉴日本、欧美等国的政治经济制度，创立了三民主义，即民族主义、民权主义和民生主义。他认为互助是合作制度的基础。

3. 由倡导马克思主义的革命青年传入

宣传合作经济理论、推动合作事业的主要代表人物有李大钊、陈独秀、毛泽东等。

这样，各种合作思想传入中国，从而为在中国开展合作运动提供了条件。

二、中国华洋义赈会的合作事业

华洋义赈会组织的合作社始于1923年。为了救济灾民，中国各地及美国、加拿大华人和洋人纷纷成立赈灾团体，接受赈款物，有效地缓解了各地的旱灾。[①]第二年，北方收成较好，各省义赈会先后停止发放赈济，并决定将北京的救灾总会和天津、济南、开封的华洋义赈会合并、改组，在北京联合成立中国华洋义赈救灾总会（以下简称华洋义赈会），将赈灾余款200多万元，通过组织合作社的形式在农村兴办农田改善农民生活。华洋义赈会成立当年率先在河北省发展农村信用合作社，并起草了《农村信用合作社示范章程》（以下简称《章程》）。根据《章程》，首先在河北省香河县成立了香河县第一信用合作社，随后涞水县信用合作社挂牌成立。截至1927年底，华洋义赈会在河北省发展和成立了561个合作社，社员达1.3万人。除河北省外，华洋义赈会还在南京、安徽的乌江、江苏丹阳等地成立合作社，并成功创建了农业的生产、运输、销售合作社。

三、地方政府支持下的“乡村建设”和“平民教育”合作运动

20世纪30年代，我国掀起一场大规模的乡村建设运动，主要代表人物为梁漱溟和晏阳初，他们不仅提供了乡村建设理论和合作理论，而且都深入农村进行试验。

---

① 张镜予. 中国农村信用合作运动［M］. 北京：商务印书馆，1930：37-38.

（一）梁漱溟的合作社理论与实践

梁漱溟是“当代新儒学”代表人物之一，其主要观点如下：

（1）崇尚“经济为先”“经济的改进”必须依靠各项合作。合作社是弱势者在社会经济压迫下成立的自救组织，通过合作减少大资本家的盘剥，组织成立合作社是广大农民的意愿，推行起来很容易。

（2）组建生产合作、信用合作和运输销售合作。梁漱溟认为，由于中西方的差异，中国最适合首先发展生产合作社、信用合作社和运输销售合作社，而不是消费合作社。因为：①中国经济结构是小农经济占主体的自给经济，通过市场交换的物品非常少，消费能力弱；②只有通过生产，才能增加农民的财富，使他们及早摆脱弱势和受压迫地位；③欧美和俄国的道路中国行不通，只有走合作化道路。

（3）入社条件：无论男女老少、有无文化程度均可，但入社者必须拥有一定的种植面积。

（4）合作社仅保留商业利润，不追求生产利润。

（5）合作社的分配原则是少分配、多积累，为合作社进一步发展积蓄资金。

（6）由于中国封建的经济结构，使得中国不适宜将财产立即收归国有，应先实行合作化，再收归国有。

梁漱溟自 1931 年在邹平乡进行乡村建设试验，首先建立了机织生产合作社，接着以信用合作为中心，实行信用、购买、生产运销相结合，发展了林业生产合作社、蚕业生产合作社。1933 年，邹平乡奉命成立邹平试验县，随之又建立了一批合作社，主要有信用、棉花运输、林业、蚕业、仓库、购买共 6 种，其中信用合作社和棉花运销合作社符合外国资本和买办资本的需要，因此发展较快。

（二）晏阳初的合作社理论与实践

晏阳初是平民教育促进会（以下简称平教会）的创始人，他不仅是合作理论的传播者，还是实践的先行者。晏阳初的主要观点如下：

（1）晏阳初认为中国的多数民众具有四大病象，即“愚、穷、弱、私”，并针对四大病象提出四种教育。[①] 其实，晏阳初并没有揭示近代中国贫穷落后的根源，也不能从根本上解决中国农村问题。

（2）如何通过生计教育救“穷”？晏阳初认为：在农业生产方面，应用农业科学，提高生产；在农村经济方面，利用合作方式教育农民，组织合作社等；在农村教育方面，推行贫民教育。

（3）办社原则：社员自愿；放宽对无产的良好生产者的入社门槛；强调自助，不以牟利为目的。

晏阳初多年在河北“定县试验区”工作，发展了一批合作社。1932 年 1 月，创办第一个合作社——高头村消费合作社，到 1935 年 4 月底，共建立信用合作社 78 个，还有 69 个信用兼营购买业务的合作社和 35 个信用兼营运销的合作社。此外，还有 10 个生产合作社。[②]

四、国民政府领导创办的合作社

国民政府于 1927 年在南京成立后，受早期合作主义者和华洋义赈会的影响，合作事业取得较快发展。

（一）地方自主发展时期

这一时期，国民政府对合作社的态度是肯定的，但如何发展、怎么管理，没有统一的方案。1931 年，部分省份成立了农民银行，与华洋义赈会联手，向农村信用社、农业仓库和农业运销合作社贷款，此举为农村合作社的发展提供了有利条件，尤其是 1931 年长江下游水灾，国民政府拨款给华洋义赈会，有力地支持了合作社的发展。

（二）以法律法规指导发展时期

通过几年的实践发展，国民政府实业部先后颁布了《合作社法》和《合作社法实施细则》，使合作运动在法律规定的框架内运行。规定如下：

（1）合作社的成立。年龄 20 岁以上，有正当职业的国民 7 人以上可向相

① 晏阳初 . 中国平民教育促进会定县工作大概［M］. 北京：中华书局，1934：171.

② 晏阳初 . 乡村建设试验（第 3 集）［M］. 北京：中华书局，1938：252.

关部门申请。

（2）社员资格。加入者须经理事会同意方可入社。入社社员每人至少1股，至多不超过股金总额的20%。社员股年息不超过1分，无盈利时不派发股息。

（3）机构设置。合作社设置相应的监事会、理事会，均由社员大会民主选举产生。

（4）盈余分配。首先从合作社盈余总额的20%提取公积金和10%提取理事及事务员的薪酬，余额按社员交易额比例在社员中进行分配。

通过上述对合作社的法律规定可以发现，《合作社法》的许多内容延续了国际合作社联盟通用的罗虚代尔原则，同时政府的干涉明显，即用行政办法组建合作社。但由于受抗日战争的影响，银行资金短缺，交通受阻，大多数农产品运输和销售合作社解体，农村合作社发展受到影响。

（三）政府主导推行时期

1937年，国民政府将实业部的合作司改为合作事业管理局，并公布县各级合作社组织大纲，农村合作运动进入政府主导推行时期，政府加强了对合作社的控制，实行乡、保都有合作社，使得合作社控制权落入乡长、保长、大地主手中，增加了中农和贫农的贷款难度。

五、民国时期合作社的评价

通过分析华洋义赈会、“乡村建设试验”发现，合作主义倡导者企图在原有的生产关系下，用“和平”的方式实现农村现代农业，用和平改良思想而不是土地革命思想解决农村问题。尽管不少“乡村建设试验”的合作运动带有爱国主义的精神，但在当时的背景下，合作运动成为当时政府统治的点缀品，无补于中国农村革命的发展和广大农民的解放。对于国民政府所领导的合作运动，从赈灾开始，通过组建合作社使农民以较低的利息获得贷款发展农业，减少了天灾人祸的损失，有力地促进了农业的发展，政府通过制定法律法规使合作社的发展步入正轨，为合作事业的发展提供了理论和实践经验。同时，国民政府所领导的合作运动也存在覆盖面小、影响有限、信用社自有资金不足等问题。

第二节 大革命时期中国共产党领导下的互助合作组织及其评价

一、大革命时期中共领导的互助合作组织

大革命时期，中国共产党就支持农民合作运动，以使农民摆脱或抵御富人和高利贷的盘剥。在《关于农村合作决议案》中提出应当组织农民成立以下3种合作：购买合作、贩卖合作、借贷合作。[①]除了组织上述合作社，还可组织生产合作社、农产品加工合作社及其他便利的合作社。[②]

上述各种合作社，在农民协会有基础、农民运动开展较好的地方相继发展起来。如广东省广宁县，在1926年减租减息的基础上，就成立了几个合作社，其中杜岗的合作社成立时约有500人，很快发展到1500人。

二、大革命时期中共领导的互助合作组织的评价

大革命时期中共领导的互助合作组织有效地改善了农民生活状况，保证了农民的切身利益。但也存在不足，表现为：①初创经验不足；②时间不长，有的不到一年；③多数还未制定示范章程；④缺乏统计资料；⑤合作社是一种经济组织，随着大革命的失败而解散。

①② 史敬棠．中国农业合作化运动史料（上册）[M]．北京：生活·读书·新知三联书店，1957：75-76.

第三节　新民主主义革命时期的互助合作组织及评价

二、中央苏区的互助合作组织

由于国民党当时的经济封锁和军事“围剿”，造成根据地劳动力、各种农具奇缺。正是在这种困难的条件下，在中共和苏区政府的领导下成立了流通领域的各种合作社，同时在总结当地农民原有临时劳动互助经验的基础上，组织了劳动互助社和耕牛合作社。

（1）苏区流通领域的合作社。包括消费合作社、供销合作社、信用合作社。大革命时期，广东、江西、湖南、湖北等省农民运动发展较快的地区，都提倡组织一些消费合作社、贩卖合作社、农产品销售合作社和信用合作社。

（2）苏区劳动互助社。规定如下：个人自愿入社，不得用强迫命令方法；以村为单位组织，最大的只能以乡为单位；以家庭为单位加入；社员按委员会分配帮助其他社员，也需按工计算工资；劳动互助社由苏区土地部指导，乡苏维埃推动。到 1934 年 4 月，兴国县的劳动互助社有 1206 个，社员达 22118 余人，见表 3–1。

表 3–1　1934 年兴国等四县劳动互助社发展情况表

县名	1934 年 2 月		1934 年 4 月或 9 月	
	社数（个）	社员人数（人）	社数（个）	社员人数（人）
兴国	318	15615	1206	22118①
瑞金	—	4429	—	51715②
西江	—	—	—	8987
长汀	—	—	—	23774③

（3）耕牛合作社。为了解决耕牛、农具不足的问题，苏区推动耕牛合作

①②③　史敬棠．中国农业合作化运动史料（上册）[M]．北京：生活·读书·新知三联书店，1957.

社的发展，发动大家入股购买耕牛等农器。

二、陕甘宁边区的互助合作组织

抗日战争时期，陕甘宁边区和敌后抗日根据地，发展流通领域和农业生产合作社。1945 年底，晋察冀的晋冀区组织起来的劳动力占比从 1944 年的 20% 提高到 37.5%，见表 3–2。

表 3–2 抗日战争时期陕甘宁边区及其他根据地农业互助合作情况

地区	1943 年		1944 年		1945 年		1946 年	
	组织起来的劳力（人）	占劳力总数（%）	组织起来的劳力（人）	占劳力总数（%）	组织起来的劳力（人）	占劳力总数（%）	组织起来的劳力（人）	占劳力总数（%）
陕甘宁边区	81128	24	—	—	—	30~45	—	60
晋绥			146550	37.4		37.4		
晋察冀			562700	9.8				30~50
（晋察区）			200000	20.0		37.51		
晋冀鲁豫			70000	10.0				
山东				20.0		75.02		97.0
（盐阜区）			117000	20.0				

数据来源：萧梦．论中国的农业合作化［J］// 中国农业合作史资料，1997（52）：15–16.

三、新民主主义革命时期互助合作组织的评价

从土地革命到抗日战争再到解放战争，农业合作运动得到迅速发展。表现出如下特点：①互助合作组织越来越强调入社自愿；②互助合作组织形式多样化，既有临时组，也有常年组，经营上绝大多数是农户家庭经营基础上的换工，规模不等；③互助合作组织的内容，不只局限于农业生产，而且在家庭经营的基础上组织了工、副业的合作，如组织榨油、磨坊、粉坊以及运盐队等。由于实施了农业合作互助组，改变了农资、农具匮乏的局面，改善了农民的生活状况，为以后我国农业合作化提供了宝贵的经验。

第四节　中国合作经济组织的演变及评价

中华人民共和国成立后，农业合作化大体上经历了4个大的发展阶段：第一阶段是从中华人民共和国成立到1955年，是以主要生产资料私有制为基础的农业合作化（即所谓初级生产合作社）阶段；第二阶段是1955—1958年，是废除农民生产资料私有制而向生产资料集体所有制的合作化（即所谓高级生产合作社）发展并迅速完成的阶段；第三阶段是1958—1978年，是实行政社合一，以生产资料集体所有制为特点的人民公社的发展、调整以致僵化的阶段；第四阶段是1978年以来，在农村实行家庭联产承包责任制阶段。

一、互助组和初级合作社及其评价

从中华人民共和国成立到1955年以前，我国互助合作运动的发展一直是比较正常的。

首先，互助组的稳步发展。自发的合作互助在我国农村一直存在，如换工（包括劳动换工和人畜换工）、合伙、扎工[①]等。1950年春，受中央重视和农民发展生产两方面的推动，新老解放区互助组都有了较大的发展。1951年《关于农业生产互助合作的决议（草案）》的印发，促进了全国互助组的发展，参加农户和互助组的数量大幅增加。[②]1952年，受《关于农业生产互助合作的决议（草案）》的影响及中央的部署，互助组猛增到802.6万个，其中主要是2~3户或3~5户的临时互助组，常年互助组只占10%，参加互助组的农户有4542.3万户，占农户总数的39.95%。

其次，初级合作社取得很大进展。初级合作社是在互助组的基础上发展起来的，一般有20~30户组成，主要以土地入股和统一经营为特点。1951年，全国已有7个省试办了129个初级社，平均每社12.4户。到1953年，初级合作社达到15069个。[③]为中国的农业合作化“逐步过渡、循序渐进”找到

① 指无地和少地的农民组织起来租种土地，既开展劳动互助，又集体出卖劳动力。

② 1951年上半年生产互助的情况和今后的意见［J］. 中国农报，1951（9）.

③ 王贵宸. 中国农村经济改革新论［M］. 北京：中国社会科学出版社，1998：63.

了一种适当的形式。

由于走合作化的道路，克服了生产工具和畜力缺乏的困难，保证了生产的正常进行，提高了耕作水平，改进了生产技术，提高了单位面积的产量，促进了生产的发展。

总之，初期的合作社基本在平稳的状态中向前发展，并且取得了一些显著成绩。具体表现如下。

（1）始终以发展农业生产为中心。这一时期，无论合作社规模如何变化，都没有偏离农业生产的中心地位。这就使合作化与农业生产、农业生产与国民经济发展和国家工业化相一致。

（2）尊重以小农经济为主的国情。中国经历了长期的以家庭为单位，从事小块土地经营，自给自足的小农经济，在农民心中根深蒂固，初期的农业合作化发展尊重以小农经济为主的国情。其具体表现为：一是邓子恢公开提出了农村工作要从小农经济特点出发；二是强调农民的劳动互助合作和小农经济的积极性；三是尊重农民自愿互利的原则。

（3）坚持逐步过渡，平稳发展。在个体经济普遍存在的情况下，在部分农民有互助合作要求和另一部分农民希望单干的现实面前，农业合作化需谨慎推进，历经数年洗礼后方能正本清源。

（4）坚持积极领导和大力支持帮助的做法。中央重视对合作化的领导，批评合作化中急躁冒进、放任自流的倾向。

二、高级农业生产合作社及其评价

高级农业生产合作社的基本特征是土地等生产资料归集体所有，统一经营，按个人投入的劳动进行分配。初期高级社的规模平均60户，1956年达到250户，有的在千户以上，个别的有几千户，一乡一社，甚至几乡一社。

在高级生产合作社后期出现了“退社风潮”。1956年12月广东省委报告：“近数月来，特别是全省大部分农业社转为高级社，并进入秋收和准备年终分配以来，各地不断发生农业生产合作社社员闹退社的情况。”随后全国出现闹社、退社现象。分析原因，主要是由于违背自愿互利原则、缺乏管理经验、农民收入降低等原因。

农业合作化运动是历史上一次巨大的社会变革，促进了生产力发展。1957年农业总产值比1952年增加了24.8%，平均每年递增4.5%。农业社会主义改造的完成，极大地推动了国家工业化及对手工业、资本主义工商业的社会主义改造和其他事业的发展。

高级社出现了一些问题和偏差：①高级社规模过大，脱离工业化发展水平和农业生产技术发展水平，单方面强调生产关系特别是所有制的变革。②高级社强调集体经营、集体劳动，削弱了农户家庭的生产功能，形成了单一的模式。③阶级分析与阶级斗争渗入了农村政策和思想政治教育，强化了对中农、富裕中农的行政强迫命令。

虽然存在这些缺点，但高级社的成绩也还是明显的，只是步子迈得过急，工作过粗，形式过于简单划一。正如邓小平所说："如果稳步前进，巩固一段时间再发展，就可能搞得更好一些。"①

三、人民公社及其评价

此阶段，我国的农村合作经济组织成为高度集中、具有集体性质的人民公社。在"大跃进"的背景下，政府为适应当时农业生产的需要，提出可以有计划地把小型农业合作社合并为大型农业合作社。1958年8月《中共中央关于在农村建立人民公社问题决议》下达以后，人民公社化运动的高潮很快在全国各地农村掀起。从1958年人民公社化到1984年人民公社解体，历时26年，大体经历了"一大二公"的人民公社，"三级所有，队为基础"的人民公社，以生产队为基本核算单位的人民公社，变更农业生产关系、制造阶级矛盾的人民公社，直至被社员家庭承包责任制取代的5个阶段。②

人民公社的变迁主要依靠政府命令和法律落实，具有"一大二公"、平均主义分配、政社合一三大制度特征，凸显产权模糊和残缺、监督和激励困难、退出机制丧失，扭曲了集体经济的性质，这种人民公社体制严重制约了中国农业、农民和农村，乃至国民经济与社会的发展，最终以失败而告终。

---

① 邓小平．邓小平文选（1975—1982）[M]．北京：人民出版社，1983：276.

② 中共河南省委党史资料征集委员会．怎样研究社会主义时期党史[M]．郑州：河南人民出版社，1986：329-333.

其主要教训有：①高度的“政社合一”脱离了当时的生产力发展水平，在小社合并为大社的过程中，由于各生产队的劳动效率不同，平均做法使穷队享有了富队的生产，伤害了富队和社员的权益。②社会主义集体所有制农业体制应当是多种所有制并存。③应充分重视家庭的经济地位和作用。④以社会主义生产资料公有制为基础，实行按劳分配是至关重要的。

虽然从根本上说，合作化为农村公有制经济的发展创造了条件，但是高级社尤其是人民公社的集体农业经营模式是缺乏效率的，人民公社不是真正意义上的合作经济。在人民公社制度的框架下，合作经济的基本原则和制度规定已经荡然无存。

四、家庭联产承包责任制及其评价

1978 年中共十一届三中全会以后，农业生产责任制在我国取得了重大的发展，家庭联产承包责任制把土地所有权和承包经营权分开，既发挥了集体统一经营的优越性，又调动了广大农民的积极性，极大地解放了农业生产力，使得我国农业连续 6 年获得丰收，农产品的状况得到缓解。1984 年实行包干到户家庭承包责任制度农户占全国农户的 96.6%。[①] 应当承认，家庭联产承包责任制适应了当时的社会形式，使得中国的农业获得了很大的发展。但是，随着农副产品市场化程度的提高，家庭联产承包责任制表现出局限性，推向市场的单个家庭不能承担千变万化的市场风险，单个农户由于信息不对称，对市场缺乏了解，生产上具有盲目性和波动性，“小农户”与“大市场”的矛盾越来越严重。市场亟须一种新的组织形式来解决矛盾，改善市场主体双方交易不对等的地位，维护农民的收益。农民合作组织就是在保持家庭联产承包责任制的基础上，农民为了共同的利益自愿联合起来的组织形式。这种组织形式很好地解决了“小农户”和“大市场”之间的矛盾，随后，这种新型农民合作组织在中国大地遍地开花。

---

① 李宗植，张润君．中华人民共和国经济史 1949—1999 [M]．兰州：兰州大学出版社，1999：339.

第五节　农村供销合作社的演变及评价

供销合作社成立于中华人民共和国初期，是我国农村合作经济的一种特殊组织形式，是由农民自发筹集资金和资源创建的，是社员合作共有的“民办”组织。它维护社员的利益，服务农业生产产前、产中及产后3个阶段，体现了“三性”原则，即组织上的群众性、管理上的民主性、经营上的灵活性。我国农村供销合作社的“所有制”形式在发展中发生了演变，功能得到了异化。

一、农村供销合作社的发展历程

早期供销合作社的农村基层合作社吸收农民自愿入股参加，因而具有合作经济的某些因素。在计划经济时期，国家对供销合作社的组织制度进行了多次调整，供销合作社经历了与国营商业的“三分三合”，其产权制度公有化的程度越来越高，农村基层供销社也越来越背离合作社的初衷和原则。改革后，为适应农村市场经济的发展，国家制定政策引导供销合作社向真正的合作社转变，以更好地服务于“三农”。近70年来，供销合作社改革可分为以下4个阶段。

（一）曲折发展阶段（1949—1979年）

中华人民共和国成立初期，农村供销合作社进行组织体系建设和制度建设，成立了中华全国供销合作总社，农村供销合作社成为一个独立的、具有同一系统的社员集体经济组织，是自上而下组建的合作社组织框架。同时，各地扩大了社员数量、吸收更多社员入股，组建基层供销社。在“三大改造”基本完成后，我国基本实现了农业生产合作化，确立了涵盖重要农产品“统购统销”的体制，供销合作社不再是独立运转的组织和服务部门，而成为低价收购农产品，为工业化提供资本原始积累的中转站。供销合作社在此期间，两次与国营商业合并，所有制性质由集体所有制过渡为全民所有制，由“民办”成为“官办”，供销合作社县级以上的机构与国营商业进行合并，基层供销合作社下放到人民公社，打断了供销社与农民在经济上的直接联系。

（二）意见分歧阶段（1980—1983 年）

意见分歧的焦点在于是否继续对农民实施剥夺。1979 年初，中央曾考虑把基层供销合作社改为人民公社的商业组织，为此，各省、市、自治区进行了试点。在试点中，有一些县急于把基层合作社下放给人民公社，财务、设备也一起移交，造成了混乱和供销社职工的不满，这种下放是过去“左”倾错误的表现。1979 年发布的《关于农村基层供销社划归人民公社试点的通知》仍然要求每个省在其管辖的一个县内试验，到 9 月，中共十一届四中全会正式删除原文件中相关内容，这一行动才被制止。但是，关于合作社的意见分歧依然存在，总体意见有两种：一种是赞成恢复集体所有制；另一种是不赞成。认为国家对集体所有制的不公平是继续剥夺农民的基础。

（三）供销合作社改革时期（1984—1994 年）

1983 年后，我国农村供销合作社伴随着农村经济体制的改革也进入了改革创新阶段。1983—1994 年，供销合作社以恢复“三性”原则为主题，在所有制性质、组织体制、经营方式、管理体制等方面进行改革创新，但由于 1982 年精简机构，供销合作社总社又与商业部合并，因此，这一时期的改革主要限于基层供销合作社。20 世纪 80 年代，合作社改革表现在 3 个方面：第一，回归了合作社的“三性”原则；第二，扩大了供销社的经营范围；第三，在经营方式上部分采取了股份分红的方式。

（四）供销合作总社新的发展时期（1995 年至今）

1995 年 2 月 27 日中共中央做出了《关于深化供销合作社改革的决定》，恢复全国供销合作总社，把供销合作社办成真正为农民所有、所用的合作经济组织。其具体做法是把基层供销合作社作为重点，坚持五个环节，即理顺组织管理体制，并使其服务功能得到强化，完善经营机制，加强对组织的监管，在必要时给予保护扶持。对供销合作社改革中的突出问题给予政策支持，供销合作社的工作重点转向扭亏增盈。截至 2013 年，全国供销合作社销售总额突破 3 万亿元，利润突破 300 亿元，资产总额突破 1 万亿元，进入了一个新的发展阶段。当前，供销合作社已经形成健全的组织体系和遍布城乡的服务网络。

二、农村供销合作社的评价

供销合作社从成立之初就定性为农民提供流通领域服务的合作组织。改革开放之后，我国农村的供销合作社不再由政府控制，自身组织体系得以恢复，经营范围得到扩大，对农业、农村、农民的服务水平得到了提升，在与农民结成经济利益共同体和农业产业化经营方面取得了突破。但是，几十年来供销合作社的制度变迁和功能演变，更多地表现出集体经济的成分，而不是合作经济的成分。改造传统供销合作社需要进行相应的制度创新，组织形式定位上需要规范的合作社企业制度，管理职能的定位上要统筹管理农村合作经济组织，发展方式上倡导“官办”或民办的多种形式，实现合作社发展的规模化和合作经济组织的大众化，使供销合作社真正成为农民的合作组织。

第六节　农村信用合作社的演化及评价

一、农村信用合作社的发展历程

我国农村信用合作社和整个合作事业一样，发展历程受到政府介入程度的影响。农民合作组织变迁以农村信用社变迁为主线，以特定历史时期的经济、政治社会条件下农村信用社制度安排变化为线索，并考虑制度安排产生的绩效，农村信用社的发展历程可以划分为以下 4 个阶段。

（一）规范发展的起步阶段（1949—1958 年）

这一时期农村信用社的建立是基于农村金融秩序的要求，其迅速发展则得益于农村合作化的发展。中华人民共和国成立初期，金融物价不稳定，农村高利贷盘剥农民的现象严重。1951年，政府在农民群众中试办信用合作组织，以打击农村高利贷，信用合作组织在中国由此起步。

（二）体制多变的混乱阶段（1959—1979年）

这一时期，“左”的路线和政策占据主流，信用社也“在劫难逃”。这20年中，农村信用社先后下放给人民公社、生产大队、贫下中农管理，后又由人民银行和农业银行管理。农村信用社的干部队伍、资金和业务受到严重的损害，信用社的发展也遭受较大的损失，尤其在“大跃进”和“文化大革命”时期，农村信用合作社几乎停滞甚至倒退，很多地方的信用社几乎到了破产的边缘。这是一段通过国家主导的政治运动改变农村信用社管理体制逻辑的历史，其结果是农村信用社背离合作本质，“官办”色彩越来越浓重。

（三）初步改革和发展阶段（1980—1995年）

1980年底，中央提出要改革农村信用社；1982年，农业银行总行召开会议，明确要按集体所有制的金融组织性质来开办农村信用社；1983年，农业银行提出要求逐步恢复和加强信用合作社“三性”建设。但农村信用社的改革没有突破国家银行管理的框架，合作社的产权性质仍然是集体所有或准国家所有，因此改革很不彻底。

（四）深化改革和发展阶段（1996年至今）

1996年颁布的《关于农村金融体制改革的决定》，指出农村信用社脱离中国农业银行的隶属关系，成为自主经营、自负盈亏的合作金融主体，逐渐向合作社原本的路径回归。2000年开始，中国人民银行在全国开展对信用社的改革试点，经国务院批准，江苏省率先进行行业管理体制改革试点。2001年11月28日、12月6日，江苏省常熟、张家港和江阴三市农村商业银行正式挂牌成立，标志着我国农村信用社在产权体制改革方面开始新的探索。

二、农村信用合作社的评价

经过近70年的发展，农村信用合作社已经成为我国金融体系的重要组成部分，是支持“三农”的主力军。农村信用社的建立和发展，促进了农村产业结构的调整和优化，成为推动农业和农村经济发展的一支重要资金力量。同时，农村信用社利用贴近群众的优势，根据贫困地区的特点，因地制宜地发放贷款，在农村反贫困过程中发挥了重要作用。

然而，回顾农村信用社的发展历程，不难发现，我国农村信用社的发展走上了一条自我否定的道路，在制度变迁方式方面具有强制性。从 20 世纪 50 年代初信用合作组织的建立，到后来的几经变革，每次制度变迁均是政府主导型的强制性制度变迁模式，自上而下的农村金融制度变迁则使农村金融组织的产权关系更加模糊不清。另外，农村信用社的发展背离了合作制原则，具体表现为：利润导向明显，为“三农”服务不够，在经营行为上表现出“非农化”的特征或“城市化”特征；民主管理流于形式，长期置于国家银行或基层政府的管理，社员的管理权无法实施；“权力和官办色彩”较浓，社员不能参与信用社的分享，社员股金只具有存款的性质；经营机制不健全，金融风险凸显，市场竞争力和抵御风险的能力很弱。

我国信用社的改革，已经取得了进展，但与现代意义上农民自愿成立互惠互利的合作金融组织还有很长的路要走，改革需要深化，需要切实地解决剥夺农民的问题，把剥夺农民的信用合作社还给农民。

第四章　中国新型农民合作组织

家庭联产承包责任制基础上的“统分结合”双层经营制度取代了人民公社，农户掌握了生产经营的自主权，成为独立的商品生产经营者，从而重构了农村经济组织的微观细胞。购销体制的改革和市场机制的引入，使农户逐步摆脱按计划生产和销售的模式，改为面向市场，改变了农村经济的运行方式。但是，单个农民家庭分散经营的劣势引发了“小农户”与“大市场”之间的矛盾，由于农业的生产周期长，价格波动频繁，受气候和自然灾害的影响大，单个农户难以抵御市场风险和自然风险。由于获得供求信息的不对称，难以及时调整种植结构及数量，增收的预期具有很大的不确定性。各种不同类型的新型农民合作组织应运而生，它们有效地解决了“小农户”和“大市场”之间的矛盾，提升了农民主人翁的地位，维护了农民的利益。

第一节　当代中国新型农民合作组织兴起的动力机制

合作组织的产生有两个前提：一是商品经济的发展；二是独立经营者的广泛存在。我国新型农民合作组织是农业和农村经济从传统的计划经济体制向市场经济转化过程中兴起的。

一、家庭承包责任制的实行

中共十一届三中全会以来，我国确立了家庭承包责任制，农民逐渐成为相对独立的经营主体，成为独立的商品经营者，农民拥有土地的经营权和土地的剩余价值索取权，提高了农民的生产积极性。随着市场经济的发展，在家庭承包制基础上的单个农民资本匮乏、生产规模小，处于无组织状态，仅仅从事一些初级产品加工，为市场提供原材料，处于无竞争力和谈判势力的弱势地位。中国 8 亿多农民要真正与大市场接轨，提高竞争力和谈判地位，必须通过联合，建立整体进入市场的组织，才能增强抵御市场风险的能力，避免在激烈的市场竞争中处于劣势或被市场淘汰。

二、农户经营主体地位的确立

合作经济的一个重要特征是个人拥有独立的产权主体，因此，农民专业合作经济组织产生的前提是农民具有独立的经营主体地位。人民公社时期，农地产权严重缺失，产权制度效率低下，激励机制缺乏，管理费用高昂。由于农户独立经营主体地位的缺失，使得农民合作组织发展缺乏微观基础。家庭承包制的实施改变了之前农地产权的不均衡，重新赋予了农民独立经营的主体地位，新型农民合作组织有了产生的微观基础。于是，从事农业生产、加工、流通等环节的个人与组织，基于共同的农业生产经营价值趋向在自愿互利的基础上通过一定的民主管理和运行机制组建成农民合作组织。

三、农业市场化程度的加深

合作经济是市场经济的产物，较高的农产品商品率和市场化程度是新型农民合作组织产生的重要条件。一般来说，在市场经济条件下，合作组织的主要作用是降低经济活动的风险和不确定性，降低交易成本，取得规模经济，打破市场垄断。改革前，农业结构单一，农产品的交换由计划控制；改革以来，越来越多的农业生产要素和农产品销售通过市场，由此产生了“小生产与大市场”的矛盾。据戴晓春的一项研究显示，1978 年我国农业综合市场化指数为 22%，1980 年为 32.5%，1990 年达到 60.8%，[①] 见表 4–1。

---

① 戴晓春．我国农业市场化的特征分析［J］．中国农村经济，2004（4）：60.

表 4-1　1978—2000 年我国农业市场化指数　　单位：个

年份	农业市场化指数	农产品价格市场化指数	农产品市场化指数	农业劳动力市场化指数	农业资金市场化指数	农业技术市场化指数
1978	22.0	5.6	39.9	14.6	33.3	10.4
1979	27.3	11.6	42.0	15.1	48.6	11.2
1980	32.5	17.7	43.8	15.1	64.5	12.1
1981	35.2	20.9	43.8	15.7	72.9	13.1
1982	35.5	21.7	43.6	16.0	72.6	14.1
1983	43.0	23.9	46.0	33.3	86.9	15.2
1984	44.8	32.0	44.8	36.6	83.2	16.4
1985	53.6	63.0	46.4	42.9	379.	17.7
1986	55.5	64.7	49.6	46.9	78.1	19.1
1987	57.4	70.6	50.7	50.4	72.9	23.9
1988	60.0	76.0	51.1	53.2	74.6	26.6
1989	59.2	64.7	51.8	54.9	79.9	31.1
1990	60.8	74.8	48.4	53.9	80.7	31.1.
1991	62.8	77.8	51.0	57.1	78.6	34.3
1992	63.4	81.8	51.5	64.2	67.4	37.8
1993	65.4	87.5	52.1	72.5	60.0	40.2
1994	67.2	91.0	52.6	74.3	62.6	38.9
1995	68.4	92.8	53.1	73.2	66.0	40.9
1996	69.9	94.7	53.6	73.6	69.0	42.9
1997	70.5	96.9	54.9	65.3	76.1	42.5
1998	65.3	97.4	53.2	65.7	50.9	43.1
1999	65.1	97.4	53.7	67.2	47.6	43.9
2000	68.9	99.0	58.9	69.9	54.9	44.5

数据来源：戴晓春 . 我国农业市场化的特征分析［J］. 中国农村经济，2004（4）：60.

20世纪90年代中后期，连年的粮食盈余使得农产品“卖难”问题日益突出。如果这种“卖难”现象持续，农业生产的专业化、市场化进程就必然会倒退。因此，从根本上解决的措施是推进农业生产专业化、市场化，联合起来增加谈判筹码，减少农民的利益损失。这也说明家庭联产承包责任制虽然是农业生产过程中较为适宜的经济组织形式，但不是农产品流通过程和市场交易过程中适宜的经济组织形式。

四、市场扩大

市场大小与劳动分工成正比，市场规模的扩大促进了农产品分工与专业化，提高了工作效率。随着农业生产专业化水平的不断提高，农业生产者之间的分工也越来越细，一种农产品要经过许多环节和阶段，才能从生产者手中顺利地转移到消费者手中，农业生产链条由一个节点变为多个节点，相互协作才能完成，由此农民产生了对合作与联合的客观需求。

专业分工的细化推动着劳动生产率的提高，而分工细化导致了市场导向作用的加强，市场成为农业再生产的实际组织者和协调者，农产品生产者沦为市场的附属物。分散经营的小农户生产规模小，经济实力薄弱，抗御市场风险能力差，参与市场的交易成本高，交易方式落后，谈判力量有限，容易受到中间商的盘剥，面对瞬息万变的市场，单个农户难以及时、准确地掌握信息，把握市场变化，生产经营活动难以避免盲目性。家庭经营的小生产与社会化大市场之间的矛盾，迫切需要农户联合起来，建立能够代表自身利益、带领农户进入市场的新型农民合作组织。

五、农村产业结构调整的需要

农业、农村和农民问题历来被党和国家所重视，研究和讨论与农村经济发展相关问题的农村经济工作会议每年都要召开，1982—1986年，中央连续5年发布以农业、农村和农民为主题的中央1号文件，2004—2015年连续12年发布中央1号文件，为我国农业、农村的发展指明了方向。各地政府根据中央1号文件精神，依托当地的农业资源禀赋，出台相对的配套设施和各项优惠政策，加强专业合作社补贴的力度，规范示范园的建设，加快培养农民合作组织专门人才。从利益联结机制来看，新型农民合作组织可以通过订单农业、农业产业化等形式，有效地把农民与市场衔接起来，使农民快速获取市场信息，促使产业结构按照市场要求进行调整，使新型农民合作组织成为实现农业结构调整的有效载体。

六、法律支持和政府推动

法律、政策的鼓励和支持，指导了新型农民合作组织在法律不完善条件下的规范运作。2003 年 3 月 1 日实施的《中华人民共和国农业法》、2003 年 12 月 31 日发布的《中共中央国务院关于促进农民增加收入若干政策的意见》和 2004 年中央 1 号文件中都明确指出，要“鼓励发展各类农产品专业合作组织”。2007 年，《农民专业合作社法》明确了合作社的法律主体地位，2014 年国务院重新修订农民专业合作社登记管理条例，增加了电子营业执照、年度报告制度等规定。这些法律法规和政策对新型农民合作组织的设立、运行和发展提供了重要的参照和依据，如及时雨一样发挥出最大效应，推动新型农民合作组织在我国快速发展。

第二节　当代中国新型农民合作组织发展现状及存在的问题

一、中国新型农民合作组织的发展现状

我国农民合作组织 20 世纪 90 年代中后期以来得到了迅速发展，合作领域进一步拓宽，越来越多的新型农民专业合作组织的经营活动联系在一起。总体来讲，我国新型农民合作组织处于初级发展阶段，存在许多不完善的地方。

（一）发展规模不断扩大、分布广泛，但区域分布和产业分布不平衡

1. 合作社区域分布不均衡

据农业农村部统计，截至2012年底，全国实有农民合作社68.9万家，比2011年底增长32.07%，在工商部门登记合作社成员数2373.45万户，社均成员数34户，分别比2011年增长98.38%和47.83%，见表4–2。

表4–2　农民专业合作社基本情况

年份	合作社数（万家）	出资额（亿元）	工商登记成员数（万户）	实有成员数（万户）
2007年底	2.64	311.66	35	210
2008年底	11.09	880.16	141.71	1200
2009年底	24.64	2461.36	391.74	2100
2010年底	37.91	4545.77	715.57	2900
2011年底	52.17	7200	1196.42	
2012年底	68.9	11000	2373.45	

数据来源：根据国家市场监督管理总局、农业农村部发布数据整理。

但我国东部、中部和西部农民专业合作经济组织的发展呈现不平衡且参差不齐的特点。从区域分布看，2009—2010年，东部地区从合作社数量、出资总额和成员总数都比中部地区多（分别见表4–3、表4–4和表4–5），同期，中部地区上述指标数值比西部要多，从东部、中部到西部呈现逐渐递减趋势。从各省情况分析，截至2010年底，合作社数量多的省份是山东（43331家）、江苏（35214家）和山西（31658家），合作社数量少的省份是青海（2428家）、天津（1930家）和西藏（384家），最多省合作社数目是最少省合作社数目的113倍，差距非常大。从产业分布看，涉及种植业、养殖业、加工和服务业，其中，2010年种植业约占47.85%，畜牧业占30.72%；2011年种植业约占44%，养殖业占29%；2012年种植业约占45.76%，养殖业占28.51%（见图4–1~图4–3）。从增长速度看，增长最快的业务范围包括种植业的合作社，增长最慢的业务范围包括农产品加工业的合作社。就不同区域而言，由

于农业生产结构的差异，会使分布的比例有所不同。通常来讲，养殖业内部的农民合作经济组织在那些畜牧业发达的地区所占份额较大。种植业，又主要集中在粮、棉、油、中药材、果蔬茶等主要农产品，并扩展到农机、植保、民间工艺、旅游休闲农业等领域。

表 4-3　全国各地区农民专业合作社基本情况（2009 年底）

地区	数量（家）	出资总额（万元）	成员总数（户）	地区	数量（家）	出资总额（万元）	成员总数（户）
合计	246364	24613634	3917376	吉林	5723	533741	70286
山东	25873	2133487	266031	重庆	5681	712098	94789
江苏	24376	2819252	1266906	福建	4435	667699	45701
山西	23777	1426720	171030	湖南	4332	659173	79181
浙江	20686	1067749	222650	云南	4331	230323	147405
河南	17219	2302246	142726	广东	4107	373410	51445
河北	11163	1498456	135388	甘肃	3537	285136	33013
辽宁	10414	1344598	142615	北京	3511	302322	75926
黑龙江	9421	1132999	109558	贵州	3362	142196	53968
安徽	9317	996092	77021	上海	2650	261779	26488
四川	8998	857185	161848	新疆	2603	211711	39459
江西	8416	1319038	88522	海南	2342	180198	19666
湖北	6903	846116	95863	宁夏	1854	209546	23288
陕西	6475	465776	72932	天津	1486	340593	46058
广西	6002	454952	66835	青海	1266	85711	14640
内蒙古	5919	736719	58954	西藏	185	16617	17184

数据来源：根据国家市场监督管理总局发布数据整理。

表 4–4　全国各地区农民专业合作社基本情况（2010 年底）

地区	数量（家）	出资总额（万元）	成员总数（户）	地区	数量（家）	出资总额（万元）	成员总数（户）
合计	379059	45457748	7155733	陕西	8679	794456	116333
山东	43331	4219330	422988	广西	7878	658144	83981
江苏	35214	5281913	3075651	福建	7637	1432491	80321
山西	31658	2577686	245271	湖南	7390	1332509	128516
浙江	28202	1680606	295720	云南	7258	458623	203405
河南	26596	3814047	205500	广东	6715	617893	87962
河北	16560	2106440	181163	甘肃	6323	582975	56756
黑龙江	15568	2313746	165873	贵州	5654	310289	84141
安徽	14860	2394544	121684	新疆	4417	429377	67215
辽宁	14351	2016923	217513	北京	4395	396937	110058
四川	14127	1562571	222036	上海	3799	481709	43072
湖北	12601	1566634	152308	海南	3556	326543	30055
江西	11975	1853602	128798	宁夏	2675	317683	32745
吉林	11347	1353900	143184	青海	2428	215495	31844
内蒙古	11042	1749445	108594	天津	1930	527038	64577
重庆	10519	2052319	212117	西藏	384	31879	36352

数据来源：根据国家市场监督管理总局发布数据整理。

表 4–5　农民专业合作经济组织地区分布状况

地区	年份	数量（家）	出资总额（万元）	成员总数（户）
东部	2009	111043	10989543	2298874
	2010	165690	19087823	4609080
中部	2009	85108	9216125	834187
	2010	131995	17206668	1291134
西部	2009	50213	4407966	784315
	2010	81374	9163257	1255519
合计	2009	246364	24613634	3917376
	2010	379059	45457748	7155733

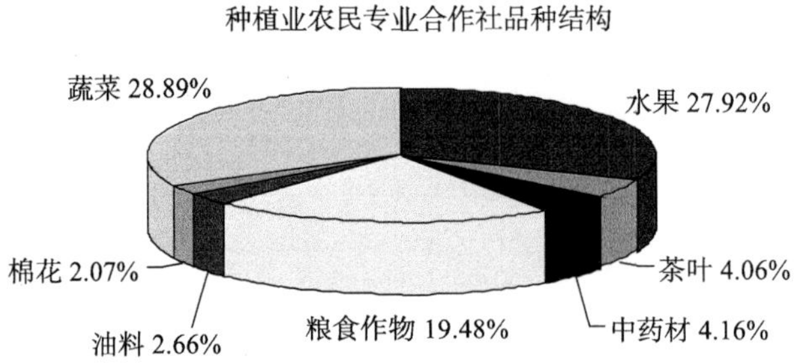

图 4–1　种植业农民专业合作社品种结构

资料来源：农民专业合作组织统计信息管理系统，数据截至 2010 年 12 月 31 日。

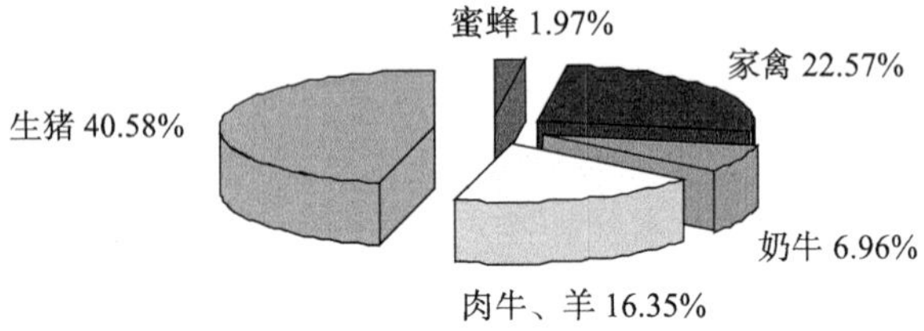

图 4–2　养殖业农民专业合作社品种结构

资料来源：农民专业合作组织统计信息管理系统，数据截至 2010 年 12 月 31 日。

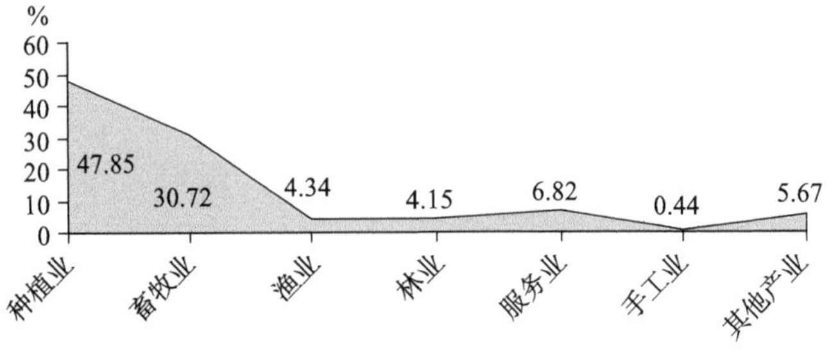

图 4–3　农民专业合作社分布

资料来源：农民专业合作组织统计信息管理系统，数据截至 2010 年 12 月 31 日。

2. 东中西东北部第一、第二、第三产业结构差距大

按照中国统计年鉴将区域分为东部、中部、西部和东北地区的划分方法，东、中、西、东北部地区在经济结构协调性方面也存在着很大的差距。一个国家或地区经济发达程度的标志之一就是其经济结构的合理程度，构成 GDP

的三大产业的比例是否合理是其主要特点。2010—2012 年东、中、西、东北部地区三大产业比例的统计显示，第一、第二、第三产业所占比例变化不大，东部地区 2012 年第一、第二、第三产业产值分别占总产值的 35%、49.5%、57.1%，三个产业比例较为合理，而中、西、东北部地区三大产业结构协调性却存在很大的差距（见表 4–6）。如果按照传统区域划分方法，分析第一产业的农村劳动力、第一产业产值和人均产值，我们发现东部地区农村劳动力最少，第一产业产值和人均产值最高，中部和西部依次递减，见表 4–7。

表 4–6　东中西部地区三大产业结构比较　　单元：亿元，%

地区		第一产业		第二产业		第三产业	
	年份	产值	比重	产值	比重	产值	比重
东部地区	2010	14626.3	36.1	114553.3	52.1	102851.0	58.3
	2011	16885	35.6	132742.6	50.3	121727.2	57.9
	2012	18339.6	35.0	141448.8	49.5	136103.6	57.1
中部地区	2010	11221.1	27.7	45130.3	20.5	29758.0	16.9
	2011	12897.4	27.2	55940.2	21.2	35636.3	17.0
	2012	14019.8	26.8	61450.7	21.5	40807.2	17.1
西部地区	2010	10701.3	26.4	40693.9	18.5	30013.3	17.0
	2011	12771.2	26.9	51039.3	19.3	36424.5	17.3
	2012	14332.6	27.4	57104.2	20.0	42468.0	17.8
东北部地区	2010	3984.1	9.8	19687.2	8.9	13822.1	7.8
	2011	4894.5	10.3	24094.2	9.1	16388.9	7.8
	2012	5681.6	10.8	22428.2	9.0	19150.8	8.0

数据来源：《中国统计年鉴》（2011，2012，2013），中国统计出版社 2011 年版，2012 年版，2013 年版。《中国农村统计年鉴》（2011，2012，2013），中国统计出版社 2011 年版，2012 年版，2013 年版。

表 4–7　东中西部地区第一产业对比

地区	农村劳动力（亿人）		第一产业（亿元）	第一产业人均产值（元）
东部	2010	1.89	14626.32	7738.79
	2011	2.16	18800.56	8703.96
	2012	2.11	20345.26	9642.3

续表

地区	农村劳动力（亿人）		第一产业（亿元）	第一产业人均产值（元）
中部	2010	1.79	13574.12	7583.3
	2011	2.25	15876.31	7056.14
	2012	2.19	17545.57	8011.68
西部	2010	1.63	10701.31	6565.22
	2011	2.07	12771.16	6169.64
	2012	2.01	14322.55	7125.65

数据来源：《中国统计年鉴》(2011，2012，2013)，中国统计出版社2011年版，2012年版，2013年版。《中国农村统计年鉴》(2011，2012，2013)，中国统计出版社2011年版，2012年版，2013年版。

3. 东、中、西部资源禀赋存在差异

在经济资源方面，2012年我国农村居民人均总收入与农村居民人均总支出分别为12078.20元、10510.33元，其中：东部地区为13919.23元、11397.40元，中部地区为9829.41元、8462.30元，西部地区为8857.15元、8164.02元，东北部地区为15710.99元、14017.58元。经济资源禀赋是决定该地区农业经济收入和农业生产率的基础因素，反映的是该地区潜在的比较优势，东、中、西部地区经济资源禀赋的差异使得东部在发展农民合作组织方面比中西部地区更具有资金上的优势。农业生产方面，资源禀赋包括劳动、资本和自然资源，可以用劳动力集中指数测度，经过测算得知，西部地区的劳动力集中度最高，中部次之，东部最低，说明西部地区劳动力比中部和东部的劳动力丰富，具有潜在的后方优势，但可能存在劳动力低效率甚至过剩的可能性，东部地区人力资本比中西部地区都高。相比较而言，经济发达的东部地区农业生产效率优于中西部地区，许多农产品生产与中西部相比差异巨大，见表4–8。

表 4–8　东、中、西部地区部分农产品生产情况

地区	水果总产量（万吨）	肉类产量（万吨）	水产品总产量（万吨）	禽蛋产量（万吨）	甘蔗总产量（万吨）	蔬菜播种面积（千公顷）
东部	8156	2969	8156	1420	6782	8683
中部	4694	2696	4694	999	290	5757
西部	2491	1580	2491	305	1912	3121

数据来源：《中国统计年鉴》(2010)，中国统计出版社 2010 年版。《中国农村统计年鉴》(2010)，中国统计出版社 2010 年版。

位于中部地区的湖北、湖南、江西、安徽和河南作为传统的农业大省，农业发展历史悠久。从农作物播种面积和主要农产品的产量上看，中部地区农作物、猪、羊和奶类等生产较东西部地区具有很大优势，见表 4–9。

表 4–9　中部占优的部分农产品生产情况　　单元：千公顷，万吨，万头

地区	农作物总播种面积	粮食作物		油料作物		猪年末存栏数	羊年末存栏数	奶类产量
		播种面积	总产量	播种面积	总产量			
东部	49248	35349.5	15395	3779	1042	17223	9150	798
中部	67673	45071.6	21484	7441	1453	17125	13867	1089
西部	36632	25067.8	10068	3210	571	13840	13622	482

数据来源：《中国统计年鉴》(2010)，中国统计出版社。《中国农村统计年鉴》(2010)，中国统计出版社。

东部地区利用经济资源禀赋和人力资本最高的优势，强力推进了合作社的发展，合作社又推进了农业专业化、规模化、品牌化经营，成为发展现代农业的中坚力量。通过创新农户联合与合作机制，丰富了农业适度规模经营的有效实现形式。如合作社大省——浙江省，合作社核心基地面积和联结基地面积之和占全省耕地面积的 50%，从而东、中、西部合作社数量的差异也就不难理解。

我国西部地区土地面积占全国土地总面积的 57%，达到 528 万平方千米，耕地面积占全国的 27.7%，水资源年均总量占全国的 47%，草地面积占全国

的3/5，并且拥有丰富的光照资源，资源相对优势明显，已经成为我国棉花、水果、花卉、烤烟等产品的主要生产基地。西部农业要实现跨越式发展，迎合现阶段地区之间、国内以及国外间的竞争，仅靠国家政策的支持显然是不够的，还要大力发展农民合作组织。

（二）兴办形式灵活多样

各地区根据本地的实际情况兴办新型合作组织。其兴办形式归纳起来有以下4种。

（1）自办型，即农民自己组织兴办的合作组织。这种兴办形式占整个新型合作组织的27.19%。

（2）改造型，即由原来的企业改造而来。这种兴办形式占31.17%。具体情况有4种：一是某些合作组织是由原来的乡村企业改造而成的；二是农民与供销社重新联合组建成合作组织；三是将个体私营企业改造成为合作组织；四是将几个经营主体联合起来改造成合作组织。

（3）领办型，即由农业技术、畜牧等涉农部门领导组织的合作组织。

（4）依托型，即以农产品加工、运销等龙头企业为依托，将合作组织与龙头企业和农户有机结合起来。

（三）内部治理多数不健全

目前，我国新型农民合作组织的内部治理形成了社员大会→经理层→理事会→社员大会的循环控制体系。内部治理包括内部产权制度、经营决策、激励机制、分配机制，还包括外部的市场环境、融资政策、财税政策等。由于新型农民合作组织在我国成立的时间不长，经验不足，内部治理大多不健全。表现为产权不明晰，“一人一票”的决策机制不完整，监督机制形同虚设等，极大地影响了合作经济组织的发展壮大。

（1）产权不明晰。新型农民合作组织成立之初，由于受资金、技术、市场信息的限制，大多采取的是挂靠政府主管部门或与政府主管部门联办，能人、种粮大户合办，在产权的划分上，政府与合作社、社员之间初始的产权关系不明确。随着合作社的发展，出现了较多的公共积累，公共积累的一个典型特征是不属于任何所有者的财产会影响合作组织的内部治理结构，随着新成员的加入，公共积累的分配出现更多的争议。

（2）“一人一票”的决策机制不完整。当前的新型农民合作组织大部分采用的是“一人一票”的决策机制，剩余的采用“一股一票”和“一股一票为主，一人一票为辅”的决策方式，极少数采取二次盈余按与合作社交易量或惠顾额分配。合作社成立初期，“一人一票”符合民主管理原则。随着合作社的发展壮大和外部市场风险不确定性的变化，这种决策机制的弊端就开始显现，过分看重劳动的联合而忽视了资本的贡献，不利于调动大家的积极性和吸引外部资金的加入，提高了决策的交易成本。

（3）管理上缺乏民主性。尽管大多数农民合作组织拟定了自己的章程，并成立了理事会和监事会等机构，但仍有部分合作组织章程缺失，管理制度模糊不清，组织内部缺乏活力，合作组织的作用难以有效发挥。一些合作组织虽然有章程，但章程形同虚设，处于放任自流状态，一些挂名型的农村专业技术协会就属此类。此外，还有一些农民专业技术协会，这些协会具有某些行政化倾向，重集中而轻民主，往往服从于上级部门的命令而缺乏自主的决策。

（4）财务管理上，一些合作组织甚至没有独立的财务，账目不公开或者根本就没有财务账目。

（5）内部控制上，部分农民合作组织由大户、公司或其他各种外部力量所控制，并不是“农民自己的组织”，农民的参与性也因此受到抑制，农民很少参与组织管理，对其发展也漠不关心，合作意识淡漠，难以形成一个利益共同体。

二、中国新型农民合作组织存在的问题

目前，我国新型农民合作组织在总体上仍处于深化和加速发展阶段。[①] 与国际上规范的合作社相比，不仅发展水平低，功能不完善，而且在组织上存在明显缺陷。

① 韩俊将中国农民专业合作社的发展历程划分为 3 个阶段：1978—1994 年为萌发阶段；20 世纪 90 年代中期—90 年代末为起步阶段；2000 年至今为深化和加速发展阶段。韩俊．中国农民专业合作社调查［M］．上海：上海远东出版社：1–10。

（一）对农户的覆盖面窄，发展规模小，带动作用不强

虽然历经 30 多年的发展，但新型农民合作组织依然没有起到广泛覆盖农户的作用，农民的组织化程度同国外成熟的国家相比差距比较大。从规模上分析，绝大部分新型农民合作组织是农民专业协会，很难通过大规模吸纳周围农户提高农民组织化程度，对周围经济辐射带动作用不强。新型农民合作组织主要集中在农产品出口比较发达或政府支持力度比较大的省份，如山东、江苏、山西、浙江在 2009—2010 年两年间排名稳居全国前四，宁夏、青海、天津、西藏则名列全国最后四席。很多地方的农民合作组织是种植大户之间或与能人之间的合作，很多中、小农户由于合作意识差，没有很现实的利益实现之前鲜有合作意愿。四川省是全国专业技术协会的摇篮，但新型农民合作经济组织对农户的覆盖率也只有 4%。

（二）经营机制效率低下，成员利益联结松散

很长一段时间以来，资金短缺瓶颈一直制约着新型农民合作组织的发展，原因有两个方面：一是需求方面，成立之初需要大量资金，随着规模的扩张，资金的需求越发增加；二是供给方面，主要来源于社员入股股金、外来资金投资和政府支持资金，加之合作组织的抵押资产不足，很难从正规金融系统获取贷款，要求农民合作组织适当从事以盈利为目的的业务，弥补发展中的资金困境。由于缺乏专门的管理人才和规范的运行机制，导致经营效率低下，社员的收益预期不能实现，导致社员的退社和合作组织的规模萎缩。由种粮大户或能人主导的合作组织没有充分考虑到中、小农户的利益，财务制度和分配制度不透明，导致合作组织利益联结松散，影响社员利益的实现。

（三）发展不规范

目前，我国农民新型专业组织绝大部分是以会员业务联合为基础的松散型合作，以社员劳动联合和资本联合为基础的紧密型合作经济组织数量不多。根据官方统计，我国目前仅有 14 万个比较规范的大规模新型农民合作组织，占各类新型农民合作组织的比例仅为 10%。

（四）内部运行机制不健全

新型农民合作组织普遍存在着登记部门不统一、治理结构存在缺陷等问题。登记部门不统一，农民合作组织可以在工商部门、民政部门、农业主管部门、科协等部门注册，造成注册标准不一致，统计数据不可靠。治理结构缺陷表现在内部治理结构和外部治理结构两个方面。第一，内部治理结构存在委托代理机制残缺，农民合作组织领头人主要来自政府部门、能人和种植大户等，领头人取代初始委托人，社员被置于决策空间之外；第二，对管理层缺乏有效的激励、奖惩和监管机制，民主决策机制没有实行，很容易导致农民合作组织成为某个人或某些人牟利的工具。外部治理结构存在着制度不连续性、市场体系不完善，政府角色定位存在“越位”“错位”“虚位”现象，治理结构的缺陷致使广大农民对其丧失信心，甚至有些地方出现了农民强烈要求退社的现象。

（五）农民合作组织模式灵活性不强

“公司＋农户”是改革开放后在我国农村最早出现的农民合作组织模式。由于降低了农民进入市场的交易成本，维护了农民的利益，受到农民的青睐，但这种模式具有先天性的缺陷，企业和农户之间处于不同的市场交易地位，公司为追求企业利润最大化，利用信息不对称剥夺农户的利益，利益联结的松散性导致农户和企业的契约关系不牢固，农户履约率低，在“订单农业”模式表现尤为明显。随后的“公司＋合资经济组织（协会）＋农户”、公司与农户合办合作社、农户自办合作社等模式不断涌现，总体缺乏灵活性。很多地区的合作社依然是在政府的主导下产生和发展的政府掌握庞大的资源，为了政绩的需要，不顾当地的经济发展水平和客观条件，采取“一刀切”的政策，“一窝蜂”地组建农民合作组织，数量在短期内提高很快，却脱离了当地的客观情况和农民需求，造成农民合作组织模式僵化和农民的抵触思想。

（六）政府支持资金投入不到位，外部融资渠道短缺

近年来，政府逐步加大了对农村的资金投入，用于解决“三农”问题，增加农民收入，并且逐年提高对农民合作组织的投入比重。而现实情况是，

政府补贴资金门槛很高，农民合作组织获得补贴的程序非常烦琐，政府部门的随意性很大，有的补贴款被变相挪作他用，真正用到该补贴的农民合作组织的比例很小。由于农民合作组织不能像公司一样向社会公众筹资，金融机构贷款成为主要的外部融资渠道，但是由于农业的特性，金融机构对农业的贷款比例非常低，农民合作组织很难从金融机构获得贷款，资金短缺将在很长一段时期成为制约中国新型农民合作组织发展的瓶颈。

第五章　欧洲农业合作社

罗虚代尔公平先锋社创建成功之后，合作社运动便遍及世界各地。先是从英国发展到西欧、北欧，紧接着又传入北美。至今，农业合作社的发展有170多年的历史，农业合作社被认为是市场经济条件下发展农村经济的一个重要组成部分，在世界各国的发展不尽相同。

农业合作社起源于欧洲，同时对欧洲各国农业的发展起到了重要的作用。据统计，2009年合作社为欧盟提供了1000多万人的就业机会，且在欧洲食品领域50%的企业都是合作社。[①]

第一节　英国农业合作社

作为世界上第一个合作社——罗虚代尔公平先锋社的起源地，英国的合作社始终保持着良好的发展态势，对世界各国合作社的发展具有一定的影响，也为我国合作社的发展提供了宝贵的经验。

一、英国合作社的起源

合作社之所以能够在英国兴起并蓬勃发展，后又遍及全球范围是有一定原因的，主要表现在以下两个方面。

① 赵黎．欧洲：市场导向、跨国合作——欧洲农业合作社发展新动向［J］．农村经济，2012（04）．

（一）工业革命为合作社的发展创造了条件

18世纪中后期至19世纪，在英国率先兴起了工业革命，这使得英国的工业发生了巨大变化。工业革命不仅为英国商品经济的发展打下了坚实的基础，同时还为英国合作经济的发展创造了必要的条件。然而，机器化的大工业生产直接导致竞争中处于弱势地位的手工业生产者不得不从事雇佣劳动，市场经济使广大农村小生产者更加贫穷，农民离开土地到城市谋生，逐渐加入雇佣工人的行列。随着工业的蓬勃发展，新的工业社区逐渐发展起来，然而，商业的发展却跟工业的发展并不同步，反而严重滞后，因此商业不能满足消费者对消费需要的增长。

另外，劳动者面临两方面的难题：一是工作和生活条件都很恶劣；二是市面上还出现了垄断经营的现象，垄断经营者随意抬高商品的价格，迫使劳动者同时受到工业资本家与中间商的双重剥削。此外，还受到空想社会主义者罗伯特·欧文和威廉姆·金的思想的广泛影响，劳动者们意识到必须联合起来维护自己的利益，合作社文明也由此诞生。

（二）工人阶级的反抗为合作社的发展奠定了基础

19世纪中叶的工人阶级反抗运动，为合作社的发展壮大奠定了基础。工人阶级联合起来反抗资本家就是为了在市场经济中改变自己的弱势地位。工人阶级反抗资本主义的剥削运动从根本上并没有很好地维护自己的利益，也没有使自己的经济状况得到实质性改善。在取得几次失败后，一些工人运动的领导者在英国空想社会主义者欧文合作社思想的影响下，于1843年发起创办合作社，并起草合作社章程。1844年在曼彻斯特市北部一个叫罗虚代尔的小镇上由28名法兰绒工人正式组建并取名为“罗虚代尔公平先锋社”。①

二、英国合作社的主要类型

英国合作社从1844年开始到现在经过170多年的历史。在这170多年

① 国鲁来．合作社的产生及马克思恩格斯的合作社思想［J］．马克思主义研究，2008（3）．

间，英国合作社的规模不断扩大，种类不断增多，也不断地为经济发展做出贡献。特别指出的是，2008 年国际金融危机爆发以来，英国经济总量下降了 1.7%，但是同时期的英国合作社经济则大幅度增长了 19.6%。截至 2011 年底，英国已有 5933 个合作社，1350 万名社员，且合作社总年度营业额达到 358.6 亿英镑。英国合作社的业务涉及的领域十分广泛，且英国合作社联盟按照英国合作社成员的性质和合作社涉及的领域不同，将英国的合作社分为 6 大类。

（一）消费合作社

英国的消费合作社（Consumer Co-operatives）是英国各类合作社中最主要的一种类型。据统计，2011 年英国消费合作社拥有 1270 万名社员，占总合作社社员总数的 96%。[①]

英国的消费合作社是由消费者组成实行民主管理的合作经济组织。过去的英国有数千个合作社，但是通过合作社合并使得消费合作社的数量大大减少，目前为止只有 45 家，然而规模却在不断扩大，实力也在不断变强。社员参加合作社的根本目的就是获得某种利益和方便。人们通常加入附近的合作社，以便得到合作社的服务。英国的消费合作社大小各异，大到合作社集团（CWS）有限公司，小到只开有一个商店。

英国消费合作社运动在英国经济发展过程中发挥了积极作用，并为世界合作社运动的发展提供了宝贵的经验。

（二）工人合作社

英国的工人合作社（Worker Co-operatives）是由工人和雇员共同组建而成的合作社。工人合作社在 20 世纪 80 年代发展较快，迅速遍布英国的各个工业部门。作为一个全国性的工人合作社和雇员企业的合作社联盟，工业共有权运动组织（ICOM）的主要目的是使工作的民主控制掌握在工作中的人手中。它是工人合作社运动的主要组织，也是英国工人合作的唯一直接代表组织。

---

① 唐仁健，杨尚勤，陈良彪等 . 英国和波兰农业合作社发展考察报告［J］. 中国农民合作社，2013（10）.

2001 年 12 月，工业共有权运动组织（ICOM）合并到合作社联盟（CU）并成为其成员。至今，英国的工人合作社约有 1500 个。

（三）农业合作社

英国农业合作社（Agricultural Co-operatives）主要有 4 种类型：①机械农具合作型；②生产合作型；③销售合作型；④农业生产资料供应合作。农业合作社涉及的业务主要有农机采购、物资采购、运输设施、农产品加工和销售等。英国农业合作社联盟有限公司［Federation of Agricultural Co-operatives（UK）Ltd］是英国的农业合作社最高组织机构。通过生产者联合而成的农业合作社，规模不断扩大，也很好地维护了农民的利益。据统计，2011 年英国共有 450 家农业合作社，其总数只占到合作社总数的 5.4%。

（四）住房合作社

根据英国政府调查研究报告显示，住房合作社（Housing Co-operatives）是英国最好的住房管理形式。拥有房屋的住户联合成为住房合作社，居住者作为社员有权参与和决定合作社的管理模式和运营方式。同样的在住房合作社管理和委员会选举中，社员具有平等的发言权和投票权。住房合作社所获得的收益主要用于社区建设、社员的教育和培训中。英国住房合作社的最高组织机构是住房合作社联盟（Confederation of Co-operative Housing）。

（五）金融合作社

英国的金融合作社（Financial Co-operatives）能够向其社员提供金融信贷服务。与普通商业银行相比，信用合作社以相对较高的利率吸收存款，以相对较低的利息向成员提供贷款，并向成员分派红利。但是英国的信用合作社通常只给其合作社内部的成员提供金融服务。英国信用合作社联合有限公司（Association of British Credit Unions Ltd）是英国最大的信用合作社，业务覆盖苏格兰、英格兰和威尔士广大地区，它提供信息服务、培训、咨询等相关服务。在北爱尔兰则有爱尔兰信用合作社联盟。

（六）其他形式的合作社

英国除了上述5种形式的合作社，还存在一些其他形式的合作社。例如，①社区合作社。这种合作社是由社区居民参与并创建的，一是能够为居民社区文化和生活提供所需的物资；二是能够为老年人、儿童和妇女解决生活问题。②食品合作社。该种类的合作社能够为社员提供特殊食品服务。食品合作社向社员提供质优价廉的食品，并存在于英国的很多地方。③互助交流合作社。这类合作社是英国最具创新性的合作社，主要为社员提供一种精神和文化的交流，不仅能使社员的技艺得到提高，还可以培养他们的社区意识，促进社员之间的亲近关系。

三、CWS——英国最具实力的合作社

英国的合作社集团有限公司［Co-operative Group（CWS）Ltd］历史悠久，是在罗虚代尔公平先锋社基础上演变而来的，成立于1863年，是英国同时也是世界上最大的消费合作社，它的下属机构中以合作社银行（Co-operative Bank）和合作社保险公司（Co-operative Insurance Society，CIS）最为著名。

（一）英国合作社集团经营的主要业务

英国合作社集团经过不断的合并后业务范围逐渐扩大，目前英国合作社集团的业务主要涵盖食品、保险、银行、旅行社、殡葬服务、医药服务、乳品加工、农业服务、房屋建筑、汽车销售、资产管理等领域。

1. 食品

（1）食品零售行业在英国食品行业处于领先地位，全英国的食品零售店超过1600家。

（2）零售店的范围不再局限于食品销售而是在不断扩大。

（3）英国已经成功树立了Co-op品牌，并涵盖了几乎所有的英国合作社集团社员企业品牌。Co-op品牌的商品已有4000多种商品，占市场份额的

50% 以上。[①]

（4）食品零售行业在 2002 年的时候击败 ASDA 和 TESCO，荣获当年综合零售商奖。

2. 金融保险服务

英国的合作银行 1994—2002 年实现连续 9 年赢利，同时提供资信服务，其下属的 SMILE 银行曾获得网上银行奖。英国的合作保险社（CIS）1867 年成立至今，一直是英国最大的保险公司。而 CIS 作为英国最成功的保险商之一，更是拥有 500 多万的客户。

3. 旅游服务

“Travel care”——英国最大的独立的旅行社，约有 390 个分支机构，主要通过因特网和电话等方式向客户提供各种服务。

4. 殡丧服务

英国最大的葬礼服务商是 Funeralcare，拥有分支机构 500 个，在英国境内 25% 的人去世后是由合作社安葬的。

5. 药品销售

英国第 4 大药房经营商是药商合作社（NCC），拥有 Co-op 药房 300 个。

6. 牛奶生产与加工

英国 ACC 牛奶公司拥有奶油厂 2 个、牛奶场 6 个。英国全国 25% 的牛奶是由英国合作社集团提供。

7. 农业

英国最大的农业经营者是 Farmcare，从事农业的历史有 100 年以上。该农场在英格兰和苏格兰拥有 35000 公顷土地，自由农场 1 万公顷为自身所有。

（二）英国合作社集团发展的现状

英国合作社集团是在 1844 年罗虚代尔公平先锋社的基础上发展而来的。作为目前世界上最大的合作社之一，英国合作社集团目前拥有 80 个独立的合作社团体，720 万个成员，并设有 48 个地方委员会和 7 个地区理事会。经过 100 多年的发展，英国合作社集团也在不断地壮大成长，并且已经成为英国最

① 英国合作社集团 . 国际经贸合作网，2011-04-25.

大的消费者合作组织，见表 5-1。

表 5-1　英国合作社集团发展状况

时间	年度营业额（亿英镑）	年度利润（亿英镑）	拥有店面（个）	拥有雇员（万人）
1863	—	—	300	—
2002	77.8	2.31	3135	7
2009	125.57	4.75	—	—
2010	137	6.25	5000	—
2011	133	—	5000	10.2

数据来源：国际合作经济新闻网。

（三）英国合作社集团的组织方式

英国合作社集团于 1863 年成立，经过近 150 年的发展，规模逐渐壮大，现已经发展成为英国最大的消费者合作组织。英国合作社集团与印度的农业合作社（Agriculture Co-op In India）和美国的电讯合作组织（Telecommunications Co-op In America）一样，遵循会员企业通过共同的原则和价值观经营发展的理念。

1. 共同原则

自愿公开会员资格；会员民主控制；合作社会员之间开展合作；会员经济参与；关注社团；自治与独立；提供教育、培训和信息服务。

2. 共同价值观

①自我帮助：合作社与其会员共同努力创造自身特色；②民主：每个会员都有权参加合作社的经营并参与；③自我责任：每个会员都应为实现合作社的宗旨做出自身的贡献；④公平：合作社公平地对待每个会员；⑤平等：所有会员均享有同样的机会参与合作社的经营；其他价值观还包括诚信、公开、社会责任感、互相关心等；⑥团结：所有合作社均建立在集体、合作是通往成功的最佳道路的信念基础上。[①]

① 英国合作社集团 . 国际经贸合作网 .2011-04-25.

（四）合作方式

1. 分红卡

英国合作社集团通过分红卡对忠实于集团的消费者给予奖励。例如，消费者在食品零售店消费时，购买 Co-op 牌商品的时候可以同时获得相当于其消费额 3% 的返还金，购买其他品牌商品的则可以获得其消费额的 1% 返还金。

2. 优惠服务

合作银行在各 Co-op 商店安装了数百台现金提款机为其会员企业提供优惠服务。

3. 明确报告

合作银行根据其公布该行业首份资信政策报告，明确将可信和不可信公司的名单列出。例如，合作银行在纽约举行的 2002 年全球企业道德颁奖大会上，斩获“企业社会责任”表现评选的“突出评判”奖。

4. 对合作组织的支持

英国合作社集团不仅资助全国合作行动组织，而且帮助合作组织成员创业。

5. 关注动物保护和环境保护

英国合作社集团在 20 年前就禁止自产品牌的化妆品用动物做实验，以保护动物，并在 2002 年使用可完全降解的便携塑料袋以保护环境。

6. 标注盲文

英国合作社集团为了迎合市场需求，率先在 Co-op 品牌的现成食品、药品和啤酒等商品包装上明确标注盲文。

四、英国农业合作社带来的启示

从罗虚代尔先锋社到现在，英国合作社历经 170 多年的发展而经久不衰。英国合作社在不断的探索中发展，也给我国带来了不少启示。

（一）注重监督体制和形式上的创新

英国的合作社是在不断地改革和创新中发展壮大起来的，尤其是在监督体制和形式方面，为我国农业合作社的发展提供了宝贵的经验。

一方面，英国的合作社在体制上进行了不断地创新。英国合作社并没有设立监事会机构，这并不意味着英国的合作社缺乏监督职能，与此相反的是，不设立监事会机构是为了更多地合理地利用社会专业职能，以动用社会力量来监督和提高合作社经营质量与产品合格监督的技术含量，最终更多更好地调动合作社各个社员的民主监督积极性。这是英国合作社在监督体制上的一大创新。

另一方面，英国合作社在监督形式上进行了创新。英国合作社专门聘请专业人士对合作社的经营模式进行监督。监督包括从日常经营活动到重大经营决策，从日常收支到利润分配，从合作社领导人到部门负责人再到普通职员。这种聘请专业人士实行的专业监督，形成了完善的合作社经营的监督管理体系，既适应了市场经济的变化，又是合作社监督在市场经济中的灵活性的体现。

最新显示，英国监管机构于 2014 年 1 月 7 日对合作社银行展开正式调查，主要针对合作社银行前主席保罗·福勒尔（Paul Flowers）不当行为的近期发现以及 2013 年被揭露的 15 亿英镑资本缺口进行的调查，说明即使作为英国合作社集团名下的大银行典范，也要做到严格的监管。我国目前缺乏完善的监督管理协调机制，而且我国的合作社发展也缺乏有效的组织协调和引导。因此加强对合作社的监管也是我国所欠缺的，需要尽快成立专门的机构，负责监督、管理和协调合作社的运行。

（二）重视合作社经济理论的学习、研究和宣传

英国、欧洲乃至全世界合作社运动的良好发展都印证了一个事实：合作社是市场经济的产物。而且合作社适应了市场经济的发展，是一种文明的经济制度。在我国发展社会主义市场经济的条件下，党和国家非常重视供销合作社的各项工作，合作社都有自己特定的位置以及不可替代的作用，也有非常广阔的舞台。我们需要加强对合作社理论的研究，不仅要加强对有关体制

和组织结构的基础理论的研究，也要加强对有关机制和组织方法的应用理论的研究，同时，还需要加强合作社经济理论的宣传与教育，使更多的人了解合作经济理论，促使我国农业合作社更好更快地发展。

（三）拓宽供销合作社经营服务领域

1. 拓宽服务领域

拓宽服务领域，开办信用和保险业务，相对来说比较可行的是在农村信用合作社的基础上建立合作银行，这样可以确保供销社进入金融领域，这可能是未来的发展趋势，也将为农民合作经济组织的资金供给提供重要保障。

2. 在合作社之间建立紧密的纵向和横向联系

英国合作社的发展过程告诉我们合作社之间应该建立起联系，以经济利益为纽带，将各个合作社有机地结合起来，使得结合起来的合作社之间能够进行有效的信息交流，避免出现信息不对称的情况，最终促使合作社的运作能够形成一定规律，能够有效灵活地运行。我国各个合作社之间的联系与合作等都处于较低的水平，更没有类似于英国合作社联盟的组织。就目前而言，我国合作社呈现一盘散沙的状态，不利于我国农业合作社的发展，所以我国要加强合作社之间的联系，以增强合作社的实力，最终促进合作社的发展。

第二节　法国农业合作社

法国是一个发达的工业国家，同时也是一个农业大国。法国的国土面积只有 55 万平方千米，人口 6523 万人（2018 年）。虽然国土面积小，但法国的农业却创造了奇迹，它的农业高度发达，在整个欧洲乃至整个世界范围内都举足轻重。在世界范围内，法国的农业仅次于美国，成为全世界第二大农产品净出口国、第一大食品加工出口国。

一、法国农业合作社在法国农业发展中的作用

（一）法国农业的发展离不开农业合作社

法国是欧洲最大的农业生产和农产品出口国，但在 20 世纪 70 年代前却是一个农产品及食品净进口的国家。但从 1971 年起，得益于农业合作社的发展，法国的农产品及食品贸易逐渐发展成为顺差，目前，法国已发展成为仅次于美国的世界第二大农产品净出口大国，还是全球第一大食品加工出口国。法国的农业之所以能够取得今天的成就主要有以下两个方面的原因，其中法国农业合作社扮演了重要的角色。

一方面，法国农业能够快速发展的外部条件得益于“二战”后欧洲相对和平的环境、第三次科技革命以及欧盟的共同农业政策。

另一方面，法国农业能够快速发展的内部条件除了得益于法国良好的自然条件外，还得益于农业合作经济组织形成从农业初级产品的生产到产品加工、销售的完整产业链。法国的农业部官员指出，“今天法国农民的富裕，很大程度上是合作社带来的”。①

可以说，如今法国的农业取得的成就与“二战”结束初期农产品供应极为匮乏形成了鲜明的对比，在这一巨大成绩取得的过程中，农业合作社的发展发挥了重大作用。

（二）法国农业合作社在农业生产体系中的地位

现在法国的农业合作社有 3750 多个，90% 的农民参加了农业合作社。农业合作社已普遍成为广大农户与全球化大市场联系的桥梁，现已成为法国农业生产体系中最基本的组织形式。农业合作社业务占相关行业的市场份额见表 5–2。

① 新疆兵团赴法国“现代农业及农场发展与管理”培训团．“法国农业合作社”给我们的启示［J］．国际人才交流，2011（5）．

表 5-2　农业合作社业务占市场份额

行业	占法国的市场份额	行业	占法国的市场份额
猪肉生产	89%	羊肉生产	49%
鲜果出口	80%	鲜奶收购	47%
粮油收购	75%	谷物出口	45%
奶酪生产	61%	家禽出口	40%
餐用葡萄酒收购	60%	牛肉生产	38%

数据来源：新疆兵团赴法国“现代农业及农场发展与管理”培训团．“法国农业合作社”给我们的启示［N］. 中国农经信息网，2011-9-10.

二、法国农业合作社的起源

法国的农业合作社收购了全法国 60% 的农产品，在农产品行业的发展中占据着重要地位。法国的农业合作社作为一种发展农业的制度，它的产生与发展离不开一定的历史条件。

（一）家庭经营对法国农业合作社的影响

“在欧共体内，从欧共体诞生之初，各国十分关注家庭农场的生存对于维持农村社会和维护良好的风景的重要作用。”①而且长期以来法国最为基本的经营组织形式就是个体农场。家庭经营的小规模个体农场是以家庭成员劳动力为主的经营方式，经营规模小，到“二战”后随着欧洲一体化的发展，这种经营方式没有得到根本改变，规模依旧没有变化。“根据法国的统计资料，经营规模在 5 公顷以下的农业企业比例在 1955 年是 35.6%，1970 年是 28.7%”。②正如马克·布洛赫在 20 世纪 30 年代所描述的一样，战后“法国仍是一个土地属于众多农民的国家”。③但是战后的法国农业确实是在家庭经

① Wayne Moyer，Tim Jos ling. *Agricultural Policy Reform: Politics and process in the EU and US in the 1990 s*［M］.Burlington：Ashgate Publishing Company，2002：185.

② 贾生华．欧盟国家农业产业化的若干经验及其启示［J］. 浙江社会科学 .1999（1）：61.

③ 马克·布洛赫．法国农村史［M］. 余中先，等，译．北京：商务印书馆 .1991：268.

营的小规模个体农场的基础上发展起来的，即使在经营过程中遇到很多问题，但都通过农业合作社的形式将个体农场联合起来通过农民自身的努力来维护自己的利益。

（二）科技革命对法国农业合作社的影响

法国是资深的资本主义国家，一直处于发达国家前列，也掌握着新的科学技术。20 世纪 40~50 年代爆发的第三次科技革命，加快了法国的农业向机械化、商品化、专业化和一体化发展的步伐，同时也对法国的农业和农民提出了更高的要求。一方面，法国农业在不断地朝机械化发展的过程中对机械、化肥、农药等有了更高的需求；另一方面，在不断地朝商品化发展的过程中对食品质量、食品安全有了更高的要求。此外，在不断地朝专业化和一体化发展的过程中对社会以及农民也有了更高的要求，例如，要求合作社提供产前、产中、产后的一系列服务以及农民要有管理经验和更高的技术。

在第三次科技革命的影响下，法国农业不断地向机械化、商品化、专业化和一体化发展的过程中对机械、食品质量以及社会和人民的要求正是法国家庭经营的小规模的个体农场所缺乏的。这要求通过农业合作社的形式将单个的个体农场联合起来，从而扩大规模，并通过农民自身的努力来维护自己的利益。有学者指出，“从技术进步来说，最惊人的方面是机械化。拖拉机的总数迅速增加：从 1950 年的 13.7 万台增至 1958 年的 55.8 万台，1965 年又增至 99.6 万台。肥料的使用在发展，发展速度不怎么快，因为起点的水平已很高，总共增加 2 倍。在实验室里慢慢地试验出来的新品种现在正在推广中。”[①]

（三）农业合作传统对法国农业合作社的影响

王义祥指出，“初始的制度选择会强化现存制度的刺激和惯性，因为沿着原有制度变迁的路径和既定方向前进，总比另辟蹊径要来得方便些”。[②] 在制度变迁的过程中由于存在着路径依赖性，人们总会选择比较容易的方式去获取自己想要的，因此人们更倾向于过去所做的选择和决定。而这个依赖路径在法国

---

① 费尔南·布罗德尔，欧内斯特·拉布罗斯．法国经济与社会史（20 世纪 50 年代至今）[M]．谢荣康，等，译．上海：复旦大学出版社，1990：467.

② 王义祥．发展社会学 [M]．上海：华东师范大学出版社，2004：369.

而言就是其合作传统，换言之，法国的农业制度之所以实行合作组织，与其合作传统密不可分，正如“合作运动深深地扎根于漫长的历史之中”。①

由于以上三个方面及其他原因，使得法国的农业合作社在20世纪50年代末期至70年代中期得到很好的发展，对法国农业的发展也起到了极大的推动作用。②

三、法国农业合作社的现状

（一）法国农业合作社的发展现状

现在法国的农业合作社有3750多个，90%的农民参加了农业合作社。农业合作社普遍成为广大农户与全球化大市场联系的桥梁。

1. 法国农业合作社的服务领域不断扩大

法国农业合作社在发展的过程中，服务领域不断扩大，从最初的技术、采购、销售等服务领域，发展到现在的产前、产中、产后一体化，包括农民生产和生活的各个方面，主要表现在：

（1）法国农业合作社对农业生产资料实行统一的生产、采购、供应，对于合作社成员生产的农产品实行统一的收购、加工、销售等一条龙服务。

（2）为了适应经济的发展，法国农业合作社对农产品实行统一的质量标准，并对农产品进行质量追踪和认证，这种质量标准普遍存在于葡萄酒业的合作社中。

（3）法国农业合作社在生产过程中提供的技术服务，主要有模式化栽培，农作物的生长管理，土壤成分分析，农药使用的时间、数量指导，动物营养和保健以及田间管理，化肥等。

（4）提供科研服务。

（5）提供市场信息、法律咨询等信息服务。③

2. 法国农业合作社发展的主要特点

（1）双层经营结构。法国农业合作社以家庭农场为基础，因此农业合作

---

① 法国全国合作集团．法国的合作运动［M］．张朋浩，译．北京：中国商业出版社，1986：8.

② 乐波．法国农业合作组织及其对中国的启示［J］．社会主义研究，2005（5）.

③ 王晓严．法国农业合作社的经营模式［N］．东方城乡报，2012-5-31.

社具有一定的私有性和独立的经营性，形成了农业合作社新的发展模式——既独立又合作的“双层经营结构”。同时，由于农业合作社的领域不断扩大，实行产前、产中以及产后一体化的模式也对法国的农业发展起到很大的推动作用。

（2）公司化经营。法国农业合作社对内实现利益公平化，对内而言利润是手段不是最终目标，而对外则实现利益最大化，因此，法国农业合作社对外而言利润才是最终目标。法国农业合作社对内实行盈余返还原则，对外通过合作社之间的合并，扩大经营规模，提高市场竞争力。法国农业合作社通过联合使得其数量不断减少，规模不断扩大。

（3）专门的立法。法国农业合作能够迅速高效地发展起来与法国完善的法律环境密不可分。法国政府为了保障农业合作社的合法运行，也为了维护农业合作社的合法权益，分别在 1947 年和 1962 年进行了针对农业合作社的两次专门立法。此后，农业合作社严格依照法律法规开展业务，规范自身的经营行为。

（二）法国农业合作社的类型

1. 农业信贷合作社和非信贷农业合作社

法国根据是否能够吸收存款和发放贷款，将法国的农业合作社分为两类，一类是农业信贷合作社，另一类是非信贷性农业合作社。

（1）农业信贷合作社。专门为社员提供有关农业方面的信贷业务，法国成立了农业信贷合作社，这类合作社主要有三种形式：一是互助银行，主要是提供家庭信贷；二是合作银行，为农场主提供信贷；三是农业银行、人民银行，为家庭和农场主都可提供信贷。

（2）非信贷性农业合作社。法国的非信贷性农业合作社主要是为农业生产的有关部门提供信贷以外服务的合作社。

2. 收购和销售、物资供应和服务合作社

法国农业合作社按照合作社的功能可以分为以下 3 种：

（1）收购和销售合作社。法国的收购和销售合作社的业务，主要是为其社员提供收购和销售服务。这类合作社对其社员生产的农产品提供统一的收购、加工、销售的一条龙服务。

（2）农资供应合作社。农资供应合作社负责购买各种生产资料，然后以低价出售给农资供应合作社的成员。此外，农资供应合作社还为社员提供生产环节所需的机械。

（3）服务合作社。法国的服务合作社向合作社的成员提供一些适合其经营活动的服务，如为合作社社员提供技术辅导、人员培训等，并根据合作社所经营的产品不同将服务合作社分成两种：一种是只生产单一产品的合作社；另一种是可以经营多种产品的合作社。

3. 两种特殊性质的农业合作社

法国有两种特殊性质的农业合作社：一种是共同使用农业机械合作社，另一种是牲畜选育和人工授精合作社。

（1）共同使用农业机械合作社。法国的这类农业合作社是为了购买一次性投入较大的在农业生产各个环节所使用的机械而创办的。这类合作社一般由 7~8 户或 10 余户小农场共同出资购买一些大型的农业机械设备，并由参加合作社的家庭农场统一使用。这类合作社不但可以解决个体农场资金困难问题，还可以使个体农场拥有的农机多样化，对法国农业的发展起到了积极的推动作用。

（2）牲畜选育和人工授精合作社。法国的牲畜选育与人工授精合作社作为法国特殊性质的合作社，在 1945 年就已经出现了，属于服务类合作社。这类合作社对动物品种的选择有严格的标准和规定，并且规定人工授精过程必须由农业合作社来完成。目前这类合作社完成法国 85% 的奶牛和 12% 的肉牛选育与人工授精。①

（三）法国农业合作社的运行原则

法国农业合作社的运行遵循一定的原则，主要表现在以下 4 个方面：

1. 民主管理原则

法国农业合作社除了实行民主管理制度，还实行“一人一票”制度，社员大会是其权力机构，并且通过社员大会能够选出法国农业合作社的理事会。由此可知，理事会是从社员中选出的，理事会还需要定期在社员大会上做年

① 李先德，孙致陆. 法国农业合作社发展及其对中国的启示［J］. 农业经济与管理，2014（2）.

度工作报告等，日常的管理机构则由理事会聘请的人员组成，因此，法国农业合作社充分体现了民主管理原则。

2. 自愿加入原则

法国农业合作社是在农民自愿合作的基础上建立起来的。农业合作社的社员只需提出申请，获得理事会批准即可入社。

3. 排他性原则

法国是欧盟国家中执行“合作社交易排他性原则”最严格的国家。这就是说，法国的农业合作社严格规定社员必须与其所在的合作社交易，反过来合作社也只与参加这个合作社的社员交易。当然，必要时合作社也可以与非社员交易，但是在交易时，交易额必须按照规定不能超过农业合作社总交易额的20%。

4. 非资本获利原则

法国农业合作社规定土地不作为股份入股，合作社的社员按照与合作社预期交易量的股金缴纳，分红取决于交易额，股金也不参与合作社的分红。合作社的盈余分两部分，一部分分配给社员，按照合作社的社员与合作社的交易额进行返还，另一部分则作为农业合作社的发展基金。

（四）法国农业合作社的运行特点

从法国在1967年、1972年和1991年颁布的有关农业合作社的法令中可以看到，法国农业合作社的运行特点主要有：

（1）法国农业合作社是特殊类型的企业，对内实现利益公平化，对外实现利益最大化。[①]

（2）法国农业合作社的资本是可变的。资本随着社员的增加或退出而变动。

（3）法国农业合作社实行统一章程。

（4）法国农业合作社体现一定共同利益的特殊性，并不是纯粹的私有法人。法国农业合作社在进行清算时，它的剩余财产必须分配给其他合作社或者其他能体现公共利益的组织，如农业学校和农业社团等。[②]

---

① 郑雪飞．法国农业合作社及其对中国的启示［J］．北方经贸，2013（5）．

② 郑雪飞．法国农业合作社及其对中国的启示［J］．北方经贸，2013（5）．

四、法国政府在农业合作社发展中的作用

法国农业合作社发展的基础是农民的自愿、平等、民主，政府并没有直接干预法国农业合作社的发展。但是，法国政府却在农业合作社的发展进程中发挥了不可替代的引导、支持和监督的作用。

（一）制定合适的农业合作社法规

20 世纪 60 年代以前，由于法国政府并没有给予合作社以法人资格，因此在一定程度上限制了合作社的经营活动，切断了产品的加工与销售之间的链条，也阻碍了农业合作社的全面发展。直到 1962 年，法国政府颁布了一系列的法规，其中《农业指导法》明确指出法国政府要发展农业合作社，将农业的农业生产链延伸到了农业初级产品的加工和销售领域，并指出农业合作社的经营要在政府与合作社的共同指导下进行，还确定了农业合作社的法律地位。1972 年颁布的《农业合作社条例》对农业合作社的原则做了新的变通。农业合作社在这些法律法规的保障下，得到了迅速的发展。

（二）对农业合作社进行监督管理

为了保障农业合作社的健康运行，法国政府专门成立了各种监督机构，如法国政府在 2006 年成立了专门负责农业合作社各种事务的 HCCA（法国农业合作社最高理事会），该机构对农业合作社在运行中是否遵守其相应的规章制度以及有关财务状况等起到了严格的监督作用。

五、法国农业合作社发展的经验

中国与法国虽然在经济发展条件和水平上都存在诸多差异，但两国都是农业大国，农业在两国的经济中都占有重要的地位。两国同样存在着大量个体农户，个体农户在农业生产中起着重要作用。但是分散的个体户阻碍了中国农业的发展。更为重要的是，中国的“三农问题”制约了工业化、城镇化和农业现代化的发展，法国农业合作社的成功经验为我们解决这方面的问题提供了借鉴。

（一）以个体经营为农业基础的国家必须大力发展农业合作社

随着法国市场经济的发展，个体的经营方式在市场竞争中逐渐处于劣势，这也是任何一个以个体经营为基础的国家在农业发展的进程中都要面临的问题。而法国的实践经验表明，通过大力发展合作社能够解决这一问题，而且还取得了成功。法国现在发达的农业说明了以个体经营为农业基础的国家要发展农业就必须大力发展农业合作社。

（二）加强政府对农业合作的管理

法国的农业合作社离不开法国政府的大力支持，虽然法国政府对农业合作社的管理并不是放任自流，但也不是对农业合作社运营进行直接干预，而是通过各种经济和法律手段，对农业合作社实行间接调控。法国政府一方面为农业合作社提供完善的法律环境，另一方面在政策方面给农业合作社创造便利的条件与补贴，促使农业合作社快速发展。此外，法国政府成立专门的监督机构，加强对农业合作的监督，以保证农业合作的健康运行。

在中国目前的农业合作组织的发展过程中，农业合作社是由政府自上而下建立的，政府并没有很好地发挥其职能。我国在农业合作社的发展过程中，需要结合本国的实际情况，借鉴法国农业合作社发展的经验，需要从以下三方面入手：

（1）由于农民合作意识淡薄，政府应加大宣传、典型示范的职能，让农民充分认识到农业合作社的性质和益处，使合作社真正成为维护农民市场谈判地位的载体。地方政府还应因地制宜并以立法形式制度化或推广经验。

（2）我国政府要加强对农业合作社的监督，合理运用经济和法律手段来保证农业合作社的健康发展。

（3）政府应协调各个农业合作社相互之间以及与其他社会经济组织的关系。

（三）完善农业合作社的制度环境

法国的农业合作社能够迅速高效地发展起来与法国完善的制度环境密不

可分。法国农业合作社的发展主要受三个因素的影响：

（1）欧盟统一的农业政策。

（2）1960年和1962年法国发布的关于生产者经济组织的指导性法规。

（3）1972年法国出台《农业合作社条例》。

2007年7月1日正式实施的《农民专业合作社法》为我国农民合作社的设立、登记、成员资格、组织机构、财务管理、法律责任等方面提供了良好的法律环境，为合作社的健康发展、保护农民的公平的市场地位和收益提供了法律环境。但是10多年来，由于我国农业经济发展水平各个地区并不相同，甚至有的地方严重失衡，所以我国农业合作社的发展并没有实现立法的初衷，我国应向法国学习为农业合作社的发展提供良好的制度环境，切实推动农业合作社合法、高效地运行。

第三节　荷兰农业合作社

一、荷兰农业合作社的兴起

荷兰曾是亚欧大陆桥的欧洲始发点，现在已成为高度发达的资本主义国家之一，也成为西方十大经济体之一，欧盟成员国之一。

（一）荷兰农业概况

荷兰的领土面积只有41864平方千米，仅比我国海南大一些，虽然荷兰人多地少，但却成为世界上农业最发达的国家之一，农业产值占国内生产总值的2%，是世界上最主要的农产品出口国之一。农业构成中，畜牧业占50%，园艺业占38%，种植业占12%。2005年荷兰曾创造农产品和食品出口额789.3亿美元的纪录，2011年，荷兰农业出口总额达728亿欧元（1美元约合0.8欧元），同比增长9%，仅次于美国，排名世界第2。

被称为“小国土、大农业”的荷兰在农业上创造的奇迹与农业的合作社制度密不可分，其中大部分农产品都是通过合作社加工和销售的，农民收入的 60% 也是通过合作社取得的。分散化的农民与市场并不是直接发生关系的，它们之间往往有一个纽带——“中间组织”或“有组织交易”在发挥连接作用。

（二）荷兰农业合作社兴起的原因

早期的荷兰农民和园艺工人的经济实力非常弱，在市场中所处的地位不利，为了保护自身的利益，农民和园艺工人通过建立农业合作社凝聚力量同市场上的大公司相抗衡。当然只依靠农民和园艺工人建立的合作社的力量是不够的，还要具备比较好的外部环境，同时还要得到政府的支持。1976 年 7 月 26 日起，合作社正式成为荷兰民法典的一部分，在法律上把合作社当作一种法人。有了政府在法律上的认可合作社很快得以发展壮大。

（三）荷兰农业合作社的兴起及发展

荷兰在 19 世纪 70 年代经历了一次重大的农业经济危机，而单个的农户在市场上很难保持竞争力，因此团结起来共同抵御市场带来的冲击是单个农户的必然选择。荷兰的农民开始自发成立农业合作社，1874 年荷兰农民在海牙成立第一个合作社——消费合作社，1877 年，荷兰第一个农业和园艺业合作社——农业采购合作社在奥登堡成立。此后，农业合作社的领域逐渐扩大。1886 年荷兰成立了第一个牛奶合作社；1887 年在荷兰北部地区建立了第一个蔬菜拍卖行；1896 年成立了第一个农业信用银行；1900 年荷兰建立了第一个甜菜合作社加工厂、马铃薯淀粉加工厂和草莓加工厂。目前，荷兰农业分为种植业、畜牧业和园艺业，其中，属于高产值行业的畜牧业和园艺业占主导地位，属于低产值行业的种植业占次要地位。

荷兰农业合作社的迅速发展有两个主要的原因：一是农业合作社提高了单个农户的生产效率也增加了他们的效益；二是农业合作社保护了单个农户在市场上的地位。总之，荷兰农业合作社将单个农户联合起来，改变了单个农户在市场上的弱势地位，通过联合后的农业合作社也推动了荷兰农业的发展，最终使荷兰成为世界级的农业强国，见表 5–3，表 5–4。

表 5–3　荷兰合作社发展概况（1996 年）

分类	数量	社员人数	营业额（百万荷兰盾）	市场份额（%）
供应合作社	45	60678	9354	50
奶酪合作社	10	28813	16235	85
养牛、猪合作社	2	8570	274	34
糖业合作社	1	15633	1525	63
马铃薯合作社	9	4723	1938	35~52
蔬菜水果合作社	22	18000	3670	75
花卉合作社	7	9800	5413	70~95
信用合作社	547	595000	41100	87
合计	643	741218	79509	

表 5–4　合作社所占的市场份额　　单位：%

	1949	1998
提供贷款	50	87
马铃薯淀粉加工	83	100
购买混合饲料	29	54
食用马铃薯加工	—	42
购买肥料	61	51*
鸡蛋零售	38	24
销售牛奶	84	82
蔬菜、水果零售	98	75*
生产黄油	85	97*
花卉、观赏植物零售	60	95
生产奶酪	86	93*
羊毛零售	75	68
猪和牛的屠宰加工	17	35
种用马铃薯销售	33	52*
甜菜加工	59	63
使用马铃薯销售	2	45*

数据来源：厉为民 . 荷兰的农业奇迹［M］. 北京：农业科技出版社，2003.

二、荷兰农业合作社的分类

荷兰拥有各种各样的农业合作社，也正是因为这些多样性的合作社满足了农民对各种服务的需求，也将各种小规模经营的农场主联合起来，形成规模生产，并与大市场结合，推动了整个荷兰农业的发展。荷兰农业合作社具体可以分为以下 5 大类。

（一）信用合作社

荷兰信用合作社是专门为农民提供信贷服务的，为农民购买各种生产资料和机器设备提供资金保障。现在的欧洲最具实力之一的银行——拉博银行（Rabobank）就是荷兰的农业信用合作社发展起来的，虽然已经成为世界级银行，但仍然坚持以为农业服务为本，也成为荷兰农场主最坚实的金融后盾。

（二）销售与加工合作社

荷兰销售与加工合作社专门负责组织农产品大批量地加工和向外销售。合作加工最有利的部门是牛奶、甜菜、土豆、肉类和蛋类加工。加工过程完成以后，继续在市场领域合作。荷兰的销售与加工合作社分为销售合作社和加工合作社，其中荷兰特有的销售合作社是拍卖合作社，该类合作社保障农产品能够在最短的时间内卖出去，如荷兰的蔬菜、水果和鲜花 80% 的交易量都是通过拍卖合作社进行的，荷兰人还建立了世界上独一无二的“荷兰式拍卖”的交易方式，即在鲜花的拍卖市场根据价格从高往低拍，这就保证了鲜花送到鲜花店时的新鲜程度。

（三）供应合作社

荷兰供应合作社为社员提供所需要的各种农具、种子、肥料、饲料等，不以营利为目的，而是要让利于民，保障合作社的社员能够有较低的生产成本，提高合作社社员生产的农产品在市场上的竞争力。

（四）服务合作社

荷兰服务合作社是专门为农民提供不同种类服务的合作社，涉及的业务形式有互助保险公司、联合农业机械合作社、救济服务中心、农业技术推广等，服务合作社的特点是专业化而非小而全，从事单一项目的服务，使其服务的内容和对象比较集中，除此之外，服务合作社还关注消费者心理和市场趋势，围绕农产品的相关环节、深加工和市场营销与农户紧密联系在一起，使得其他商业组织难以介入。

（五）环境合作社

荷兰政府为了改善国内的环境压力，于 1991 年支持农场主成立了环境合作社，这种新型的合作社主要是为农场主提供有用的环境保护建议。环境合作社成立以来，为荷兰的农场主提供了切实有效的方法，改善了荷兰的环境，也提高了农场主的收入，同时加快了农村的发展。

三、荷兰农业合作社的运行机制

荷兰农业合作社经历了 140 多年的发展，现已遍布荷兰农业的各个领域。而荷兰农业生产的主要特点之一就是家庭农场的生产方式，这也导致了个体农户在市场经济中很难维护好自身的经济和社会效益，慢慢地个体农户意识到单个的个体联合起来可以实现想要的目的。从经济学的角度来看，荷兰农业合作社的产生对单个农户维护自己的利益有很大的作用。

荷兰农业合作社采用横向与纵向相结合的运行机制，横向的运行机制是指农业合作社的社员联系在一起共同生产、销售他们的全部农产品。纵向的运行机制是指合作社的社员按照不同品种和工序进行分工，通过产业链的延伸使得合作社像现代企业一样成为高效率的组织。

（一）荷兰农业合作社运行的特点

1. 专业性

荷兰农业合作社的专业化程度较高，农业合作社的社员分工合作，大大提高了农户整体的生产效率，如花卉拍卖、饲料供应、甜菜加工的合作社实行专业化生产后，使得合作社服务对象和服务内容较为集中，能够节省人力、物力、财力，从而可以降低合作社的运行成本。

2. 一体化

荷兰农业合作社一体化的运行机制，引起了各界的广泛关注。2013 年 12 月 9 日，清华大学举办了一场题为“合作乳业与农业现代化”研讨会。在会上，我国研究员指出，荷兰乳业合作的一体化新型经营模式，是由将近 23 户的家庭牧场组成的超级大型的农业合作社，并运用遍布世界 100 多个国家的销售网络来销售此大型农业合作社加工的牧场鲜奶。这种农业合作社采取新型的一体化经营模式，为各个家庭牧场提供牧草、育种、饲养的各种生产环节服务，再通过产供销的一体化机制，最终提高了各个环节的劳动效率。

3. 市场化

荷兰农业合作社外部运营实行市场化。因为荷兰农业合作社不依赖于荷兰政府，所以荷兰农业合作社要想在市场经济环境中做出成绩，必须实行市场化的运行方式，运用合理的市场手段不断地提高生产率、扩大经营规模，通过增强竞争力最终谋求农业合作社的生存及发展。

（二）荷兰农业合作社的主要原则

荷兰农业合作社运行所遵循的原则概括为以下 5 点：

1. 共同承担原则

荷兰农业合作社内部实行共同承担的原则，包括社员的全部权利和义务、财政、风险承担以及投票选举权等。

2. 成员的密切性和多项性

荷兰农业合作社成员的密切性原则，是指禁止合作社成员将部分产品不通过农业合作社而直接售给零售商，而必须通过农业合作社来实现。多项性则是指单个农户可以同时加入几个不同的农业合作社。

3. 独立性原则

荷兰农业合作社实行独立性原则，这是因为每个农场之间是独立的，他们自己决定农场的生产和生产过程，但是每个农场之间又是合作的关系，是一种“外向性”经济合作。此外，荷兰农业合作社不受政府的干预，完全独立于政府。

4. 自愿原则

荷兰农业合作社是在农民自愿的基础上组织起来的，而自愿加入农业合作社的社员也严格按照一定的社规进行活动，并在此基础上实行民主管理。

5. 统一原则

荷兰农业合作社从经济上来看是依赖于每个成员的生产过程，因此这种生产过程决定了农业合作社的主要目标和功能。基于此，对于荷兰农业合作社而言，农民生产过程的统一是最好的选择，非常有利于荷兰农业的发展。

（三）荷兰农业合作社的运行模式

荷兰农业合作社的运行模式最突出的特点就是“家庭农场 + 合作社”。荷兰的农业合作社采取这种运行模式并取得了一定的成果，主要是因为这种模式具有以下三个优势：一是“家庭农场 + 合作社”的运行模式中，合作社的社员是农场主的老板，保证了家庭农场拥有绝对的话语权；二是“家庭农场 + 合作社”的运行模式将家庭农场主的利益放在首位；三是“家庭农场 + 合作社”的运行模式拥有严格的自律机制，以保障生态文明和食品安全。

四、荷兰农业合作社对我国的启示

（一）加快农业合作社的发展

荷兰农业的飞速发展，得益于各种各样的农业合作社组织，这类合作社组织使荷兰的农户结盟结合成了一个巨大的专业群体，荷兰农业才得以借助这个群体的力量，使其从传统农业中走出来，逐渐成为世界农业强国。而我国的农业也跟荷兰的农业相似，规模小，经营分散，因此我国需要借鉴荷兰农业合作社的发展经验，大力发展农业合作社，推动我国农业现代化的发展。

（二）政府加强对农业合作社的支持

荷兰农业合作社的发展，虽然不依赖于荷兰政府，但是农业合作能够迅速发展起来离不开荷兰政府的强有力的指导、扶持和监督。所以我国政府一是要加强合作社立法工作；二是在财政政策上要通过减税和免税等税收优惠方式来支持农业合作社的发展；三是要注重人才的培养，需要专业化的管理人才。

（三）选择合适的农业合作社发展模式

荷兰以畜牧、花卉为主的农业生产的过程中选择了农业合作社的发展模式，农业和园艺业合作社给荷兰的农业发展带来了希望，并最终带领荷兰的农业走向成功。我国区域经济发展的差异和各地农业资源禀赋的不同，使得中国应因地制宜，积极创建新型农民合作经济组织，如家庭农场等。

（四）保障农民的利益

荷兰合作社的性质是特殊经济组织和独立法人，合作社是每个独立家庭农场之间的个体私有经济之间的合作，入社社员为维护共同利益自愿加入，合作社内部的分配取决于内部成员所进行的经济活动的数量和质量。由此可见，荷兰被称为“小土地、大农业”与合作社的发展密切相关，合作社成功的核心是将农民收益放在首位。目前，我国要通过农业合作社来发展农业，应该借鉴荷兰农业合作社的发展经验，并且始终要保障农民的利益，切实达到经济惠农的根本目的。

第四节　德国农业合作社

德国在地区上分类属于西欧或中欧，濒临北海和波罗的海。国土面积35.7万平方千米，其中53.5%是农业用地，人口8080万（2013年预计）。目前按国际汇率算，德国是国内生产总值第四大国。德国的农业人口只占德国国内总就业人数的2.12%，农业用地占到德国国土面积的一半，但德国的农业十分发达，机械化程度也相当高，4/5以上的农产品都能够自给自足，而推动德国农业发展的正是德国的农业合作社。

一、德国农业合作社的起源、发展和现状

德国通过农业合作社不但解决了本国的“三农”问题，还为加入合作社的农民提高了其在市场竞争中的地位。

（一）德国农业合作社的起源与发展

1. 德国农业合作社的起源

19 世纪发生的工业革命，对欧洲国家的社会和经济都有一定的影响，引起一系列深入的结构变革，这使得德国许多农民、小手工业者的财务不断出现危机，还要承受着偿还地主债务的沉重负担，导致生活极其困窘，1846—1847 年由于农业歉收造成饥荒使得农民和小手工业者的境况进一步恶化。基于此，深受合作思想影响的赖夫艾森——德国合作社之父（Friedrich Wilhelm Raiffeisen，1818—1888）在魏尔布施（Weyerbusch）建立了“面包合作社”（Brodverein）。“面包合作社”是德国开创农村合作事业的起点。此后，赖夫艾森在 1864 年创办了德国第一个真正意义上的农村合作社——黑德斯道尔夫贷款基金协会（Heddesdorfer Darlehnskassenverein）。

2. 德国农业合作社的发展概况

德国的农业合作社发展较早，成为世界合作组织的发源地之一，也对全世界合作社运动起到了一定的推动作用。德国农业合作社从成立到现在的 150 多年的时间里经历了以下 4 个阶段：

（1）初始发展阶段。19 世纪的工业革命，推动德国农业合作社迎来了它的初始发展阶段：19 世纪中叶到 19 世纪末。1864 年，赖夫艾森首先解决了农民的信贷问题，建立了德国真正意义上的第一个农业合作社——黑德斯道尔夫信贷合作社，随后农业合作以农村为中心发展起来，出现了手工业购销等各类合作社。赖夫艾森当时创立黑德斯道尔夫信贷合作社的基本理念就是想要通过合作社的形式进行联合经营，从而增加农民的收入、促进农业的生产。此后德里奇、哈斯等合作先驱也为德国的合作社运动贡献了自己的力量。1874 年和 1876 年，赖夫艾森分别建立了“德国农业中央银行”与“农业中央信贷银行”。直到 1879 年，德国农业处于危机边缘，德国农业合作金融向农户提供优惠信用贷款，在很大程度上缓解了德国农民的资金短缺问题，促进

了德国农业快速发展。

（2）普遍发展阶段。随着合作思想在整个德国的传播，德国的农业合作社也迎来了它的普遍发展阶段：19 世纪末到 1930 年。19 世纪末，随着德国各种信贷合作社的发展，德国的农业销售合作社也逐渐发展起来。此时，普鲁士政府和其他德意志国家对农业合作社销售机构的建立比较重视并给予一定的财政支持。直到 1930 年，德国政府建立了“德国赖夫艾森农业合作社联盟”，这个联盟是当时世界上最大的合作社联盟，拥有将近 400 万成员。

（3）“二战”期间及战后恢复阶段。德国农业合作社的“二战”期间及战后恢复阶段是 1930—1949 年。1934 年，强制性审计协会被德国加入合作社的规定。强制性审计制度的加入使德国农业合作社向健康、规范发展。但是在希特勒统治时期以及随后爆发的第二次世界大战期间，德国农业合作社九死一生，遭到了严重的破坏。第二次世界大战结束后，德国的农业合作社在德国的政策激励和广大民众的共同努力下，慢慢得到了恢复。

此后，德国首先在 1946 年 2 月，成立了“英国占领区农业合作社联盟工作同盟”；其次在 1947 年 2 月，将其联盟更名为“德国农业合作社工作同盟”；最后在 1948 年 11 月，德国政府又成立了“德国赖夫艾森合作社联盟”。此后，1948 年，德国成立了“赖夫艾森协会”，并得到了大量合作社银行和协会企业的大力支持和拥护。“赖夫艾森协会”由从事农产品收购、加工和市场营销的合作社联合而成，随后其经营范围不断扩大，为德国合作社后来的发展立下了汗马功劳。

（4）现代发展阶段。1949 年至今是德国农业合作社的现代发展阶段。这一阶段德国对农业合作社进行了一系列调整，以适应德国的国内情况和国际经济形势。1949 年，“德国赖夫艾森合作社联盟”获得了审计权，1971 年，德国成立了农业合作社、信贷合作社、手工业合作社的最高权力机构——“德国赖夫艾森合作社国家联盟”（DGRV）。1972 年，德国的农业合作社组织联合起来形成了初级、地区和国家 3 个层面的组织机构。由此，德国农业合作社走上了规范、快速发展之路。直到 1990 年，德国重新统一后，德国的农业合作社面对市场经济形式的改变，做出了必要的调整和改革。截至 2014 年底，德国各类合作社的数量为 4700 多个，分布在牛奶和奶制品、牛和肉制品、水果、蔬菜和园艺、信贷和产品贸易行业。

（二）德国农业合作社的现状

德国农业合作社的业务主要包括：①农资供应；②农产品生产、加工和销售一体化；③信贷服务；④咨询服务。根据业务的不同可以将德国的农业合作社大致分为三大类：一是供销类合作社，如为社员提供农资、农机设备，农产品生产—加工—销售一体化的服务；二是服务类合作社，如为培训、咨询等服务；三是金融类合作社，如为社员提供信贷服务，德国已成为信用合作制度的起源地，且现有的合作银行已成为德国整个金融体系中的佼佼者。农业合作社的发展，不仅对德国农村经济的发展起到了重大作用，还增加了农民的收入、缩小了德国的城乡差距。德国农业合作社的发展现状主要有以下两个特点：

1. 德国农业合作社数量减少，规模变大

（1）德国农业合作社数量减少。由图 5–1 可以看出，德国农业合作社的数量在不断减少。

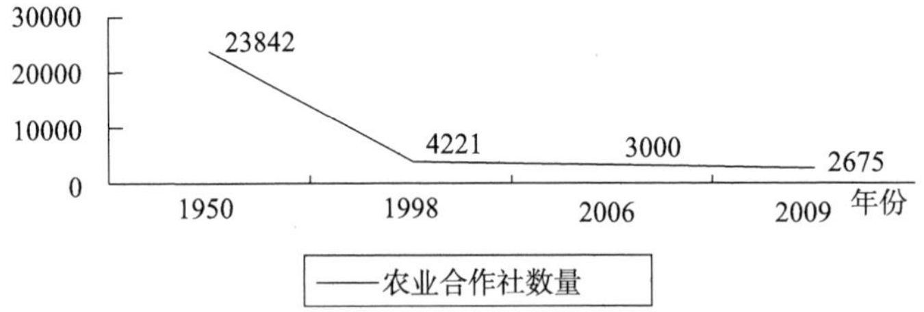

图 5–1　德国农业合作社的数量变化

资料来源：李敬锁．德国农业合作社的历史、现状及发展趋势［J］．中国农民合作社，2010（9）．

（2）德国农业合作社规模变大。随着德国农业合作社数量的减少，各合作社在农产品生产加工、收购、市场营销、信贷等环节建成固定的合作关系和一体化的业务网络。为了抵御市场风险，合作社之间联合成为趋势，通过相同区域、不同区域、全国跨区联合形成不同层次，联合合作社在增强抵抗风险能力的同时，规模越来越大。德国农业合作社不仅社员不断增加，收入也不断增加。德国人认为造成这种情形的原因是农业结构调整的必然结果。

2. 德国各种农业合作社现况

截至 2009 年 12 月 31 日，德国农业合作社共有 2675 个，其中，农村商品和服务合作社 2504 个（见表 5–5），商品信用合作社 165 个，主要合作社（含赖夫艾森商品中心）6 个。

表 5–5 德国农村商品和服务合作社数量表

名称	数量（个）
购销合作社	339
奶制品合作社（含 59 个牛奶加工企业）	281
牲畜和肉类合作社	108
蔬果和园艺合作社	100
葡萄种植及葡萄酒酿造合作社	216
农业生产合作社	852
其他合作社	608
合计	2504

数据来源：李敬锁 . 德国农业合作社的历史、现状及发展趋势［J］. 中国农民合作社，2010（9）.

（三）德国农业合作社的作用

德国农业合作社的经营活动与农业的各个领域相关，创建最佳的农业规模生产，提高农产品价值进而提高农民的收入。各基层农业合作社内部社员紧密合作，外部各个合作社相互合作，严格遵守合作社章程和《合作社法》的规定，使得农业合作社在市场环境中健康有序地发展。

1. 农业合作社为消费者提供商品和服务

德国的农业合作社首先对自己加工企业实行严格的质量把关，然后将自己加工的产品通过各种渠道，为德国全国范围内的消费者提供大数量、多品种、高质量的商品和服务。此外，农业合作社也为德国生态建设材料的批发和零售业务提供了方便。

2. 农业合作社是农民生产经营的强大后盾

德国农业合作社为合作社的社员提供收购、加工、销售一体化的服务，以方便社员进行农业生产，一是为合作社的社员提供了强有力的市场；二是提供社员需要的服务。此外，合作社也在生物能源及再生能源的改进与销售方面为社员提供帮助。

3. 农业合作社促进农村的发展

德国农业合作社现在已遍布德国农村的各个地区，涉及农民生活的各个领域，推动其农业产业化经营的进程。农业合作社不仅提高了农业生产和销售的组织化和产业化程度，推进了农业结构调整，而且还能够促进德国农村地区的发展，增加农民的经济收入，缩小城乡差别和地区差别，从而有助于农村经济实力的提高，加快农村的发展。

4. 农业合作社促进经济的发展

德国农业合作经济是德国经济的重要支柱之一。一方面，德国 80% 的农场主参与了各类合作社，农业合作社在肉类、谷物类和蔬菜类及奶制品类占的比重非常高，提高了农业产业化进程，缩小了城乡之间的收入差距；另一方面，农业合作社已成为食品企业、手工业和食品贸易可靠且不可或缺的伙伴。总的来说，德国农民超过一半的销售额是通过农业合作社来实现的。

二、德国农业合作社的运行

（一）德国农业合作社的运行模式

1. 基本理念

（1）为社员服务。德国的农业合作社成立的时候，是按照自愿互助的原则，代表了社员的根本利益。因此，德国的农业合作社无论采取任何形式兴办公司，都始终坚持为社员服务的理念。

（2）入社原则。德国农业合作社不再实行自由的入社原则，而是更倾向于实行限制性政策，即德国的农民想要加入农业合作社，会有一定的门槛，要以其资产入股。

2. 组织原则

德国《合作社法》规定合作社在成立的时候需要遵循一定的组织原则：必须由三名以上入社者按照自我管理、自愿互助、自负盈亏等原则成立。

3. 法定审计

德国在《合作社法》中对合作社的审计制度进行了明确规定，一方面，可以在合作社成立初期为缺乏经验的领导提供支持；另一方面，可以对合作社的运营管理进行监督和制约。

4. 组织制度

一经登记，合作社便取得法人资格，属人合公司，与一般股份制公司相同，实行董事会、监事会和全员大会分权制的组织结构。但是德国的农业合作社又与股份制公司有所不同，一是因为农业合作社不以营利为目的；二是因为农业合作社实行“一人一票”的制度，合作社的董事会和监事会由通过社员大会选举出来的社员担任。

5. 组织结构

德国农业合作社的组织结构比较完善，是按照地方、州、联邦三个层次自下而上建立的，形成了从基层到中央的完整组织体系。

6. 治理结构

德国农业合作社的内部实行社员大会、董事会和监事会三权分立的制度。

（1）社员大会。德国农业合作社的最高权力机关是社员大会。社员大会是农业合作社的社员对合作社事务行使权利的场所，实行“一人一票”制，其中社员大会行使的权利包括：①修改德国农业合作社章程做出决议；②批准德国农业合作社的年度决算；③批准德国农业合作社中董事会和监事会的工作报告；④决定德国农业合作社的利润分配和亏损分摊等。

（2）董事会。德国农业合作社的代表机关和业务执行机构是董事会。董事会成员至少需要两名，并且还须是经由社员大会选举产生的。

董事会的权利和义务包括：①董事会的领导具有独立性，在诉讼内外全权代表合作社；②社员大会可以随时解聘董事以及监事会，可以临时解聘董事，社员大会和监事会都不必因合同具有的法律约束力而支付任何经济补偿；③董事会成员在执行业务时必须保守秘密，违反后要作为连带债务人向农业合作社承担赔偿责任。

（3）监事会。农业合作社的监督机构是监事会。监事会需要 3 名成员，而且也需要经由农业合作社的社员大会选举产生。监事会的权利和义务包括：①可以随时要求农业合作社的董事会就合作社事务进行汇报；②监事会负责审查农业合作社的董事会提交的年度决算、情况报告和使用年度盈余或弥补年度亏空的建议；③社员大会可以在监事会成员的任期届满之前将其解除职务。[①]

（二）德国农业合作社运行的主要特点

德国农业合作社已发展了将近 150 年，运行的特点如下：

1. 严格的审计制度

1889 年德国《合作社法》规定，每个合作社必须聘用外部审计员审查合作社账务。1934 年修订的《合作社法》要求合作社在成立前必须经过所在地审计协会的审计，成立后加入合作社所属区域的审计协会，区域审计协会必须加入全国性的审计协会，上一级审计协会对下一级审计协会进行监督和管理，如果合作社违反了规定，则不能向当地的法院进行登记并取得合作社法人资格。1952 年的《合作社法》又进一步规定，高级审计人员不仅要有会计知识，而且要有足够的合作社从业经验，更加强化了对合作社的财务管理，帮助合作社社员有效监督理事会和监事会，促进了合作社持续健康发展。

德国的《合作社法》规定的审计制度，是德国合作社运动中的一大特点。其规定主要表现在以下几个方面：

（1）德国的合作社在成立前要经过当地合作社的审计协会必要的审计和鉴定。

（2）德国的合作社需要加入当地的审计协会，还要定期接受当地审计协会的全方位审计，且每个合作社至少两年需要接受一次审计（资产在 200 万欧元以上的合作社每年都需要审计），审计的内容主要包括：①合作社的日常业务往来；②合作社的资产状况；③合作社董事会的管理方式；④合作社的经济效益。

（3）德国的合作社需要接受审计人的检查，主要检查合作社的账目、文件、现金、有价证券及商品存量等，而合作社也需要配合审计人的工作，要向审计人提供审计时所必需的各种材料和证明。

---

① 王东光. 德国合作社法律制度研究［J］. 中国商法年刊，2006（07）.

（4）德国的合作社经过审计后，审计协会需要就审计的结果提交书面报告，合作社的理事会和监事会应立即召开联席会议，审议审计报告。审计协会和审计人有权出席会议。审计结果需要向全体社员大会报告。

（5）在德国，审计协会对合作社的审计是有偿审计。

2. 明确的法律基础

德国是世界上最早制定合作社法律的国家之一，其最早的合作社法可以追溯到 1867 年，由议员舒尔泽·德利茨施多次提议，普鲁士王国通过了《关于经营和经济合作社私法地位法》。1871 年德国统一后，该法成为全德意志帝国的法律。此后，德国的合作社法不断地发展、变化和调整。1889 年制定了《工商业合作社和经济合作社法》，已经过数次修正但基本框架却保持未变，德国农业合作社的发展和演变都是基于以上明确的法律基础展开的。在德国，公司法与合作社法有着同等重要的主体法地位，是法律体系中不可缺少的部分。与公司法具有专业性不同，合作社法具有综合性的特征，合作社法调整不同区域、不同类型的组织行为。

最新的《德国经营及经济合作社法》对德国农业合作社的法人地位、社员情况、法律责任、盈余分配等问题做出了详尽的规定。具体内容可概括：

（1）德国的农业合作社适用商法典。

（2）德国的农业合作社最少有 3 名成员，但没有上限，并实行社员大会、监事会和董事会分权制管理。

（3）德国的农业合作社的社员在入社时需要有一次性投入，具体金额及其使用、分配情况由农业合作社章程规定。

（4）德国的农业合作社在成立前必须经由当地的合作社审计协会进行审计，成立后必须加入当地的审计协会。合作社的审计结果以书面和联席会议的形式向理事会、监事会报告。

3. 普遍的企业运作

德国的《合作社法》规定，德国农业合作社是不以营利为目的的经济组织形式，其原则是自助、自我负责和自我管理、自愿的成员制度、管理人员。但是，随着经济的发展，市场竞争日趋激烈，致使德国农业合作社的经营模式发生改变，呈现出规模化组织、专业化经营、企业化运作的趋势，即德国农业合作社的运行呈现出企业化的运作特点，表现为以下几点。

（1）德国农业合作社在需求导向方面发生了转变，即由原来的社员需求导向转变为现在的市场需求导向。

（2）德国农业合作社在资本方面发生了转变，即在传统的合作基础上引入了资本联合的形式，一方面，农业合作社的社员向股份化倾斜；另一方面，农业合作社社员的异质性也逐渐增强。

（3）德国农业合作社的规模发生了转变，即农业合作社通过一定的联合、合并使得农业合作社的总数不断减少、规模不断增加，一方面，提高了农业合作社在市场上的竞争力；另一方面，增加了合作社社员的收入。

（4）德国农业合作社的管理由民主化逐渐变为专业化。

（5）德国农业合作社管理呈现出多元化模式。为进一步适应市场环境的变化和消费者需求的更替，合作社为提升竞争力，将采取从合作社以外聘请管理人员的措施，形成合作社多元化的管理模式。

4. 必要的政府支持

虽然德国政府并没有直接干涉德国农业合作社的运营管理，因此具有一定的独立性，但是德国的农业合作社发展离不开政府的支持，德国政府在制定政策时认真考虑农民的利益，并积极与农户协商沟通，以保持政府与农户信息公开化，减少误解和矛盾。

德国政府制定的政策目标主要有：①努力提高农业劳动生产率；②稳定农产品市场；③使农村居民的生活水准维持在一个适当的水平；④按合理的价格向消费者提供食品等。

三、德国农业合作社的发展趋势

德国农业合作社为应对越来越激烈的国际市场竞争，需要对未来的发展做出调整。未来的发展趋势有两个方面。

（一）农业合作社的整合力度会进一步加大

从德国农业合作社的发展实践来看，农业合作社数量在不断减少，规模却在不断变大，经营领域也在不断扩大，以此提高市场的竞争力。然而，随着贸易的自由化与全球化不断加深，这种发展趋势将会有所加大，因此，德国农业合作社的整合力度还会进一步加大。

（二）农业合作社会出现多元化管理

随着德国农业合作社的不断发展，业务量以及经营规模会越来越大，农业合作社的管理也会越来越艰难，所以农业合作社将会更进一步注重管理，并出现多元化的管理模式。

四、德国农业合作社给我国带来的启示

德国的农业合作社拥有严密的组织及管理体系，并吸引其他国家效仿。我国的农业合作社正处在起步阶段，还有很多问题有待完善，通过学习德国农业合作的发展经验，有利于促进我国农业合作社的快速发展。

（一）加强农业合作社的法规制度建设

从德国农业合作社的发展历程可以看出，合作社体系非常重视立法工作，通过立法使其合法化，德国 1889 年颁布第一部合作社法至今已有 100 多年，仅经过 4 次重大修改，且该法的基本框架并没有变动。明确的法律基础是农业合作社健康发展的重要条件。目前，我国 2007 年 7 月 1 日起开始施行的《中华人民共和国农民专业合作社法》已经对我国农业合作社的发展提供了一定保障和扶持，但是我国的合作社法并没有做具体的规定，所以应考虑到我国各地情况差异，制定《农民专业合作社法》配套法规政策，使我国各地的农业合作社都能有规范的法律保障。

（二）加大政府对农业合作社的支持力度

为支持合作社的发展，德国政府规定：新成立的合作社 5 年内享受创业资助，7 年内享受投资资助，鼓励农民走联合发展的道路，为合作社发展提供特殊性的信贷管理、支持政策，通过财政补贴、税收减免支持合作社发展。。在我国，农业合作社在不同地区处于不同的发展阶段，政府应因地制宜，鼓励农业合作社的联盟化与规范化，加强财政税收政府支持，扩大家庭农场经

营规模，加快合作社健康发展。

（三）加大培训教育工作力度

从德国农业合作社的发展历程来看，德国农业合作社的领导人对社员以及管理者的培训、教育非常重视，同样，这也是我国目前发展农业合作社所欠缺的。政府应高度重视农业经营者的素质，完善职业教育和在职培训制度，培养从事农产品各个环节的技术人员和管理人员。

第五节　捷克农业合作社

捷克的全称是捷克共和国，是中欧地区的内陆国家，也是欧盟成员国之一（2004 年 5 月 1 日正式加入欧盟），并于 2006 年被世界银行列入发达国家行列。2014 年捷克 GDP（国内生产总值）达到 2055.23 亿美元，人均 GDP 达 19553 美元。

一、捷克农业的发展情况

（一）捷克农业的基本情况

捷克国土面积 78866 平方千米，拥有 1051.06 万人（2014 年）。农业用地 426.4 万公顷，其中可耕地 305.3 万公顷，牧地 97.2 万公顷。人均耕地面积 0.416 公顷，约合 6.24 亩（欧盟人均耕地面积 5.2 亩）。2004 年是捷克农业发展情况最好的一年。具体情况见表 5–6。

表 5–6　2004 年捷克农业发展情况

项目名称	金额（美元）	同比增长（%）		百分比（%）
农业总产值	约合 47.3 亿	15	占捷克 GDP	4.8%
农作物产值	达 24 亿	38.2	——	——
畜牧养殖业产值	达 23.3 亿	–1.8	——	——

续表

项目名称	金额（美元）	同比增长（%）		百分比（%）
农产品出口	23.7 亿	——	占捷农产品出口总额	84.9%
农产品进口	35.7 亿	——	占捷农产品进口总额	79%
农业人均名义月工资	503	9.9	——	——

数据来源：张凡．捷克农地私有化改革综述［J］．广东农业科学，2010（2）．

二、捷克农业的所有制改革

1993 年 1 月 1 日，捷克斯洛伐克和平分裂成两个独立的国家——捷克与斯洛伐克。捷克自此开始进行农业所有制改革。

捷克农业所有制的改革是在政治发生剧变的背景下，为了与政治体制相适应，对农业进行改革。主要内容包括：①变革土地产权关系，推进土地私有化。重新调整土地关系，改变之前国营农场和集体农庄为单一形式的农村经济结构。②变革农村所有制，重新改组国营农场、集体农庄。改组后的农村经营主体变为以私有经济为基础，自愿联合的农业合作社或股份公司。

捷克农地私有化改革主要采取的政策手段有：①合作社农场的私有化改革，土地归还采取的“赔偿证券”的方式；②国营农场的私有化改革参照其他领域的私有化改革。

捷克农地私有制改革后形成了 5 种农业生产的组织形式：①私人农场；②合作社；③公司农场；④国营农场；⑤其他。合作社的农业生产形式是最主要的生产方式。

二、捷克合作社的起源与发展

（一）捷克合作社的起源

捷克是欧洲最早创建合作社的国家之一，1845 年捷克产生了合作社，距现在已有近 170 年的历史，拥有良好的群众基础。“一个人做不到的事情，那么大家联合起来就能够做到。”——捷克早期合作社的口号。

（二）捷克合作的发展

1.“二战”前捷克合作社的发展

1873 年，捷克通过了第一部合作社法，该法律为捷克合作社的合法地位提供了强有力的保障。1896 年，捷克成立了第一个合作社全国性机构，对捷克合作社整体的发展起到了积极的推动作用。

20 世纪初，捷克境内的合作社业务领域已经遍及消费、农业的生产、加工、购买、销售、储蓄、信用、银行、文化和住房等社会经济活动的各个方面，合作社的机构遍及捷克城乡各个角落，即捷克的合作社发展到第二次世界大战前达到顶峰时期。据资料记载，当时的捷克各种合作社的总数达 13526 个，消费和农业两类合作社占主要部分。

2.“二战”对捷克合作社的影响

第二次世界大战对捷克合作社的影响十分严重，战后捷克开始实行计划经济，国有化为生产资料的社会主义所有制提供了保证。1948 年，“二月事件”后，捷克完成了土地改革，废除了大土地所有制，合作社实行了国有化成为政府的职能部门。

（1）农业合作社实质上已转变成国营农场，是因为在 1949 年，捷克通过的《规范农业合作社法》已逐步将捷克原有农业合作社国有化。

（2）生产合作社也转变成了国营经济的一部分，也因此使得生产合作社在生产范围、规模、原材料供应等方面受到束缚。

（3）消费合作社也成了国营商业的一部分，曾限制仅在农村发展并被剥夺了传统的批发业务。

（4）住房合作社在战后得到了迅速发展，因为捷克为解决工业和农业领域从业人员的稳定而给予了有力的支持，所以，20 世纪 60 年代后期，捷克住房合作社迅速发展，新建住房占全国新建住房的 56%，随后的 20 多年间住房合作社新建住房一直占全国的一半。

捷克通过渐进方式对农业进行改革，在自愿联合、自主经营的基础上逐步推进，保持了社会的稳定，运用股份制建立农业企业和发展农业合作社，以土地、资产入股，根据股份或收益进行分配，之前的国有农场私有化后组建为新的农业股份有限公司。

3.“东欧剧变”对捷克合作社的影响

1989年起，东欧局势发生剧烈的动荡，捷克的经济体制也在这次“东欧剧变”中发生变化，由计划经济转变到市场经济。由于合作社在最初的时候被认为是计划经济的一部分，所以当计划经济向市场经济转变时，捷克的合作社就受到了较大的冲击，但是合作社对经济的贡献又不容小觑，后又得到捷克政府的重视，并且得到政府的支持后又迅速发展。

1991年12月，捷克通过的《关于调整合作社产权关系和确定合作社产权》法规，为捷克合作社转制提供了法律框架，为合作社创造了良好的发展机遇。除原有的消费、生产、农业、购买、销售外，合作社延伸到储蓄、信用、银行、文化、住房等领域。

三、捷克合作社的组织体系

捷克目前合作社的组织体系主要由以下两部分构成。

（一）捷克全国合作社协会

捷克全国合作社协会的历史可以追溯到20世纪初，捷克农业的所有制改革之后，对全国合作社协会进行了重组，现在捷克全国合作社协会的作用有3个方面：一是为合作社成员组织提供咨询和协调服务；二是在法律上代表着捷克全国合作社的基本利益；三是维护和推动合作社成员之间的合作。

（二）行业性合作社组织

1. 消费合作社

捷克的所有制改革，虽然给捷克合作社的发展带来了一定的影响，但捷克的消费合作社仍然取得了成功，还在国内外市场中发挥着重要作用。捷克的消费合作社之所以成功，是因为它能给消费者带来利益，这也使得消费合作社能够快速发展，并在捷克的农村占据着传统优势和主导地位。捷克的消费合作社业务主要集中在食品行业，其中销售额占捷克国内食品市场的85%，占捷克国内非食品市场的4%。除此之外，消费合作社还涉及餐饮、学校等领域。在捷克的消费合作社中批发合作社发展最好，已成为消费合作社的生命线。

2. 农业合作社

在捷克的发展过程中，捷克的农业合作社一直以来都是捷克农业生产的重要支柱，但是捷克的农业合作社与消费合作社一样，在所有制改革中受到一定的影响，当时的政治倾向是：政府要放弃合作社。政府欲将合作社所拥有的土地和财产平均分给每一位合作社的成员，相当于合作社将不复存在，但是大部分合作社的成员并不认同这样的做法，不愿意自己单独经营土地，反而更愿意合作经营。在原合作社成员积极主动的配合下使合作社开展集体经营，农业合作社慢慢地又得到了发展。到 1993 年，捷克建立了穆拉维农业合作社联盟，成功地将合作社与其他成功企业联合起来，并于 1996 年更名为“捷克共和国农业合作社和公司协会”。

四、捷克农业合作社带来的几点启示

（一）加速供销合作社的改革

供销社在计划经济时期，作为连接城乡的主要载体，为我国城乡经济的发展做出了重大贡献。随着商品专营权的逐步放开，供销社失去发展的优势。在当前情况下，供销社与工商企业相比，除了为农民提供商品销售服务，还可以为农民提供科技、信息等服务，为完善农村社会化服务体系，建设中国特色农民合作组织扮演着重要角色。现在，国内外形势对我们都比较有利，一是政府和供销社内部都真正认识到了合作社经济的重要性；二是政府正在进行的农业结构调整和全面建设小康社会的发展战略对发展合作社非常有利；三是国家整体经济实力增强，工业、科技、信息技术发展水平提高，为农业的发展提供了良好的物质条件。捷克的成功转制经验为我们提供了经验，我们应该向捷克学习，紧紧抓住机遇，奋力拼搏，克服困难，深化改革，加快发展。

（二）发挥农民的主体作用

在中国这样一个农业大国，要加速发展农业离不开政府的支持。但应该看到，从我国的实际国情出发，我国的政府对农业的支持并不能像美国、日本等国家一样，进行大量的资金支持和财政补贴。捷克农业合作社工作者，在政府因历史原因对农业合作社失望，对农业合作社不是支持而是限制的情况下，他们以顽强的自立、自助、自强的精神，克服困难，使农业合作社的大部分得以保留下来，重新建立了自己的农业合作社联盟，我们国家的农民也需要像捷克的农民学习，依靠自身的力量，发扬艰苦奋斗精神，克服困难，努力建立好具有中国特色的农业合作社，为我国农业的发展做出贡献。

（三）加强宣传和教育

捷克合作社在捷克的转制过程中能够取得成功，与捷克合作社成员极高的思想觉悟和浓厚的合作意识分不开。在我国，合作社发展的历史比较短，但更重要的是我们的供销社始终没有真正树立为农民服务的意识，还存在一定的认识误区。例如，将社员当作自己的下属，没有当作平等的成员；缺乏民主管理意识；缺乏长期经营的可持续发展战略思想等。因此，在供销社的改革中，应着重抓好如何为农民服务，树立为农民服务的思想和意识，将合作社真正改造成农民的经济利益共同体，真正改造成农民的经济合作社组织。

第六节　丹麦农业合作社

丹麦位于北欧日德兰半岛及其周围岛屿上，是一个只有 4 万多平方千米领土和 500 多万人口的小国，人口不到世界人口的千分之一、可耕地面积不到世界可耕地面积的万分之二。在这样的情况下，丹麦却成了农业高度发达的国家，其农产品还在全球的国际市场中占相当大的比重，成为世界上重要的农产品出口国之一，每年 2/3 的农产品出口到世界上 150 多个国家和地区。丹麦是一个典型的以农业兴起的国家，农业的发展对丹麦整个国民经济的发展具有十分重要的意义。而丹麦农业的发展离不开丹麦的农业合作社，目前，丹麦的农业合作社在欧洲甚至在全球都十分出色。

一、丹麦农业合作社的兴起

（一）丹麦农业合作社兴起的历史渊源

丹麦资本主义生产方式在欧洲各国中是比较晚的，直到 18 世纪上半叶，丹麦还没有现代化的工业，农业是占绝对主导地位的产业，封建庄园式的生产方式仍占统治地位，这种生产方式并不利于农业的发展。由于当时的英国以及德国已先后完成了工业革命，城市人口急剧增加，农产品供应严重不足，这就为丹麦农产品的出口创造了一个良好的需求市场。为了获取更多的利益，丹麦的庄园主通过各种途径提高农产品的产量，主要有两种途径：一是强化当时现有“家用农场”上的耕作条件，提高农产品产量；二是扩大农产品种植面积，通过开垦荒地，增加农产品产量。当然这两种途径都意味着要投入大量的资本和劳动力。

随着英国和德国市场的不断扩大，丹麦许多比较开明的庄园主认识到，要提高全国农产品的产量，不应该仅仅把目光放在家用农场上，而是必须把整个农业当作一个整体来看待，必须彻底改变现有的生产方式。18 世纪下半叶，当时的丹麦政府颁布了一系列措施和法令，鼓励并迫使庄园主出卖家用农场以外的地产。通过这种办法使得提高农产品产量所需大量资本和劳动力有了保障，即一方面，庄园主们因出卖除家用农场以外的地产而获得大量资金，从而有可能购置现代化农业机械并雇佣工人以资本主义方式经营家用农场；另一方面，广大农民则利用政府贷款、财产抵押等方式，购得属于自己的土地而成为自由农民。

（二）丹麦农业合作社兴起的思想基础

1. 格伦德维戈以及由他倡导兴办的丹麦民校

丹麦 19 世纪著名的诗人牧师以及教育改革家——“格伦德维戈”，他的思想为丹麦农业合作社的发展起到了积极的推动作用。格伦德维戈坚持农民的文化独立，并倡导开办民校，用来加强农民的文化教育，不仅加强对成人的教育，还重视农民子女的教育。民校的开办，既使得农场主增加了知识，又解决了农民子女的上学问题，为丹麦农业合作社的发展奠定了重要的思想基础。

2. 丹麦农业合作社兴起所需要的知识基础逐渐完善

丹麦 7 年义务教育制度从 1814 年就已经开始实行，普遍提高了民众的知识水平，也提高了农民的专业知识和文化素质。

（三）丹麦农业合作社兴起的政治基础

从 19 世纪 30 年代开始，丹麦各地出现了各种形式的农民组织，如农民协会、教区委员会、农业学校、储蓄协会等。到 19 世纪 40 年代初，农民就开始参与地方政府的工作。丹麦从 1849 年实行君主立宪制以后，农民开始组建自己的政党并在国家的政治地位越来越高。丹麦于 19 世纪 60 年代开始兴办成人高等学校，成人高等学校让农民补习文化知识，学习农业专门知识和技能，开拓了农民阶级政治视野，促进了丹麦农民文化和农民政治心理的形成和发展。这一切都为丹麦的农业合作化运动准备了条件。

（四）丹麦农业合作社兴起的外部环境

19 世纪 70 年代开始，由于现代交通运输手段的采用，大批廉价的美国和苏联谷物涌入欧洲市场，使欧洲市场的粮食价格直线下跌，这对丹麦农业是一场致命的打击，由此迫使丹麦农业由传统的以谷物种植业为主转为以畜牧业为主，主要是饲养奶牛和生猪。主要出口产品由谷物改为黄油和熏肉，主要市场仍是英国和德国。

为了适应黄油出口的需要，丹麦一些大庄园主农场开始采用现代化的奶油分离技术，以现代机器取代了手工劳动。而农民由于采用传统方法生产的黄油，在产量、质量和价格上都处于劣势，长此以往，肯定会被庄园主挤垮而破产。农民当然也会想到采用新技术，这不仅需要大量资金，而且必须要以大批量生产为前提。单户农民显然无法满足这二者之中的任何一条。但是，一户农民做不到的事情，几户、十几户或上百户农民联合起来却能够做到。

于是，丹麦农业史上第一个采用现代技术的奶制品合作社于 1882 年建立起来。由于广大农民不仅处于相同的社会经济地位，而且面临着同样不利的处境，有着共同的切身利益，因此，合作社的社员能够同舟共济、同心协力，从而迅速地显示出其优越性。因为这种合作社可以同庄园主农场一样，雇用专门的技术人员操作，而且其牛奶来源很快超过了庄园主农场，因此其黄油生产成本就更低了。合作社的黄油逐渐打破并取代了庄园主农场黄油的统治地位而畅销英国和德国。

第一个奶制品合作社的成功经验迅速在全国得到推广。当时的奶制品合作社的发展势头犹如雨后春笋，而且这个经验又很快推广到农业生产的其他部门，在丹麦农业部门兴起了一场合作化热潮，而且从农产品的生产到加工、销售、生产资料的供应以及信贷，形成了一个全面合作网络，出现了各式各样的合作社。

综上所述，丹麦农业合作社发展所具有的历史渊源、思想基础、政治基础和外部环境优势，都推动着丹麦农业合作社不断地壮大、完善。到 20 世纪 20 年代，丹麦已经成为一个无人、无事不合作的“合作社王国”。

二、丹麦农业合作社的发展

（一）丹麦农业合作社的现状

20 世纪 90 年代以来，丹麦的农业合作社通过合作社之间的合并和兼并，以降低农业合作社的生产成本，最终使得合作社的数量和社员的数量都在不断地减少，见表 5–7。

表 5–7　丹麦农业合作社数量　　单位：个

项目		1903 年	1939 年	1964 年	1992 年	2008 年	2009 年
农场总量		260000	210000	175000	75000	43415	47382
乳制品合作社	数量	1046	1399	904	23	12	11
	社员	148000	189800	135600	17789	4500	4162
屠宰合作社	数量	27	61	62	5	2	2
	社员	65824	194065	133088	29939	13000	11100
蛋类合作社	数量	475	800	1400	1	1	1
	社员	33000	42600	60000	170	160	75
生产资料供应合作社	数量	—	1505	1606	83	8	8
	社员	30000	95306	107100	47000	39000	48000

数据来源：丹麦农业和食品委员会 2012。[①]

① 孙中华，王维友，张保强，等 . 关于德国、荷兰、丹麦农业合作社的考察报告［J］. 中国农民合作社，2012（11）.

目前，丹麦的部分农业合作社已经进入丹麦国最大规模的企业之列，有的甚至已经跻身于全球最大的安全优质食品的出口商。2011 年，丹麦的农业合作社销售总额占丹麦 GDP 的 10%，而农产品和食品出口额占全部出口额的 20%。

（二）农业合作社的主要原则、权利、义务和决策

1. 丹麦建立农业合作社的主要目的

①共同销售产品，丹麦农业合作社为在出售产品时，尽量获得较高的价格，并不直接出售，而是把加工环节产生的利润留到自己手里。②为提高产品的附加价值共同努力。③分享经营利润。④参与制定经营决策。

2. 丹麦农业合作社的原则

丹麦农业合作社所遵循的主要原则与国际上大多数国家的原则基本上一致，主要有以下三个方面。

（1）自由进入或退出合作社。丹麦的农业合作社成员在加入合作社的时候实行自由原则，且不需要缴纳任何费用。但不是任何一个人都可以加入的，而是必须有直接利益的农民才能成为农业合作社的社员。同样的，丹麦的农业合作社实行自由退出的原则，但是在退出合作社的同时不允许社员带走合作社的任何财产，因为丹麦认为合作社的财产属于集体所有。

（2）合作社的最高管理机构由社员大会产生。丹麦虽然没有制定有关的《合作社法》，但丹麦合作社的治理结构主要由社员代表大会和理事会组成，并且丹麦的最高管理机构由合作社的社员大会产生，最高管理机构作为一个代表委员会，它按照议定章程做出基本事务的决策。丹麦的农业合作社不设监事会，但社员代表中有雇员代表。有些情况下，代表额的确定与社员对合作社的惠顾量有关系。

（3）农业合作社的利润归社员所有。丹麦农业合作社的利润归社员所有，分配时则由社员与合作社之间的交易比例决定。

3. 丹麦农民合作社社员的权利

丹麦农业合作社的社员享有产品的销售权利，既可以与合作社直接交易，也可以与其他组织交易。农业合作社的社员在生产产品的时候，可以自由决定生产产品的数量。

4. 丹麦农民合作社社员的义务

丹麦农业合作社的成员必须将自己所有的产品交给农业合作社，同样的，农业合作社也要无条件地接受和销售社员交来的所有产品，除此之外，社员对合作社的债务承担责任，也对经营承担责任。

5. 合作社的决策

丹麦的农业合作社并没有形成完整的合作社体系，丹麦的农业合作社是通过丹麦的农业、食品委员会与政府进行谈判，并以此为合作社的社员服务，委员会在此代表着农业合作社、个体农户以及食品企业等的共同利益。因此，丹麦的农业合作社决策层并不是独立的，而是由农业合作社代表、农会代表和企业代表共同组成。

（三）丹麦农业合作社的特点

丹麦农民专业合作社的基本特点主要有：

1. "一条龙"的生产模式

丹麦作为传统的农业国家，农业主要靠种植业和畜牧业为生，农业合作社就是运用种植—饲养—加工—销售等"一条龙"的经营模式，带动农业与商业挂钩，各个环节环环相扣。农业合作社的"一条龙"经营模式不仅带动了丹麦农业的发展，同时也带动了畜牧业和加工业的发展。

2. 丹麦农民具有强烈的合作意识

丹麦的农民几乎都参加了农业合作社，如农户协会、大农场协会或者小农户协会等。丹麦的农民从这些专业技术协会中得到专业的咨询服务，为农业的发展提供了便利。丹麦农业合作社成功的经验告诉我们，农民的合作意识越强烈，农民的组织化程度越高，农民的合法权益也越能得到保护，农民的收入也就越高。

3. 农业合作社以商业利益为中心经营

如前所述，丹麦的农民选择参加农户协会、大农场协会或者小农户协会等专业技术协会，并从中得到咨询服务，所以，丹麦的农业合作社从事的经营活动基本上都是以商业利益为中心，业务专业且单一。

三、丹麦农业合作社的经验借鉴

（一）合作理念是合作社发展的精神源泉

丹麦合作社发展了 100 多年，虽然经营领域不断扩大，经营规模也不断扩大，但是合作社的基本准则保持不变：社员民主自治；实行“一人一票”制；社员自愿加入和退出。丹麦合作社之所以能够迅速发展起来，并为丹麦的农业发展做出不可磨灭的贡献是与合作理念分不开的。合作理念是丹麦农业合作社发展的精神源泉，也是丹麦农业合作社发展的不竭动力。

（二）社员自治是合作社发展的持久动力

丹麦农业合作社始终坚持社员民主自治，尽管在做具体决策和执行的过程中，每个合作社之间的做法会有所不同，有的合作社是由被选举出来的社员代表组成的董事会来做决策，而有的是由执行经理来做决策，但在做出所有的决策时都应该以合作社的目标为宗旨，即让社员们的农产品获得尽可能高的收益。

（三）注重农业科技教育

丹麦农业合作的发展，推动着丹麦农业的快速发展，而丹麦政府特别重视对农民的继续教育，使得丹麦农业能够建立相对完善的农业科技教育体系，培养出具有高科技技术水平的研究人员和管理人才，为丹麦农业合作社的发展培养大量的人才。这也告诉我们，人才培养是农业合作社发展的重要智力支撑，而人才短缺也已成为目前我国农业合作社发展的最大瓶颈。此外，虽然我国是农业大国，但我国农业科技的发展跟农业的发展之间还有一定的距离。所以，我国既然想要科教兴国，我国有必要建立完善的科技教育体系，不仅能够培养科技研究人员，还有助于农民整体文化水平的提高，最终有助于我国农业的整体发展。

丹麦在农业合作社方面有很多成功的经验供我们借鉴，我们应该结合我国的实际国情，只有做到理论与实际相结合，不断创新，才能走出一条真正具有中国特色的农业合作社道路。

第六章　北美洲农业合作社

从合作经济组织开始建立到现在，经历了 170 多年的发展与演变，合作经济的理论与实践都在不断地发展中得到完善，也在不断地发展中形成了完善的合作经济理论思想体系，为世界各国农业合作社的发展提供了丰富的经验。

近年来，北美洲农业合作社也在不断地发生变化，一是不仅注重规模化经营，更注重提高农产品的附加值；二是不仅注重上游业务，更注重下游业务；三是不仅注重人的联合，更注重生产要素的联合；四是不再注重单个的成败，而是寻求合作共赢。北美地区农业合作社的变化也为其他国家农业合作社未来的发展方向指明了出路，同时也提供了不少经验，这些经验也是我国的合作经济组织发展所需要的，值得我们深入研究学习。下面将分别介绍北美洲各国农业合作社的发展情况。

第一节　美国的农业合作社

美国的农业高度发达，机器化程度高，并以其先进的农业生产技术和高效的农业生产方式，使得美国成为农业大国，粮食产量占世界总产量的 20%，同时美国的农产品对外贸易也居于世界首位。美国的农业之所以能够取得如此大的成功，与美国农业合作社的发展密不可分，即使在世界经济一体化、农业国际化和市场经济竞争越来越激烈的今天，美国的农业合作社也是美国农业发展的主干力量，在一定程度上代表了国际合作经济组织发展的方向，具有指向标的意义，同时对我国合作经济的发展有重大的指导作用。

一、美国农业合作社的兴起

1810年，美国第一个有记载的合作社——“康涅狄克州牛奶合作社”在康涅狄克州由奶牛农场主组建起来，此后，美国其他地方也出现了合作社，合作社运动迅速发展起来。

（一）格兰奇组织为美国合作社的发展奠定基础

19世纪60~80年代是美国农业合作社以及其他各种类型的合作社发展史上具有极为重要意义的时期。格兰奇（Grange）在1867年进入人们的视线，并迅速发展成为美国农业合作社的基础。格兰奇成立之初的目的就是保护农民利益，反对中间商的盘剥，改善农业生产条件。

美国农业合作社经历了经济危机后（1867年爆发的第一次农业危机），虽然有的合作社已经退出了历史舞台，但是格兰奇合作社对美国合作社运动的影响依旧存在，为美国农业合作的发展奠定了良好的基础。

（二）美国农业合作社迅猛发展时期

1890—1929年是美国农业合作社迅猛发展时期。美国农业合作在这段时期，不仅数量增加，而且涵盖的农业领域也在增加。1913年，美国的农业合作社已经达到3099个，此后两年时间增加了2000多个，即到1915年已经达到5424个，以后的农业合作社数量一直增加，直到经济危机刚开始的时候，即1929年，美国农业合作社的数量达到最高峰，有12000个，因此，这段时期是美国农业合作社迅猛发展的黄金时期。

（三）美国政府对农业合作社的支持

美国政府对国家农业合作社的发展给予了重要的支持，主要集中在法律、资金、税收政策和信贷4个方面。

1. 提供法律保护

美国对农业合作社的发展提供了完备的法律保护，从中央到地方形成了完善的合作社法律体系。1909年，美国第一个《信用合作社法案》在马萨诸塞州通过。1922年，美国通过了《卡帕—沃尔斯斯坦德法案》，该法案的通过使得美国政府将农业合作社从《谢尔曼反托拉斯法》中豁免了出来，确定了农业合作社的合法地位，明确农业合作社实行"一人一票"、民主管理、出入社自由原则，并始终坚持为人民服务的宗旨。

在《卡帕—沃尔斯斯坦德法案》通过4年后，美国国会于1926年颁布了《合作社销售法案》，该法案拓宽了美国政府对农场主合作社的支持，农业生产者也可以通过合作社生产和销售产品。

1933年，美国政府颁布了《农场信贷法案》，该法案为农业合作社提供了一套银行体系，随同《1916年联邦农场贷款法案》和《1923年农业信贷法案》构成了美国农场信贷体系的基本框架。为农场信贷银行的发展提供了资金支持和政策保障。为应对20世纪80年代美国农业萧条危机，国会在1985年、1986年、1987年3个年度连续通过3个法案对农场信贷体系进行调整。

2. 提供资金支持

为了推进农业合作社的发展，美国政府对农业合作社投入了大量的资金和精力。美国政府于2002年通过了《农业保障和农村投资法》，该法明确规定要加强美国政府对农业的投资力度，规定在2002年以后的10年内，美国政府对农业的拨款将高达1900亿美元，同时各级政府也给予各地区内农业合作社巨额的资金支持。

3. 提供税收优惠政策支持

美国政府对大部分的农业合作社给予了各种各样的税收优惠政策支持，极大地鼓励了农业合作社的发展。当然，美国的农业合作社像企业一样也要向美国政府纳税，但政府规定的农业合作社的计税基础小，并且一般是先分配后计税。

二、美国农业合作社的发展

（一）美国农业合作社的发展变化

美国农业合作社经历了100多年的发展，到现在已经具备一定的规模，截至 2012 年，全美共有 2238 个农业合作社。表 6–1 是美国农业合作社近百年的发展情况。

表 6–1　美国农业合作社近百年的发展情况

年份	农业合作社数量（个）	农业合作社社员数量（千名）	总营业额（百万美元）
1913	3099	—	310.3
1915	5424	651.2	653.8
1929	12000	3100.0	2500.0
1940	10600	3400.0	2280.0
1950	10064	7091.1	10522.3
1960	9163	7202.9	16194.0
1970	7995	6157.7	27281.3
1980	6293	5378.9	92519.5
1990	4663	4119.3	92667.4
2000	3346	3085.1	120719.1
2009	2389	2200.0	170200.0
2011	2299	2300.0	216800.0
2012	2238	2100.0	234800.0

数据来源：美国农业部的《农业合作社统计 2012》。

根据表 6–1 我们可以得到美国农业合作社近百年的数量变化（见图 6–1）和美国农业合作社近百年的营业额变化（见图 6–2）。

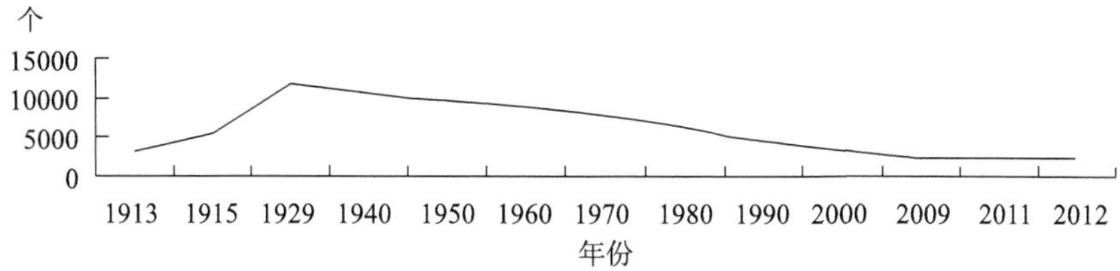

图 6–1　美国农业合作社近百年数量变化

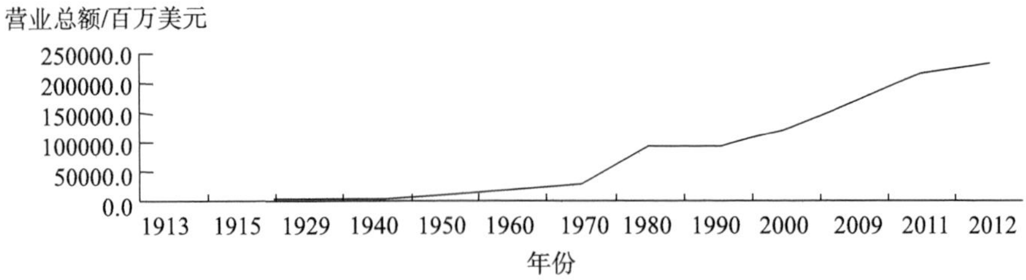

图 6-2　美国农业合作社近百年总营业额变化

由图 6-1 可以得出，美国农业合作社的数量变化呈“倒 U 型”，即先不断增加，后又不断下降。但是，由图 6-2 得出美国农业合作社的营业总额却是一直在增加。1929 年美国虽遭遇经济危机，但是却在此时美国农业合作社的数量达到了历史最高点。

（二）美国农业合作社发展的特点

美国农业的经营方式几乎全部是农场化经营，并且规模比较大，美国的农场主合作社是世界上规模最大的农业合作社。美国农业合作社的发展特点主要有：

1. 农业合作社类型多种多样

美国的农业合作社形式多样，从内容上可以将美国的农业合作社分为以下 3 类。

（1）供销合作社。美国供销合作社可以分为供应型合作社和销售型合作社，并且是美国历史发展最长、在数量和规模上最具实力的合作社。据统计，2012 年的 2238 个美国农业合作社中供应型合作社有 911 个，社员高达 1042.07 万人；销售型合作社有 1206 个，社员高达 65.54 万人。供销合作社的业务主要是：①为合作社的社员提供农业生产资料；②收购和销售合作社社员生产的农产品；③对合作社社员的农产品进行加工后再销售等。

（2）信贷合作社。在美国农村重要的金融机构就是信贷合作社，目前由三部分组成美国的农业信贷体系：一是信贷合作社，这是由美国国会于 1916 年颁布的《农业信贷法》决定成立的，也可称为联邦土地银行；二是中间信贷银行，共有 12 个分支机构，是由美国国会于 1923 年颁布的《中间信贷法》决定成立的，旨在为农场主提供信贷；三是生产信贷协会与合作银行，这两种新的信贷机构是美国国会于1933年决定成立的，其中合作银行是由1个中央银行和12个地方银行组合而成。这三部分组成的美国农业信贷体系，为美国农村经济的顺利运行提供了重要的金融保障。

（3）服务合作社。美国的服务合作社定位较窄，主要涉及农产品运输、农作物烘干、存储、牲畜运输、电力等。[①] 虽然范围较窄，但是美国的服务合作社依然为美国农业和农民提供了有力的服务。

2. 农业合作社发展外部制度环境良好

由上节内容我们知道，美国政府对其国家农业合作社的发展给予了法律、资金、税收政策和信贷4个方面的支持，且其支持力度相当大，管理机构也比较健全，为美国农业合作社又好又快地发展创造了良好的外部制度环境。

3. 产品生产、销售集中化

一方面，美国合作社生产的农产品涉及的种类繁多，农产主可以参加几个合作社，通常情况下，一个专业合作社只生产一种产品，同时对该产品进行深度加工，生产产品呈集中化趋势；另一方面，美国农业合作社将生产的产品集中运往各大城市销售，并逐渐形成农产品交易市场，使得农产品的销售也集中化。农业合作社通过农产品的生产和销售的集中化，可以降低农产品的生产和销售成本，提高农民的收入水平，同时也有利于美国农业的规模化经营。

三、美国农业合作社的演变

（一）传统合作社

美国农业合作社从产生到现在已有170多年的历史，美国农业合作社也在不断地发展中逐渐演变和完善。随着社会的发展，美国农业合作社受到经济自由化、市场竞争化的影响也越来越大，受合作社本身的体制和管理等因素的影响，传统的农业合作社遇到了一些问题，主要表现为：①合作社经营业务额不断下降；②农业合作社社员人数不断减少；③农业合作社经营的利润不断下降；④农业合作社的数量不断减少。

① 徐晖，潘伟光，傅家桢．美国农业合作社发展新动向［J］．世界农业，2014（5）．

（二）新一代合作社的发展

从20世纪80年代起，农产品的价格不断提高，但是农民却只获得了最终销售价格总额的37%，农民的生产成本却在不断增加，最终导致农民的收入增加减缓。针对传统农业合作社存在的这类问题，从20世纪80年代到现在，美国的农业合作社在保持合作社属性的同时，利用投资者所有企业的优势，不断加快农业合作社的制度创新。20世纪90年代初，美国的北达科他州出现了一种不同于传统农业合作社的新型合作社——“新一代合作社”。从此，“新一代合作社”成为美国农业合作社发展的一个热点和趋势。

1.“新一代合作社”的突破

“新一代合作社”与传统农业合作社相比，主要有以下几个方面的突破。

（1）“新一代合作社”打破了传统农业合作的“一人一票”原则。

（2）传统的农业合作社的制度性约束，使得合作社很难像企业一样发行股票筹资，而农业合作社通过制度创新，“新一代合作社”允许外来资本的加入，使得新的农业合作社可以像企业一样发行股票。这样合作社能够获取到更多的资本，并将资本引入产后加工领域，将加工企业作为核心，主要发展加工产业，最终提高农产品的附加值和提高农民的收入。

（3）通过制度改革的“新一代合作社”，不仅提高了竞争力与运行效率，同时也改进了农产品的商品结构，最终推动了美国农业的发展。

2.“新一代合作社”的特点

“新一代合作社”在不断发展的过程中，形成了自己的特点，主要有：①“新一代合作社”不完全实行“一人一票”制度，而是实行表决权与投资额相结合的制度；②“新一代合作社”的社员一般不能退股，只能将股份转让；③“新一代合作社”允许非社员持股，但其股票没有投票权，对其报酬有最高限制；④“新一代合作社”的社员与合作社之间负有“双向”责任，即社员要向农业合作社提供生产的产品，农业合作社要收购社员上交的产品；⑤“新一代合作社”的社员与合作社共担风险、共享利润。

（三）兴办合资企业

根据美国农业部的统计数据显示，2010—2011年，美国的185个农业合作社联合创办了 317 个合资企业，其中有 209 个合资企业，108 个全资附属公司。例如，美国的一家农业合作社——冰糖公司与其他合作社联合创办了 4 个合资企业，包括西德尼糖业公司、美国糖业公司、ProGold 有限责任公司、中西部粮油商品公司等。

（四）有限合作社

2005—2007 年，美国爱荷华、田纳西、威斯康星等州也相继出台了有关有限合作社的改革的法案，随后到 2008 年，美国政府正式起草《统一合作社法》，同年 8 月，美国 51 个州的委员一致通过该法。[①] 截至 2009 年底，美国有限农业合作社诞生。《统一合作社法》的出台最突出的就是投资者可以自由投资各种农业合作社，从此，美国的农业合作社再也不用担心资金问题。

四、美国农业合作社的启示

前面的内容分析了美国农业合作社的起源、发展及演变，美国市场推动型的发展模式给我们带来很多的启示，同时结合我国农业合作社发展的实际情况，总结出以下五点经验，以供借鉴。

（一）健全法律制度管理制度

美国政府制定了比较完善的法律、法规以及相应的政策，有力地支持了农业合作社的发展。其中，美国的《卡帕—沃尔斯坦德法案》不仅明确地规定了合作组织的事业范围，而且详细阐述了合作组织的地位和作用，成为合作组织一切活动的准则。[②]

美国农业合作经济组织的机构设置非常健全，包括农业信贷署、地区和全国联社及农村合作管理局，形成了覆盖全国的管理系统。

目前中国需要在《中华人民共和国农民专业合作社法》的基础上进一步完善合作社法律法规，制定地方实施细则，因地制宜地推动合作社的发展。首先，我国政府在制定一些地方法规和政策的时候，要考虑到农业合作社的

① 姚晓萍 . 美国农业合作社发展新动向观察［J］. 人民论坛，2014（32）.

② 邵喜武 . 美国农业合作社发展的成功经验及对中国的启示［J］. 世界农业，2013（1）.

发展情况，将农业合作社的建立、发展和管理落实到法律层面，确保农业合作社走向法制化的道路；其次，应鼓励地方职责部门根据本地实际情况，制定相关细则以调动地方积极性，促进具体实施办法的落实，促进农业合作社的发展。

（二）发展模式要适应国情

虽然美国农业合作社的发展模式值得我们学习，但是我们不能照搬全抄，而是要结合我国农业合作社的实际情况，选择适合我国国情的农业合作社的发展模式。美国的农业合作社是市场推动型的发展模式，我国是农业大国且农民的市场意识淡薄，个体经营者众多，因此想要发展农业合作社我国应选择政府推动型的发展模式，政府及相关部门应给予农业合作社多方面的支持，如法律、政策和金融等，同时不要过度干预农业合作社的内部管理。

同时需要注意的是，不论是美国的市场推动型的发展模式，还是我国需要发展的政府推动型的发展模式，在发展农业合作社的时候，一定要确保农民的主体地位。农业合作社就是要为农民服务的，因此要将农民的利益始终放在第一位，这样不仅可以增加农民参与农业合作社的积极性，也能增加农民的收入，最终推动农业的发展，为我国农业经济又好又快地发展贡献出一分力量。

（三）重视农民教育与培训，提高创新意识

为了有效提高全体社员的素质，美国农业合作社划拨专项教育费用，用来举办各种学习、讲座，还设有专门的学校和研修班，定期培养农民合作经济组织干部和后备人才。美国农业合作社的成功表明，重视教育和培训对发展农业合作社具有直接和间接的双重效益。同时，我们也应该认识到只有提高合作社参与成员的整体素质和技能，不断提高合作社管理者的创新意识，才能保证合作组织的长期发展，切实发挥农业合作社各方面的作用。

（四）培养壮大合作社的实力，同时注重合作社之间的联合

美国的农业合作社虽然整体的数量先上升后下降，但是合作社的总营业

额却在不断增加。美国农业合作社数量上的减少，是由于单个农业合作社之间的联合与并购在不断增加，造成单个农业合作社的实力和规模在不断加强，同时合作社的影响力也在不断提升，因此，合作社的规模化经营的趋势也日益突出。相对而言，我国的农业合作社正处于新的发展阶段，应该借鉴美国农业合作社规模化发展的经验，加强合作社之间的联合，将农业合作社的规模化经营做大做好。

（五）政府加强对农业合作社的支持力度

我们知道，美国政府在法律、资金、税收政策和信贷等方面给予了农业合作社很大的支持，我国要发展政府推动型的农业合作社，就必须加强对农业合作社的支持力度，不仅为农业合作社发展提供便利，也要为农业合作社能够良好地运行提供各种保障，真正使得农业合作社为我国农业的发展贡献力量。

第二节　加拿大农业合作社

加拿大（Canada）是一个高度发达的资本主义联邦制国家，领土面积居世界第二，国民拥有高质量的生活，并且是全世界比较富裕、经济发达的国家之一。

一、加拿大农业合作社的起源

加拿大直接从事农业生产的农民占全国人口总数的 2.14%，约为 88.68 万人，而且加拿大的可耕地面积约占加拿大国土面积的 16%，其中已耕地面积约 6800 万公顷，占加拿大国土面积的 7.4%。虽然农业人口所占比重低，已耕地面积少，但是加拿大生产的农产品不仅能够满足本国居民的需求，还能大量出口，这与加拿大农业合作社的发展密不可分。正如加拿大农业合作社协会的执行总裁 Jean-YvesLord（让·耶夫·劳德先生）所言：“在合作社创立之前，农民的生活十分艰难，现如今合作社经过了100多年的发展，成为农民进入市场的桥梁，将农民带上了富裕的道路。”

（一）客观条件是农业合作社产生的外部原因

加拿大从自然条件来看，地广人稀，耕地面积不足加拿大国土面积的1/5，而且农户不集中，因此，农业领域的合作社应运而生。

（二）合作思想是合作社产生的内部原因

农业合作社在全加拿大境内发展得相当广泛，并不是得益于政府的强制建设，而是得益于当地中、小农户的自愿联合发展，成立的目的不是为了盈利，而是为低收入的农民提供便利的产品加工或销售的服务。随着市场经济的发展，个体户农民的弱势地位越来越明显，而这些单个的农民主动要求自我联合和救助，这也是加拿大农业合作社能够产生的内部原因。

信用合作社的产生。农户想要发展，需要资金，但是加拿大当时的商业银行并不想把资金贷给单个农民，加拿大的信用合作社就应运而生，专门为农民的生产提供贷款服务。

二、加拿大农业合作社的发展

加拿大历史上第一个农业合作社——小麦合作社于1923年在当时的萨斯喀彻温省成立，为加拿大农业合作社的发展奠定了基础。加拿大农业合作社数量多、种类全、范围广，堪称国际农业化合作的典范。

（一）加拿大农业合作社的作用

加拿大农业合作社为加拿大农业的发展起到了重要的作用，主要表现在以下几个方面。

（1）单个农民在面对市场时处于弱势地位，加入农业合作社后，通过农业合作社的集体名义与销售商谈判，以优惠的价格获得其所需的生产资料。

（2）加拿大农业合作社为社员提供技术、信息等服务。例如，在加拿大萨斯喀彻温省，萨斯喀彻温猪肉局每年25%的经费用到了技术的研究和开发上，萨斯喀彻温大豆种植局则将全部经费的65%用到技术的研究和开发上。

（3）加拿大农业合作社增强了合作社社员之间的交流。在加拿大的乡村，农业合作社就是居民重要的活动场所，为合作社社员之间的交流提供了便利。

（二）加拿大合作社发展的三个时期

加拿大合作社的发展大体上可分为三个时期，一是农产品销售合作社的发展时期（1906—1924年）；二是消费合作社的发展时期（1925—1945年）；三是金融类合作社的发展时期（1937—1950年）。[①]

（三）加拿大合作社的四个层次

全加拿大的合作社主要分为四个层次：一是基层合作社；二是由第一层次的合作社组成的中心、省级或地区级的合作社；三是由第一层次和第二层次组成的全国性的合作社机构；四是国际合作同盟。

（四）加拿大的六类合作社

从种类上看，加拿大合作社主要包括以下六类。

1. 农业供销合作社

作为加拿大经营最成功的合作社类型之一——农业供销合作社，为加拿大农业的发展做出了重要贡献。例如，2005年，中华全国供销合作总社赴加拿大考察，在加拿大一个比较偏远的省份——魁北克省，其中有以养猪为主的农业供销合作社，该合作社不仅为社员提供各种生产生活的基本资料和养猪的饲料，还负责收购、加工、销售合作社社员的生猪，促进了当地生猪饲养的发展，提高了农民的收入水平。

2. 金融类合作社

加拿大的金融类合作社现已成为加拿大规模最大、社员人数最多、实力最强的合作社。主要有两种类型：一种是信用合作社；另一种是保险合

① 杨玲玲，辛小丽．加拿大合作社运动的起源、发展现状及未来趋势［J］．科学社会主义，2006（4）．

作社。

（1）信用合作社。信用合作社在加拿大的城乡随处可见，已成为加拿大最大的信贷机构，在加拿大的金融市场占据重要地位。现在加拿大境内信用合作社的数量超过 1 万个，社员超过千万，资产也超过千亿加元。

（2）保险合作社。1850 年，加拿大成立了保险合作社，经历了 160 多年的发展，保险合作社现已成为加拿大最大的农业保险机构。

3. 消费合作社

加拿大的消费合作社，主要为合作社的社员提供消费品批发、零售服务。

4. 服务类合作社

加拿大成立了多种类型的服务类农业合作社，涉及住宅、娱乐、保健、救护等方面。其中，住宅合作社作为政府补贴的非营利性组织，解决了加拿大许多城镇居民（包括普通人和残疾人）的住房问题，2005 年住宅合作社的规模已达 2185 个，社员高达 16 万人。

5. 农业生产合作社

加拿大的农业生产合作社，目前全国有 238 家农业生产合作社，如季节性合作社、森林合作社、工人合作社、手工业合作社等。全国还有 85 家森林合作社，社员 8090 人，主要从事木材砍伐。

6. 新一代农业合作社

20 世纪 80 年代末至 90 年代初，加拿大农业发展呈现出新的特点：一是农业的纵向一体化程度逐渐加深，加拿大的农民被迫卷入农产品的加工产业中；二是农民生产农产品的不确定因素增加；三是农民需要考虑的风险越来越多。因此，加拿大新农业迫使加拿大农民的观念发生转变，即由传统的只注重农场转变为注重生产流通消费全程，加拿大的新一代农民合作社也应运而生，由此，加拿大的农业合作社进入了一个全新的时代。

新一代农业合作社与传统的农业合作社相比，“一人一票”原则和按照社员与合作社的交易量向社员返还盈余的基本原则没有变化，但在其他方面有了一些改变，主要有：一是在社员资格方面做出调整，新一代农业合作社不再实行自由开放原则，而且对社员的进退社和社员的规模有了限制；二是通过契约将社员和农业合作社联系起来；三是农业合作社的社员按照与合作社的交易额缴纳入社股金，且这两者之间存在正比关系。此外，新一代农业合作社逐渐向公司化发展，但与公司不同。

（五）加拿大农业合作社的运营管理

1. 实行民主管理原则

加拿大农业合作社采取民主管理的原则，合作社的最高权力机构是农业合作社的成员代表大会。成员代表大会每年都要召开，且对以下事宜有唯一的决策权：①修改合作社章程；②选举董事会成员或委员会成员；③任命审计人员；④决定合作社解散或与其他合作社合并。

2. 政府对农业合作社的支持

1987 年，加拿大政府专门设立了主管农业合作社事务的秘书处，在农业合作社与政府机构之间建立起桥梁。该机构成立的目的就是方便政府在满足合作社需求的同时，也能很好地指导农业合作社的发展。因此，农业合作社的秘书处主要的职责有：①向政府有关部门反映农业合作社的需求与建议；②根据政府有关部门制定的政策对农业合作社的发展提供有力的支持和指导。此外，加拿大政府为对农业合作社提供资金支持专门建立了投资局。

三、加拿大农业合作社给我国带来的启示

加拿大农业合作社经过 100 多年的发展，不仅有效改变了农户的弱势地位，也为农业的发展做出了不小的贡献，并且对加拿大整个经济的发展和社会稳定也起到了重要作用。

（一）坚持农业合作社的价值和原则

加拿大农业合作社在发展的过程中，始终坚持农业合作社的价值和原则，这也是加拿大农业合作社区别于加拿大企业和其他社会组织的本质特征。加拿大的农业合作社既体现了农业合作社的本质，也成为农业合作社的发展优势。加拿大农业合作社始终以为社员服务为宗旨，始终坚持自愿参加的开放原则，实行民主管理，并以增加农民收入，提高农民社会和经济地位为出发点。我国农业合作社需要借鉴这种经验，始终坚持农业合作社的价值和原则，才能真正为农民谋福利。

（二）实行现代企业制度和民主管理原则

加拿大农业合作社在坚持农业合作社基本原则的基础上，遵循市场经济规律，结合现代企业制度，建立了一套行之有效的民主管理的运营体系。因此，我国农业合作社要借鉴加拿大农业合作社的发展经验，建立农业合作社的现代企业制度的运营机制和民主管理体系，主要从以下几个方面做起：第一，要实行民主管理原则，建立民主的选举与控制机制；第二，要实行现代企业制度，产权明晰，使得农业合作社生产者、经营者、所有者相分离，各司其职；第三，要建立健全的监督机制。在农业合作社的发展进程中，我国政府需要建立健全的监督机制来保障农业合作社社员的合法权益和农业合作社的经营理念。

（三）不断创新

加拿大农业合作社在发展中通过不断调整、创新，使得农业合作社能够持续发展。加拿大农业合作的创新主要表现在以下三个方面：一是意识创新，加拿大农业合作社的社员经过不断的学习，能够较快接受新的合作思想，加快了农业合作社的发展；二是技术创新，加拿大农业合作社现已完全实现计算机化的管理模式；三是组织方式创新，加拿大农业合作社在遵循市场经济规律，结合现代企业制度，建立了一套行之有效的民主管理的运营体系，使得加拿大农业合作社逐步走向了企业化。因此，我国农业合作社也可以在意识、技术以及组织方式上进行创新，确保农业合作社不断充满新的力量，推动农业合作社向新的方向发展。

（四）加强政府对合作社的扶持

加拿大农业合作社的发展，离不开加拿大政府的支持，主要表现在以下三个方面。

一是加拿大政府为了确保农业合作社的顺利运行，通过立法在加拿大政府与农业合作社之间建立了合作的关系，以此来规范农业合作社的合理运营，也限制加拿大政府对农业合作社的运营的过度干预。由此来看，加拿大政府立法的目的不是为了主导农业合作社的发展，而是为了农业合作社更好地独立运行。

二是加拿大政府为农业合作社的发展解决各种难题，帮助农业合作社渡过难关，使得农业合作社得以长久发展。加拿大政府对其农业合作社发展的支持是“雪中送炭”而不是“锦上添花”。例如，加拿大在经济大萧条时期，其中小麦农业合作社受到冲击，欠下巨大债额，此时加拿大政府帮助小麦合作社偿还债务，并对小麦实现最低价格的保护，使得小麦合作社能够渡过难关，避免了破产的局面。

三是加拿大政府为农业合作社的发展提供了各种服务。例如，加拿大政府为了支持农业合作社的发展，为农业合作社提供培训和指导服务，但并不直接干预农业合作社的运营。

因此，我国需要加强政府对农业合作社的支持力度，一要从立法层面出发，政府要完善农业合作社的法律体系，确保农业合作社的顺利运行；二要从支持力度层面出发，不仅要加强资金、政策等的支持力度，还要加强对农业合作社的培训和指导力度。除此之外，政府还要加大对农业合作社的宣传力度，帮助农业合作社打造自己特有的品牌，提高农业合作社在市场上的竞争力。

第三节　墨西哥农业合作社

墨西哥合众国，位于北美洲，是一个发展中国家。墨西哥是拉美（拉丁美洲是指美国以南的美洲地区）经济大国，国内生产总值居拉美第3位，仅次于巴西、阿根廷，领土面积也是仅次于巴西、阿根廷。全国约197万平方千米的土地中，5/6是高原和山地。墨西哥是经济水平较为发达的发展中国家，但却是拉美的农业大国。

一、墨西哥农业合作社的发展概况

墨西哥于1821年8月24日宣布独立，但是在经济上封建大庄园制并没有受到冲击，反而膨胀起来，那些有战功的将军、军官等获得大量土地，也成为大地主，使得大地主的数量增加。直到 1910 年，墨西哥爆发资产阶级民主革命，在革命爆发前墨西哥的土地结构是：土地主要掌握在封建大庄园主的手中，96%的农民只占有 1%的土地。土地的村社公有制和私人庄园所有制并存成为墨西哥土地所有制的一大特点，对农村合作经济组织的发展产生了直接的影响。[①] 村社农户与私人农户分别占农户总数的 68%和 32%。村社和私人农场产值分别占全国农业产值的 30%和 70%。

墨西哥农业合作社的所有制形式。

（一）村社、公社公有制合作经济

1. 村社

1917 年墨西哥的资产民主革命取得胜利，并通过 1917 年《宪法》，该法案确定了墨西哥 1915 年《土地法》，根据此法规定：一是每个村社至少要有 20 户无地农民组成；二是村社的土地所有权归国家，使用权归农户，农户按照自己的意愿决定生产经营方式；三是村社的公有地不得出租或变卖，由村社委员会负责掌管和分配使用。

2. 公社

公社则是指印第安人聚居的农村单位，他们历来保留着传统的公有制形式，在这种所有制下，政府从征收的土地中归还印第安人土地。[②]1940 年，墨西哥全国共有村社 11347 个，村社农民 77.2 万，组织成集体和半集体的村社 700~800 个。

（二）村社、公社公有制经济的发展对墨西哥农业合作社的促进作用

1. 全国村社信贷银行

1936 年，墨西哥政府建立了全国村社信贷银行，统管全国村社农民的信贷业务。当时的政府规定，申请借款的农民，需要由信贷合作社做担保，因此各种规模的信贷合作社就发展起来了。

---

①② 黄步军．墨西哥两种所有制共存的合作社［J］．中国农业科技推广网，2006.

2. 农业合作社的发展

20 世纪 70 年代初期，村社的集体化、合作社进程没有多大进展。此阶段，墨西哥政府还在一些地区选择和培养典型范例，探索新的合作社形式供农民借鉴。1980 年，政府为了推动格雷罗州农、牧、工的全面发展，建立起了农、牧、工的综合体，从而促进了全国合作社的进程。1981 年，墨西哥的农、牧、林业合作社中有 3/4 都是生产合作社，剩下的 1/4 是消费合作社。1986 年，墨西哥的农、牧、工的综合体已经将近占到全墨西哥合作社的一半。

（三）私人农场主合作社的发展情况

墨西哥的私人农场主合作社发展得较早。1917 年的革命后不久，墨西哥索诺拉州的私人农场主就组织了鹰嘴豆生产者联盟。1918 年，该联盟成员生产的鹰嘴豆占到全州产量的 70%。1932 年，墨西哥政府颁布了农业生产者协会法，促进了各地大农场主联合团体组织的发展。

1933 年，索诺拉州的州长和当地大农场主共同成立了全国第一个农业信贷联合会。1934—1940 年，地区和州级农场主合作社缓慢发展起来。从 20 世纪 40 年代起，墨西哥工业化进程加快，农业发展加速，推动了合作社的发展。在政府的推动下，私人农场主的合作社不断向全国范围扩展。1949—1952 年，私人农场主组织的合作社已逐步建立起全国性的组织体系，出现了众多的企业联盟。

二、墨西哥农业合作社的类型

墨西哥的农业合作社大致可分为以下四大类。

（一）生产合作社

墨西哥生产合作社主要指那些集体、半集体村社组织。集体村社出现在 1936 年，是由墨西哥当时的总统卡德纳斯推动建立的，他主张将村社变成集体经营的思想，可以扩大生产的规模与效率。集体村社的生产经营方式是土地、机械、设备、资金、牲畜等生产资料归集体共有，集体村社的收入按每个社员的工种、职务、劳动的质和量，统一标准评定，进行分配。半集体村社，将土地分成两部分，一部分土地归集体所有，由集体共同耕种，另一部分土地归单个农民家庭所有。此外，在一些商品化、专业化程度较高的区域，出现了小农场主自行结合成小组的团体，从事专业的生产活动，如专门从事蔬菜、水果、棉花等生产。

（二）信贷合作社

随着社会的发展，墨西哥农民想要发展农业需要的资金也越来越多，而当时的墨西哥规定，银行不对单个没有担保的农户贷款，信贷合作社最初成立就是为农民会员作担保，以获取银行信贷和作物保险补贴，为会员发展生产提供资金。

（三）销售（消费、供销和采购）合作社

墨西哥销售合作社在城市和农村都有发展，最初的目的是：①为了对付中间商，保护农民利益；②争取有利的农产品销售价格；③向农民提供廉价的生活资料和农用物资。随着专业化的发展，有的组织已经发展到州和全国的规模，具有控制市场的能力。

（四）服务合作社

墨西哥服务合作社一般与以上其他合作组织结合，依附其他组织，根据农民的实际需要和合作社自身的人、财、物条件开展服务活动，包括信息咨询、技术服务、人员培训、帮助农民修建生活服务设施等，有的还为社员提供医疗保健服务。①

三、墨西哥农业合作社的主要特点

（一）两种所有制形式并存

墨西哥农业合作社的最大特点就是村社和私人农场主合作社两种不同所有制形式的合作社共存，一方面村社是公有制经济为基础的合作社，另一方

① 黄步军 . 墨西哥两种所有制共存的合作社［J］. 中国农业科技推广网，2006.

面农场主合作社则是私有制经济为基础的合作社。[①]

（二）以生产合作社为主

墨西哥的农业合作中，生产合作社占了重要地位，合作社不单是生产组织，还担负起信贷、采购供应、产品销售和其他服务的职能。

（三）墨西哥政府对农业合作社的支持

墨西哥政府非常重视对农业合作社的扶持和引导，主要通过以下 3 方面实现对农业合作社的支持：

第一，在法律方面，墨西哥于 20 世纪 30 年代进行农村土地改革，随着土改逐步推进，墨西哥在 1938 年出台了第一部《合作社法》，在 56 年后的 1994 年又对此法进行修改，以保障墨西哥农业合作社的有效运行。

第二，在经济方面，墨西哥政府为了在资金方面支持农业合作社，专门设立了社会发展基金，据资料记载，1988—1994 年，墨西哥政府将每年财政预算资金的 1/3 用于社会发展基金。

第三，在计划方面，农业合作社得到了墨西哥政府支持的资金，也需要配合政府根据国家指令性计划，在政府的指导下进行生产、加工和销售。

四、墨西哥农业合作社带来的几点启示

墨西哥农业合作社的发展也为我国农业合作社带来了几点启示。

（一）合作经济具有强大的生命力

墨西哥绝大多数的农民，是个体经营的小农户。虽然墨西哥合作经济组织的发展也遇到过许多困难，经历了曲折和反复，但事实证明，合作经济是农业生产商品化、专业化发展的必然结果，具有强大的生命力，它为农业生产向深度和广度发展创造了条件。[②]

---

①② 黄步军 . 墨西哥两种所有制共存的合作社［J］. 中国农业科技推广网，2006.

（二）合作经济在解决“三农”问题、发展农村经济方面可以发挥重要作用

第一，农村合作经济组织维护农民的经济利益，加强了农民与政府的联系，减少了中间商人的盘剥，在生产资金筹集、生产资料供应、农产品销售及技术和信息服务等方面提供系列化服务。

第二，农民通过合作和联合，提高了农产品的生产规模，提高了土地、资金和技术的利用效率，扩大了农民组织形式，促进了农业产业化发展。

第三，农村合作经济组织在发展生产的基础上，不断完善和加强经营管理，不但提高了农民收益，改善了物质、文化生活条件，也为农村社会公共福利和农村现代化建设创造了有利条件。

（三）加强合作社的自身建设

墨西哥的实践经验表明，将农业合作社为组织载体，大力发展农业产业化是成功的。因此，我国可以大力加强农业合作社的自身建设，提高合作社的整体素质，在此基础上，以农业合作社为载体，大力发展我国的农业产业化，最终实现我国农业的飞速发展。

第七章　南美洲农业合作社

第一节　巴西农业合作社

巴西全称为巴西联邦共和国，是拉丁美洲最大的国家，享有“足球王国”的美誉，人口2.1亿，国土面积851.49万平方公里。巴西经济是一个自由市场经济与出口导向型的经济，巴西的国内生产总值位居南美洲首位，成为世界第七大经济体，美洲第二大经济体。巴西不仅是金砖国家之一，还是南美洲国家联盟成员。

一、巴西农业的发展优势

（一）巴西农业以出口为导向

巴西农牧业发达，是世界蔗糖、咖啡、柑橘、玉米、鸡肉、牛肉、烟草、大豆的主要生产国。巴西是世界第一大咖啡生产国和出口国，素有“咖啡王国”之称。巴西又是全球最大的蔗糖生产和出口国、第二大大豆生产和出口国、第三大玉米生产国，玉米出口量位居世界前五，同时也是世界上最大的牛肉和鸡肉出口国。

巴西政府高度重视农业出口对农业经济的推动，所以政府采取鼓励和扶持农业出口贸易的政策，制定了一系列有利于农产品出口的优惠措施。例如，农产品可自由出口，政府不加干涉；按照市场原则指导农产品出口，政府不设定关税限制等；通过与其他国家签订自由贸易协议，进行双边及多边贸易谈判等方式，从而促进了巴西农产品的出口。[①]

（二）巴西新型绿色能源——从农作物中提炼燃料

依托农业优势，巴西从20世纪70年代开始绿色能源研发，从甘蔗、大豆、油棕榈等作物中提炼燃料，成为世界绿色能源发展的典范。巴西不仅是世界生物燃料生产和出口大国，也是世界上唯一一个在全国范围内不供应纯汽油的国家。巴西消费的燃料中有46%是乙醇等可再生能源，高于全球13%的平均水平。

作为正在崛起的新兴经济体，巴西在其具有传统优势的农业领域取得了巨大成就。不到30年的时间里，巴西从一个粮食进口国转变为世界的大粮仓。在推进农业发展的过程中，巴西政府非常重视合作社组织的作用，通过形式多样的巴西合作社组织推动农业生产促进产、供、销一体化，在农业社会化服务方面发挥了巨大作用。其中农业合作社在巴西农业贸易中发挥着重要的作用，为巴西成为全球主要的农产品出口国做出了贡献。

二、巴西农业合作社的发展

巴西城市化程度很高，全国约84%的人口生活在城市，由于农业人口少，巴西农业规模化程度高，拥有较高的劳动生产率。巴西农业出口贸易发达，咖啡、蔗糖、橙汁、大豆、牛肉都是巴西富有特色的农业出口产品，其中巴西蔗糖、禽肉和大豆出口额甚至超过世界市场份额的1/3。[②]

（一）巴西农业合作社的产生

巴西农业能够迅速发展起来与合作社的作用密不可分。农业合作社最初是在欧洲出现并发展起来的一种生产组织。来自意大利和德国的农业移民将这种生产组织带到巴西，推动了巴西农业合作社的建立和发展。合作社是由其成员自愿组成的一种经济组织，通过联合出资和民主决策的管理方式，满

① 娄昭，徐忠，张磊．巴西农业发展的经验［J］．新农村，2012（3）．

② 柳一桥．荷兰、日本、澳大利亚和巴西特色农业产业化发展的战略研究［J］．世界农业，2013（3）．

足合作社成员共同的经济、社会和文化发展方面的需求。巴西有 3000 万人加入全国各类合作社组织，通过合作社来满足共同的经济、社会和文化发展需求。农业合作社在巴西农业贸易中发挥着重要的作用，为巴西成为全球主要的农产品出口国做出了贡献。

（二）巴西农业合作社现状

巴西全国合作社联盟统计，巴西各地有十几种合作社组织，如住房合作社、信贷合作社、医疗合作社等，其中农业合作社是最主要的一种。各类合作社的成员有 3000 万人，而成员人数最多、经济地位最重要的是农业合作社。巴西农业合作社成员近 100 万人，生产贸易占全国农业产值的 1/3。

（三）巴西农业合作社对巴西农业的作用

巴西以合作社为基础的产业化运作对巴西农业的发展起到了积极的推动作用。农业合作社是巴西主要的农业行会组织，其任务是向农户提供农业生产、农产品出口咨询服务与技术帮助，组织个体生产者联合向国外市场销售农产品等。巴西的农业合作社以专业性合作社为主，相当于非营利性的民营公司，实行股份制，每个社员拥有一定的股份，但持有额有数量限制，巴西现有各类合作社 5500 多个，涉及农牧业、消费服务、劳动、信贷、卫生、电力、通信等 13 个领域，合作社在推动巴西农业产业化、实现供销一体化方面发挥了积极作用。①

三、巴西农业合作社的近况——“风生水起”

农业合作社在巴西农业贸易中发挥着重要的作用，为巴西成为全球主要的农产品出口国做出了贡献。

目前，巴西农业合作社主要分布在南方的圣保罗州、米纳斯吉拉斯州和南里约格朗德州。这些地区大多是地少人多的家庭农户，加入农业合作社使这些小农户能够联合起来，共同组织农产品的贸易和加工，从而增强小农户

① 娄昭，徐忠，张磊．巴西农业发展的经验［J］．新农村，2012（3）．

的竞争力。农业合作社的建立和发展，对巴西农牧业生产的持续增长做出了积极的贡献。

在国内购买力的推动下，巴西农业合作社近年来风生水起，尤其是农业合作社与超市的结合，获得了良好的发展。根据巴西国家超市协会（AGAS）的一项调查显示，2012 年巴西的农业合作社创造了 12 亿雷亚尔的销售额，与 2011 年相比，销售额增长了 51%。

2011 年巴西农业合作社达到 1523 个，合作社成员有 96.9 万人，合作社职工人数为 15.6 万人。农业合作社 2009 年产值约占当年全国农业贸易总产值的 37.2%，出口创汇 36 亿美元。①

报道称，农业合作社不仅可以给联营的超市供应农产品，还可以获得相关贷款，以扩大农业生产的规模。农业合作社的模式成了 2012 年巴西零售行业内的一大亮点，如在巴西西北 Panambi、Otripal 地区的 5 家农业合作社，在 2012 年就获得良好的收益。

除了给超市供应产品，一些农业合作社还自己投资建超市，出售自有品牌的产品，例如，“魔法猪农业合作社”今年在布鲁克地区投资了 700 万雷亚尔，建起自己的第二个超市。②

四、巴西政府对农业合作社的支持

为支持农业发展，巴西政府十分重视农业合作社在巴西农业体系中的地位和作用，因此巴西政府通过各种措施为巴西农业合作社的发展提供支持。

（一）为农业合作社的发展提供良好的法律环境

通过立法为农业合作社的创造提供良好的法律环境，实行依法治社。《合作社法》对合作社的权利义务等做出了明确规定，即规定国家实行鼓励合作化的政策，主要通过提供技术支持、金融优惠和特殊信贷帮助合作社的建立、发展和联合。在巴西，政府还在财政、贷款、土地等方面支持农业合作社的事业项目。

① 巴西农业合作社成员近 100 万人 . 人民网，2012-07-03.

② 巴西农业合作社“风生水起”，雨果网，2013-04-12.

（二）特定政府部门对农业合作社进行扶持和指导

巴西于1971年颁布了《合作社法》，为支持合作社发展，于1988年修改了《宪法》，明确政府不干预合作社的发展，但要给予积极支持。农业部对合作社的发展给予积极扶持，设立相应的管理机构具体负责对合作社进行指导和管理。在巴西议会的513名议员中，有253位（约50%）是各类合作社的社员，他们对政府关于合作社的政策和法律制定有很大的影响力。[①]

五、巴西农业合作社的特点

从巴西合作社组织多年的实践经验中可以看出，巴西农业在长期的发展过程中，形成了独具特色的发展模式，这些发展模式对改造巴西传统农业结构，促进巴西农业现代化、国际化起到了积极作用。其主要特征如下。

（一）自愿原则

农业合作社实行入社自愿、退社自由的基本原则，加入农业合作社是成员的自我选择，合作组织的正常运作依赖于成员联合一致的集体行动。农业合作社的目标是为成员服务，以成员为导向。成员是农业合作社的所有者，同时也是农业技术及服务的推广者和使用者，农业合作社成员的“三位一体”性是其他任何农业社会化服务组织所不具有的属性。此外，合作社组织的成员构成具有同质性强、地域集中的特点。加入农业合作社组织的农户是从事相同农产品生产经营的同类农户，并且成员所在的区域相对集中，通常以同一村庄或相邻村庄为半径。合作社组织的成员对农业社会化服务的需求一致性程度较高，同时也有利于合作社组织以较低的运作成本开展服务，实现规模经济。

（二）投入与收益分配原则

巴西农业合作社不具有行政职能，而是非营利性的民营公司，公司实行

① 科技．以合作社组织推动巴西农业社会化服务［J］．科技致富向导，2012（28）．

股份制，每个社员的股份有数量限制，任何人不能超过总股本的1/3。合作社运营的盈余是根据每个社员在合作社交易的比例分配。法律还规定，合作社至少要将收益的10%留作储备金，用于应付亏损和发展生产，还要留下另外5%的收益给技术、教育和社会基金，用于推广农业技术，帮助有困难的公社社员及其家庭成员。

（三）条块结合的组织体系原则

“条”是指全国12个行业的合作社，各有自己的总部。“块”是指州和全国两级都设有合作总社。这两级是12个行业合作社的联合组织，不从事经营活动，主要任务是维护合作社利益、反映合作社意愿、协调关系、促进联合、提供培训和信息服务等，实际上是行业协会性质。

（四）农业合作社以专业性合作社为主

巴西的农业合作社是一个统称，实际上都是从事某一大宗产品生产的农民组成的专业合作社，如葡萄合作社、牛奶制品合作社、大豆合作社、咖啡合作社等。合作社实行生产、加工、销售一体化经营；如阿罗拉合作社由当地生产葡萄的1300户社员组成，从事葡萄的采收、储存、加工、深加工和销售业务，现有总资产8000万美元，每年鲜葡萄和葡萄酒的收益达4000万美元，产量约占全国葡萄酒的40%，产品销往30多个国家。

（五）巴西农业合作社组织覆盖面广

巴西农业合作社提供的服务较全面，有效帮助农户解决了许多生产经营中的困难，其提供的服务在农户所需要的服务中占了相当大的比例。这些农业合作社组织自成体系，有完善的规章制度和运作章程，明确地规定了合作组织的权利与义务。因此，在服务农户方面具有较高的效率。此外，以合作社为基础的农业产业化运作模式，使合作社组织成为农业生产经营者与市场进行有效沟通的纽带和桥梁，也是农业社会化服务体系中的一支重要力量，为促进巴西农业发展贡献了积极作用。

（六）提高城市化率实现农村的规模经营

目前巴西的城市化率为 81%，人口 1.86 亿，通过快速的城市化，大量农民转移到城市，使农村可以进行规模经营。

20 世纪 60~70 年代，巴西进行了规模浩大的城市化运动，农村人口转移到大都市，第一大城市圣保罗 1950 年人口为 250 万，1980 年达到 1350 万；现在已超过 2000 万。第二大城市里约热内卢人口由 290 万增加到 1070 万，目前也已超过 2000 万。巴西没有以大城市人口容量有限为理由，不让农民进城。虽然短期内产生了一些贫民窟现象，但在总统的治理下，我们过去所称的拉美化问题及贫民窟现象已得到很大的改善。

六、巴西农业合作社发展给我国带来的启示

（一）实行规模化经营

我国与巴西都是人口大国，但巴西农业借助机械化生产，农业生产率大大提高，已经基本实现了规模经营，这对我国有很大启示。一直以来，我国政府非常重视农业的规模化发展，在稳定家庭联产承包经营的基础上，在有条件的地方逐步推行土地承包经营权的流转。由此可见，规模经营是我国农业发展的必然趋势。

从巴西的实践可以得出，在人口众多的国家推行农业规模经营是可行的，关键是要达到较高的城市化水平，减少农村的剩余劳动力，并加快农村土地流转，使大量土地向农业经营大户集中，这是实现规模经营的必要条件。巴西农民数量较少，仅占全国人口的 1/5 左右，而且基本不存在兼业现象。但中国兼业农民数量庞大，农民工已达到相当规模，打工收入取代种植收入成为当前中国农民主要的经济来源。这是中国国情下劳动力转移的一种有效方式，有助于解决农村剩余劳动力的生计问题，促进农村土地资源集中。大量农民工也为城市发展提供了相对低价的劳动力资源，有利于提高城市化水平。因此中国应当适度提倡农民外出务工，为实现农业规模经营创造条件。

（二）积极开展国际和国内合作

要实现农业规模经营，必须改变个体经营的松散模式，通过行业组织加强农业生产者之间的联合。巴西设有全国农业联合会、农业企业协会及巴西农业合作社等组织，主要负责监控全国农业发展动态，收集农民对农业生产、贸易的意见和建议，为政府部门制定政策提供参考，向农民传授最新科技成果等。中国的农业协会和合作社起步较晚，已经建立的农业组织也存在管理不明确、运行不规范等问题。政府部门应积极引导农民组建农业合作组织，制定相应的法律和政策进行规范，帮助其不断扩大规模，并鼓励其跨地区发展。此外，在经济全球化、一体化的大背景下，任何一个国家的农业发展都与国际市场息息相关，因而必须加强国际合作。巴西农业以出口为主，不仅解决了国内农产品的销路问题，出口创汇又为改善农业生产条件提供了充足的资金保证。中国应立足国情，适当引进国外先进的农业管理经验、技术和人才，充分发挥中国农产品的比较优势，扩大农产品出口，培育境外农业经济增长点，不断提高农产品的国际占有率。①

第二节　阿根廷农业合作社

阿根廷共和国（西班牙语：República Argentina）是位于南美洲南部的一个联邦共和制国家。它是拉丁美洲面积第二大的国家，世界面积第八大国家。阿根廷受益于丰富的自然资源、高度受教育的人口、出口导向的农业部门以及多样的工业基础，因此在历史上有一个相对于其他拉丁美洲国家庞大的中产阶级，但在经历了一系列的经济危机后逐步萎缩。它是南美洲国家联盟成员。

① 娄昭，徐忠，张磊．巴西农业发展特点及经验借鉴［J］．世界农业，2011（5）．

一、阿根廷农业的现状

（一）阿根廷农业的基本情况

阿根廷物产富饶，全国大部分地区土壤肥沃、气候温和，适合于农牧业的发展，是综合国力较强的拉美国家。2009 年的人均 GDP 达到 7726 美元。

阿根廷的国土面积 278.04 万平方千米，可耕地和多年生作物用地 2720 万公顷（其中可耕地为 2500 万公顷，多年生作物用地 220 万公顷），占国土面积的 9.8%，长期牧场 14210 万公顷，占国土面积的 51.2%，农牧业发达，畜牧业占农牧业总产值的 40%。全国牲畜的 80% 集中在潘帕斯大草原。

阿根廷共和国位于南美洲东南部，被誉为“世界的粮仓和肉库”，世界主要的农牧产品生产国和出口国之一。阿根廷主要种植小麦、玉米、大豆、高粱和葵花籽等。灌溉面积为 169 万公顷，占可耕地面积的 6.8%。农业人口占总人口的 10%，农业劳动力占总劳动力的 9.4%。人均拥有耕地 0.76 公顷，每个农业劳动力负担耕地面积为 21 公顷。

（二）阿根廷农业的发展

早在西班牙殖民占领以前，阿根廷境内的土著——印第安人就已经开始从事农业生产活动。16 世纪末，阿根廷已有了小麦、稻谷、果树、棉花等农作物的种植和农产品的加工作坊。18 世纪，潘帕斯草原的肥沃土地和天然牧场日益受到重视，畜牧业得到较大发展。从 19 世纪 70~80 年代到 20 世纪 30 年代，阿根廷农牧业蓬勃发展，小麦、玉米等作物的种植面积成倍增加，同时，随着欧洲对畜产品需求的上升，养牛业和养羊业迅速发展。1878 年阿根廷开始出口小麦，之后农牧产品的出口持续增加。

1. 阿根廷农牧业生产情况

农业生产对阿根廷的国民经济具有重要的贡献。阿根廷每年粮食产量（含小麦、玉米、高粱等）4 000 多万吨，主要农产品还有油料、果仁、柑橘等以及蜂蜜、葡萄酒、牛肉、猪肉、家禽、牛奶和羊毛等。农畜产品年出口值近 240 亿美元，是世界最大的豆粉、豆油、葵花籽油、蜂蜜、梨和柠檬出口国，是玉米和高粱的第二大出口国，是大豆的第三大出口国，是小麦和牛肉的第五大出口国，年 GDP 达 2131 多亿美元，其中农业 GDP 约占 30%。

2. 畜牧业生产情况

阿根廷的畜牧业发达，以养牛业为主，同时还有养羊业、养禽业和养猪业等。目前，阿根廷牲畜存栏数：牛 5550 万头，绵羊 1400 万头，猪 425 万头，山羊 355 万头，禽类 1150 万只。阿根廷牛肉出口增长迅速，2004 年达到历史最高水平。其中，牛肉出口量为 54 万 6000 吨，贸易额为 9.26 亿美元；禽肉出口量为 9 万吨，贸易额为 8 千万美元。由于阿根廷是注射疫苗非口蹄疫区和非疯牛病疫区，成为高端肉类产品新的市场。在禽类和猪饲养方面，没有禽流感和猪瘟的困扰，为阿根廷进军新市场提供了无可比拟的优势。阿根廷出口的肉类当中，85% 是牛肉，其余肉类主要是禽肉、羊肉以及猪肉。但是，猪肉的进口量远远高于出口量。阿根廷诸类肉食当中，牛肉占有至关重要的地位。牛肉出口不仅是国民经济产值的重要构成部分，也是阿根廷的主要外汇来源。另外，近年来阿根廷的禽肉生产也在不断增长。

3. 农业生产对阿根廷的重要性

农业生产对阿根廷国民经济具有重要意义，阿根廷是世界上重要的粮食和肉类生产大国，虽然农业总产值在阿根廷国内生产总值中所占的比重仅为 5% 左右，但农牧渔产品及其加工品的出口占出口总额的 50% 以上。

（三）阿根廷农业基本特点

1. 农业净出口额较高

阿根廷是拉丁美洲唯一的谷物净出口国，居世界第 6 位。自 21 世纪初期以来，阿根廷一直是世界农畜产品出口的大国，农业仍是国家出口创汇的主要部门。农牧渔业产品及加工品的出口占全国出口总额的 60%。

2. 农业发展波动较大

“二战”后，农业发展很不稳定，增长速度也慢于巴西、墨西哥等国，特别是发生经济危机后，农业发展也受到了严重影响。

3. 农业在国民经济中的地位有所下降

20 世纪 90 年代以来，农业在国内生产总值中的比重逐年下降，但它仍是国民经济各部门中的一个关键部门，农产品出口依旧是外汇收入的主要来源。

4. 农业劳动生产率居拉美国家之首

20 世纪 20~30 年代，阿根廷已经开始大量使用农业机械，但农业增产主要还是通过扩大种植面积来实现。“二战”后，农业生产水平的提高则主要是依靠农业技术的进步。目前，阿根廷正处于农业机械化的高峰期。

5. 农业地区专业化和生产专业化初见成效

随着经济作物种植面积的扩大和多样化生产的发展，阿根廷农业逐渐向潘帕斯草原以外的地区扩展，农业生产的地区专业化趋势越来越明显，逐步形成了按地形、气候、农作物分布等特点划分的五个综合农牧业区：东北部高温高湿地区，主要从事水果、棉花和茶叶等作物的种植，还发展了林业和畜牧业；西北部干旱地区，是甘蔗、烟草和水果的主要产区；安第斯山区，在气候温和、日照充足的山间谷地和山麓地带发展了葡萄和其他水果的种植业；潘帕斯草原区，自然条件极为优越，是理想的农牧业生产基地，集中了全国 90%以上的粮食和油料作物的生产，畜牧业发达；巴塔哥尼亚高原区，着重发展了养羊业，是全国羊毛的生产基地。另外，生产环节的专业化也有很大的发展，如对牛的饲养，是按照不同的繁殖阶段由不同的农场在不同的地区分别进行的。

二、阿根廷农产品出口情况

阿根廷是世界重要的粮食和肉类生产大国，虽然目前农业总产值在阿根廷国内生产总值中所占的比重仅为 5% 左右，但农牧渔产品及其加工品的出口却占到阿根廷出口总额的 50% 以上。

2003 年农作物出口达到 159.81 亿美元，约为阿根廷总出口额的 54%。油籽类产品的出口占其所有农产品出口的 52%，而以豆油和豆粕形式出口的大豆约占油籽类产品出口的 90%。此外，在全国就业人口中，36% 的人从事农牧渔业生产、加工及其相关产业。

截至 2010 年，阿根廷国内农业和食品工业已生产价值约 1350 亿美元的产品，为全世界消费市场提供超过 10% 以上的食品。因此，农产品出口对阿根廷意义非凡。

阿根廷也是世界上主要牛皮、奶制品和羊毛的出口国。牛肉生产在阿根廷经济活动中占有重要地位，农牧业 GDP 的 35%~40% 来源于牛肉。2011 年阿根廷主要农产品及出口量见表 7–1。

表 7-1　2011 年阿根廷主要农产品产量及出口量

农作物	产量（万吨）	出口量（万吨）	占世界比重（%）
大豆	4250	845	17.9
玉米	2150	1350	2.5
小麦	1450	980	2.1
大豆油	716.5	429.5	17.1
食糖	201	20.5	1.2
牛肉	253	25.4	4.4

数据来源：产量和出口量来自美国农业部 FAS 数据库预测数据。①

阿根廷主要出口的农产品可从以下几个方面做详解：

（一）大豆

2007 年出口大豆 1202 万吨，价值 18.31 亿美元，比上年增加 41%，价值增加 65%。2011 年出口量占世界出口量的 17.9%。阿根廷还是全球最大的豆粕和豆油出口国，去年总出口也创下了 30 亿美元的纪录。阿根廷大豆大约 98% 属于转基因品种。中国是阿根廷最大的大豆消费市场，阿根廷出口的大豆 3/4 销往中国。阿根廷是世界第三大豆生产国。

（二）蜂蜜

中国是世界上最大的蜂蜜生产国，过去也曾经是最大的蜂蜜出口国，但是 2002 年以来，阿根廷的蜂蜜产品已经在国际市场上取代了中国的地位。阿根廷蜂蜜与中国蜂蜜多年来一直是国际市场上的老对手，过去因为中国蜂蜜在价格上有竞争优势，所以阿根廷蜂蜜产品总是屈居其后。

2002 年初以来，欧盟、美国、日本先后以抗生素残留超标为由限制进口中国蜂蜜，而欧盟和美国是全球最主要的蜂蜜消费区。中国蜂蜜遭遇“绿色壁垒”，为阿根廷等国的蜂蜜产品占领市场提供了机会。

2003 年，阿根廷蜂蜜出口增加了 40%，共卖出 70314 吨，价值 1.6 亿

① 张红玲，刘艺卓．阿根廷农业生产 / 贸易和政策分析［J］．世界农业，2012（9）．

美元，主要出口目的地为德国、英国、意大利、澳大利亚和加拿大，仅德国进口量为30845吨，价值6800万美元。阿根廷有2500名蜂农，95%的蜂蜜出口。

（三）食用油

1. 大豆油

2007年，加工大豆3623万吨，豆油产量696万吨。2011年出口量占世界出口量的17.1%。阿根廷豆油出口到50多个国家，印度、中国、孟加拉国为主要目的地国。阿根廷是世界第一大葵花籽油的生产国和出口国，技术先进，竞争力较强。

2. 葵花籽油

2007年压榨葵花籽306万吨，获得122万吨葵花籽油和131万吨葵花籽粕，70%的葵花籽油供应国外市场，主要出口目的地国为印度和伊朗。

3. 花生油

阿根廷生产的花生油几乎全部供出口，2007年的花生油出口量总计3.23万吨，主要出口目的地国为比利时和泰国。

4. 玉米油

阿根廷玉米油的加工一直处于非常稳定的状态，2001年产量3.2万吨，虽然只占阿根廷所加工植物油的1%，但根据加工量，阿根廷位居世界第10大生产国，玉米油主要出口目的地国为乌拉圭和俄罗斯。

5. 橄榄油

2003年阿根廷橄榄油生产量为1.8万吨，主要出口目的地国是巴西，占85%。

（四）马肉

阿根廷拥有世界上最大的马肉销售商。阿根廷每年生产5.5万吨马肉，销售额5000万美元，主要销往欧洲和日本，每年屠宰20万头马供出口。2003年阿根廷出口马肉34266吨，占全球市场的23%，全世界的年需求量为14.5万吨。世界主要马肉出口国有阿根廷、比利时、巴西和美国。

三、阿根廷农产品出口促进政策与措施

阿根廷农业在历史上很少得到政府的直接支持，至今阿根廷的农业几乎没有任何政府补贴。因此，市场化改革以来，阿根廷政府对农业的支持作用体现为农业松绑减负以及创造不断改善的外部环境。这是阿根廷农业政策与美国和欧盟农业政策最大的区别之处。

（一）发挥政府谈判作用

阿根廷政府在国际组织中致力于进一步减少影响农产品贸易的限制，并在 WTO 中建议加速削减关税和补贴。阿根廷相信，通过全球范围减少贸易壁垒能促进其农业增长，推动农产品贸易自由化是其目标之一。在国际谈判中发挥政府的作用就成为阿根廷政府帮助产业发展的一种新措施。阿根廷与南方共同市场、美洲自由贸易区，与欧盟、美国、墨西哥、智利、南非、中国等地区和国家一直有活跃而有效的会谈。政府间的经贸谈判由阿根廷外交部主管。

（二）改革口岸政策

口岸政策改革从各方面支持了农业的发展。首先，取消或降低出口税和各种检查费用的措施降低了农产品出口成本，而降低成本的直接效果：一方面给阿根廷提供了更大的农产品出口价格空间来应对国际竞争；另一方面直接提高了生产者和贸易商的收益。从 1994 年起，小麦、大豆等农产品的出口关税从 1989 年的平均占离岸价格的 30%~41% 下降到 3.5%。其次，取消或降低农业生产资料进口关税和进口限额，直接降低了农产品生产成本。

（三）改善运输系统

运输系统是制约阿根廷农产品国际竞争力的关键因素。所以，阿根廷把改善运输系统（提高运输效率和降低运输费用）列为重要项目。突出的措施是：①疏通河道，加深河床，使大吨位越洋货船直达内河，以降低运输费用和缩短运输周期。阿根廷 80% 的对外贸易都经过大的河流输出，如巴拉那河、乌拉圭河、巴拉圭河及拉普拉塔河等。②拓展运输路线和扩大服务范

围。③改造旧的运输系统，使其现代化。④提高服务质量。虽然这些工作不完全是为了农产品出口，但客观上对提高农产品国际竞争力起到了关键作用。

（四）不断提高农产品质量

1992年，阿根廷政府推出了生物技术促进政策。政府专门成立了农业技术研究中心，致力于开发高质高产的农业品种，目前阿根廷的大豆、土豆、棉花等农产品中，已经有相当一部分采用了转基因种子，其产量和抗病能力大大提高。由于单位产量的成本下降，市场竞争力明显提高，阿根廷大豆的出口量逐年上升。生物技术的另一个重点是研发无公害农药，鼓励发展有机农业。在一些水果种植和动物养殖方面，防病治虫是一个难以回避的课题，研究既能防止病虫害又不导致有害残留的药物成为当务之急。针对养蜂业，阿根廷研发了能为欧洲标准所接受的无害蜂药，从而解决了抗生素残留问题。此外，阿根廷还按照国际先进标准建立了一套自己的质量监控体系，不达标的不出口。经过这些努力，目前阿根廷的有机农产品出口量已经仅次于澳大利亚，占全球第2位，其中一些新鲜水果，如梨、柠檬、苹果等的出口量都居世界前列。阿根廷政府还制定了新的大豆质量管理标准。新标准将那些过早收获的“绿色大豆”的最大比例限制在10%。但当该比例超过5%时，买家就有权利获得每点0.5%的贴水。大豆损害粒的最大比例限制由以前的2.5%降到1%。新标准同时提高了高质大豆的价格。

（五）提供培训

向中、小生产者提供一些财务、社会、技术和组织支持，向农民提供利用期货市场的咨询支持，以期农民利用现代交易手段来规避市场价格风险。[①]

（六）出口汇率支持

为满足阿根廷国内市场需求，减轻阿根廷国内的通货膨胀压力，2008年阿根廷根据国际市场价格的变化对农产品实行出口浮动汇率。[②]

① 阿根廷农业概况．中国商品网（信息来源：驻阿根廷经商参处），2008-05-08.

② 张红玲，刘艺卓．阿根廷农业生产/贸易和政策分析［J］．世界农业，2012（9）.

四、阿根廷发达的农业对我国的启示

通过前三节的分析，阿根廷的农业如此发达与农民主体性得以发挥是离不开的。因此，我国农业想要发展需要充分调动农民的积极性和主动性。

公民不仅要树立爱农、重农的思想，还要主动提高自己的能动性。政府不仅要从宏观上引导和支持农民合作社的发展，还要通过加强农民的教育来提高全民的能动性，进而最终增加农民的收入，促进全民经济的发展。[①]

① 李双晶. 阿根廷农牧业发达的原因及其对我国的启示［J］. 全国商情·理论研究，2012（43）.

第八章 亚洲农业合作社

第一节 日本农协

日本国土面积37.78万平方千米，人口1.26亿（截至2013年3月底）。日本只有12%的土地是可耕地，日本因耕地面积有限导致农村无法实现土地的规模经营，为了弥补此缺点，日本使用系统化耕作零碎地，使得日本有世界最高的精密农业成果也就是单位土地产量世界第一。日本农业的生产与发展得益于日本的农协，即日本的农业合作社，也可被译为“日本农业协同组合”。

一、日本农协的简介

（一）日本农协产生的原因

日本是典型的人多地少的国家之一，同时由于自然环境因素的影响，作为一个山多、平原少、耕地少且分散的小农制模式的国家，日本的农业经营以细小和分散的农户为单位。因此，农业生产受到束缚，而为了解决农业的生产和发展，日本农业以家庭为单位实行小规模经营。在日本农业的发展过程中要得益于日本别具特色的农业合作社——日本农协，它的快速发展和有效运作，日本经过战后几十年的快速发展，实现了农业现代化。

（二）日本农协的特色

日本农协发展到现在，具有一定的特色，主要表现在：第一，日本农协遍布城乡、由农民志愿联合、自成系统；第二，日本农协成为服务于农户、农业与农村的综合性服务体系；第三，日本农协业务广泛。其中日本农协的业务包括对农业技术和农业经营的指导，生产资料、生活资料的购置，农产品的加工储存和销售，直至储蓄、信贷、保险、医疗、旅游、观光、文化娱乐等，几乎涉及农民从生产到生活的一切方面。①

日本农协经过多年的发展，已成为世界上公认的“最成功的农业合作经济组织形式”之一。现在的日本农协已得到日本全民的一致认同，并为日本农业的发展起到支撑作用。

二、日本农协的发展历程

（一）日本农协“二战”前的发展

日本农协的发展并不是一蹴而就的，而是经历了很长的发展阶段才得以发展成为现在的规模与组织。

1868 年，日本掀起了明治维新运动。日本从此成为半封建、半资本主义国家。也在此时，日本开始向西方学习先进的社会生产和管理经验。

1900 年（明治 33 年），日本政府颁布了《产业组合法》，该法案明确日本政府对合作组织予以扶持和鼓励，是日本历史上第一部关于合作社的法律。

1920 年，日本受到经济危机的影响，农业生产和产业组合均受到严重冲击。

1925 年起，日本政府持续开展了“产业组合刷新运动”，还成立了“全国购买组合联合会”“大日本生丝销售组合联合会”以及“产业组合中央金库”等具有全国性质的系统组织。

1929 年，日本政府为了应对由世界性经济恐慌所引发的农业恐慌，积极组织配套实施了“农山渔村经济更生运动”与“扩充产业组合五年计划”。

1933 年，日本的产业组合进一步发展扩大，出现了“全国稻米销售购买组合联合会”“全国产业组合制丝联合会”以及“大日本柑秸销售联合会”。

1933—1936 年，这一阶段是日本产业组合发展的黄金时期，在这段时期

① 陈柳钦．日本农协的发展历程、组织、功能及经验［J］．郑州航空工业管理学院学报，2010（1）．

内，日本出现了“反产运动”，但日本的产业组合仍然得到了快速扩展。

1937 年，日本发动全面侵华战争。日本的产业组合在战时阶段由原有的“自主协同”作用，发展成为肥料、稻米等重要生产、生活资料的专营机构。

1943 年，日本出台了《农业团体法》，日本政府通过对农户实施强制性加入方式，把产业组合改组成为统治性的经济团体——“农业会”，由日本政府统一对农产品进行收购和分配。正因为如此，“二战”结束之初，“农业会”被美国视为军国主义性质的组织而加以取缔，这种状况一直持续到 1947 年农协法制定（这中间的 4 年，可视作农业合作社发展的空白时期）。[①]

（二）日本农协“二战”后的发展

第二次世界大战后，驻日美军对日本封建土地制度进行了改革，广大农民获得了土地并开始独立的家庭经营，由于农业在第二次世界大战中遭到严重破坏，加之战前日本的农业协作团体“农业会”被作为战时国家管制团体遭勒令解散，为尽快振兴农村经济并稳定土地归农民所有的状态，日本政府谋求建立替代“农业会”的新的农业合作社。[②]

1. 日本农协的成立

1947 年，日本政府颁布了《农业协同组合法》，该法案为日本农协的建立提供了法律依据，自此，日本农业合作组织在日本全国范围内以“农协”的形式得到恢复与发展。因此，日本农协在 1947 年正式成立。

日本政府颁布的《农业协同组合法》中指出，日本农协的宗旨是：一要促进发展日本农民的合作组织；二要提高日本农业生产力和农民在社会上的经济地位；三要促进日本国民经济的发展。[③] 按照《农业协同组合法》的这一宗旨，日本农协表现出四个方面的特点：一是农民出资；二是农民管理；三是农民利用；四是农民享受。日本农协的建立对日本农业的发展起到极其重要的作用，主要表现在：一是缓和社会矛盾；二是保护小农和小工商业者的

① 陈柳钦 . 日本农协的发展历程、组织、功能及经验［J］. 郑州航空工业管理学院学报，2010（1）.

② 刘文斌 . 美日农业合作社发展经验及对中国的启示［J］. 辽宁大学学报（哲学社会科学版），2013（2）.

③ 陈柳钦 . 日本农协的发展历程、组织、功能及经验［J］. 郑州航空工业管理学院学报，2010（1）.

经济利益；三是加强中小产业者自立互助的产业组合。

2. 日本农协的发展

日本农协从1947年建立到1950年，在日本全国各地建立起了各级农协组织，基本上全部完成了农协的建设工作。在基层农协的建设中，有99%以上的农民都加入了农协组织，建立的基层农协组织更是高达4000个。基础农协将农民与组织紧密结合，为提高日本农民的收入做出不小的贡献。

1955年，日本政府在全国各地开始开展“农协综合事业计划运动”。

1956年，日本政府在法律上为了进一步加强对日本农协的保护与支持，制订并颁布了《农业整建措施法》，该法案的出台使得日本各级农协在经营上的发展趋于稳定。

1957年，日本政府组织并开展了“农协刷新扩充3年计划运动”，该计划运动的目的：一是为了应对日本农业与农协面临的条件逐步恶化的状况；二是日本政府为扩大农协的事业范围做出引导。

1960年，日本农业中央会发动“农协体质改善运动”，此次运动以改善农业经营计划、强化联合会协同体制与专业组织活动为目的，不仅对日本农协组织的改革，还对日本农协事业的充实起到了重要作用。

1961年，日本制定并出台《农业基本法》，目的之一就是“培育自立经营与促进协作”。同时还公布了《农业协同组合合并助成法》，推动了全国各地农协的大规模合并，农协数量很快就由1960年度的28896个，锐减为1964年度的23846个。[①]

20世纪60年代以来，为应对国际农产品市场的竞争和国内产业结构带来的变化，日本政府和农协通过对亏损严重的小型农协进行大规模合并、增加社员投资、广泛吸收非农业户或兼业农户参加农协以及实行经营多样化和服务一体化等措施，对基层农协进行了改革与调整，推动了农协的极大发展，到目前为止，日本农协已发展成高度一体化、现代化，具有综合特色的农村社会化服务体系。[②]

---

① 陈柳钦．日本农协的发展历程、组织、功能及经验［J］．郑州航空工业管理学院学报，2010（1）．

② 刘文斌．美日农业合作社发展经验及对中国的启示［J］．辽宁大学学报（哲学社会科学版），2013（2）．

三、日本农协的组织模式

（一）日本农协的组织形式

日本农协从 1947 年建立到现在，经过 70 多年的发展，现已成为世界上结构十分完善的组织，是按照一定的行政等级组织的，分为三大层次，包括基层农协、县级联合会和全国农协联合会。

1. 基层农协

日本的基层农协是以市、町、村（相互间行政级别平等）等行政区域为单位组成的组织，直接面对农户，以农户为社员。日本的基层农协依据经营业务范围的不同，分为综合农协和专业农协两类，其中综合农协占主导地位，并分布在日本全国各地。

（1）综合农协。日本综合农协以某个地区为基础，并以该地区从事农业生产的人组成的组织，主要表现为两个方面的特点：一方面给予综合农协成员农业经营和日常生活指导；另一方面经营范围极广，其业务包括多个农业生产部门。综合农协主要涉及的业务包括：①农用物资供应、农产品加工销售、生活资料供应；②信贷、储存、保险、房产信托；③住宅建筑、文化娱乐；④医疗保健以及婚丧嫁娶等。

因此，日本综合农协为成员提供多方面的指导，最为适合成员进行多方面经营的现状。

（2）专业农协。日本专业农协是由特定的农业生产者组成的组织，专营某项业务或某一特定业务，因此日本专业农协不限在区域内，规模小，数量多。专业农协主要涉及的业务有养蚕、果树、园艺、饲养业、园艺业以及运输、牧场管理、农事广播等。

2. 县级联合会

以基层农协为团体会员组成都道府县级组织就是县级联合会。日本的县级联合会相当于中国的省级部门，为基层日本农民的生活和生产提供服务。

3. 全国农协联合会

全国农协联合会由基层农协和县级联合会入股构成，即由县级联合会为会员，组成全国联合会，因此上一层级的农协对下一层级的农协进行一定的管理与指导。其职能是跨县协调各县农协的经济活动，是全国农协的最高代表。

（二）日本农协的主要职能

日本农协对农民提供的服务是全方位的，既包括农业产前、产中、产后的全过程服务，也包括农民日常生活方方面面的服务。[①] 具体可以概括为以下5个方面。

1. 指导生产

日本的农协为了加强对生产的指导，专门设立农业指导员，对农协成员在生产、经营、生活和管理4个方面进行指导。通过农协对成员的各种指导，帮助成员解决实际生产中遇到的问题，使得农业生产向专业化和标准化的方向发展。

2. 生产资料合作购买

日本农协的社员向基层农协预定商品，基层农协再向县级订货，最后统一由日本农业购销联合总会与生产厂家交涉，最终争取到优惠的价格折扣。基层农协起到了降低生产资料价格、节约农民的生产成本的作用。

3. 销售农产品

日本农协直接参与到农产品的销售环节。农协将农户生产的农产品集中起来，利用自己庞大的组织系统，进行统一销售，不仅可以增加销售量也可以提高效率。

4. 加工农产品

日本农协为了可以在农产品的销售中提高附加价值，建立了一批挑选、加工、包装厂等机构，对农产品进行加工，最终可以提升农产品的附加值。

5. 信用合作

日本农协不以营利为目的，以较高的利率吸收农家存款，并以优惠条件向农民发放以中长期为主的贷款，最大限度地满足农民对资金的需求。[②]

日本农协参与到农民生活的各个方面，其职能是全方位的，同时也具有浓重的社会组织色彩。

---

① 欧继中，张晓红．荷兰和日本农业合作组织模式比较与启示［J］．中州学刊，2009（5）．

② 刘颖娴．法、美、日的农业合作社概况及其产权安排［J］．重庆工商大学学报（社会科学版），2008（4）．

（三）日本农协的管理运营

1. 实行民主管理

日本农协是农民自己的组织，是民办—民管—民受益的模式。日本农协采用"一人一票"制的管理方式，以便充分发挥组合员的民主权利，如日本农协最高权力机关是社员大会或社员代表大会，农协干部由社员大会选举产生，表决权实行"一人一票"等。日本农协成为不以营利为核心，而是增加社员之间的共同利益的组织。

2. 建立监察员制度

监察员制度能够深入各地对日本农协的财务方面等的活动进行监督管理，以此来保障农协的健康发展。

3. 社员教育方面

日本农协在社员的教育方面主要有三种方式：①日本农协中央会编辑出版有大量关于农协的报刊和书籍；②日本农协经营广播、电影事业；③农协组织多种科学文化活动。

4. 有着较强的官办色彩

日本的农协对政府存在很大的依赖性，具有作为国家实施农业政策的一个辅助机构的性质，从农协的资金来源上来说，政府的资金支持是一个很重要的部分。《农业协同组合法》明确规定，政府在每年的年度预算中，应当给予农协以中央事业经费补助。①

（四）日本农协的性质

日本农协从 1947 年建立到现在，经过 70 多年的发展，不断完善也不断强化，并且对其自身也有了明确的社会经济定位。日本农协一方面具有企业的性质，另一方面又具有群众团体的性质。

1. 农协具有企业性质

农协具有企业性质的原因主要有：一是农协的经营管理等业务基本上是依照企业经营的法律规范来进行的；二是农协通过自身的经营活动为农协社

① 欧继中，张晓红. 荷兰和日本农业合作组织模式比较与启示［J］. 中州学刊，2009（5）.

员提供服务。

2. 农协具有群团性质

日本农协作为一个经济实体，虽然具有企业性质，但是它还具有群团性质。主要因为：一是农协不仅代表农民的利益向政府提出意见和建议，而且对农民从多方面进行指导，介入农业生产和生活全过程；二是农协的宗旨是为农民服务，而不是为了赚取利润；三是农协的盈余依照组合员和农协的业务多少、规模大小，按比例返还给组合员，并且股金分红要受到限制。①

四、日本农协与日本政府的关系

（一）日本农协的最大特点是与政府关系密切

日本农协与政府之间是一种相互依赖和相互利用的关系。日本农协的发展离不开日本政府的扶持，日本农协也正是在日本政府的大力扶持下才发展成为今天庞大的系统组织，实际上，日本农协已经成为日本政府处理有关农业事务的代理人之一。日本农协既是农村的合作经济团体，同时也是执政党在农村的社会基础，又是日本政府农业政策在农村的执行者和协作者。②

主要表现在以下两个方面：

第一，日本农协是第二次世界大战后在日本政府的一手扶持下建立起来的，日本政府给予了农协大量的支持和帮助，在发展过程中也一直受农政当局的培育，可以说日本的农协大部分是在政府倡导、扶持下组织起来的。因此，日本政府对农协的干预比较大，政府不仅对农协有较大的领导权，而且农协组织的发展在很大程度上也是按政府的规划进行的，农协成为政府各项农业政策的实际执行者。③

第二，日本政府给予日本农协的各种援助，以及日本政府的支农资金，大部分是通过农协投放的。

---

① 万红先，段金朝．美日农业合作社的发展对我国的启示［J］．安徽广播电视大学学报，2010（1）．

② 万红先，段金朝．美日农业合作社的发展对我国的启示［J］．安徽广播电视大学学报，2010（1）．

③ 万红先，段金朝．美日农业合作社的发展对我国的启示［J］．安徽广播电视大学学报，2010（1）．

（二）日本政府对农协的扶持政策

日本农协的发展，与日本政府的支持是分不开的。日本政府对农协的扶持政策最明显的就是颁布了《农业协同组合法》，该法案明确政府的作用主要为：一是在组合成立或合并时给予批准；二是对信用事业等事业规章给予承认；三是接受监督方面的报告并实地检查；四是日本政府发布命令；五是取消决议和干部选举；六是与成立等登记有关的事务及组合解散、合并时的司法处理。

此外，日本政府采用直接财政补贴、税收减免、金融准入等方式支持合作协会发展。例如，2010 年千叶绿色农协专务理事实川和彦指出："日本政府对农业提供了巨额财政信贷支持，农协比其他法人纳税率低 10%。农协可以根据市场情况有计划地规模出售农产品，保证农民在高价位卖出农产品。"

五、日本农协对我国农业合作社发展的启示

（一）政府对农业合作社的支持

政府是日本农协得以发展的强力支撑，日本农协从小到大，从弱到强，成为亚洲乃至世界上最为成功的农民经济合作组织，是与国家对农协的法律保障，政府对农业的大力支持分不开的。[①] 所以我国要加强对农业合作社的支持力度，不仅要为农业合作社提供强硬的法律保障，也要为农业合作社的运行提供良好的社会和资金环境。

（二）广泛吸收社员并保持联系

日本农协组织中最具特色的"准会员制度"，吸引了许多未正式加入协会，但是与协会经营发展联系较为紧密的团体和个人。这样充分调动广大农民的积极性，发展生产，实现规模经济，壮大合作社的实力，同时保证了农业协同组织扎根地区、稳定运作、丰富事业量，同时打开组织发展的多条途

① 陈柳钦．日本农协的发展历程、组织、功能及经验［J］．郑州航空工业管理学院学报，2010（1）．

径，最大限度地利用各种资源为组织发展服务。[①]

（三）设置合理的组织结构

从1947年建立到现在，经过70多年的发展，日本的农协组织已经形成了一套十分完备的组织体系和运行模式。从最高权力机构总会到选举产生的理事会、理事长、监事会参与以及下属的各个机构部门都十分完备，保证组织各项工作有序开展。[②] 所以我国要想保证农业合作社高效有序地运行就需要设置合理的组织结构。

第二节　韩国农业合作社

20世纪60年代以来，韩国政府实行了“出口主导型”开发经济战略，推动了韩国经济的飞速发展，创造了举世瞩目的“汉江奇迹”，跻身成为“亚洲四小龙”之一。

1997年，亚洲金融危机后，韩国经济进入中速增长期。2008年9月金融风暴后，韩国一度被认为可能要步冰岛后尘，成为世界上第二个破产的国家。但不到一年，局势就发生翻转，韩国竟成为OECD 30个会员国中复苏最快的。代表先进国家俱乐部的OECD，第二季平均成长率正好是0%，而韩国2009年首季经济成长率0.1%，第二季达到2.6%，第三季更达2.9%。2010年，韩国人均国民所得突破21640美元。目前，韩国是世界第7大出口国和第9大进口国。

一、韩国农业合作社的发展概况

（一）韩国农业合作社的发展

韩国作为一个新兴的发达国家，不仅重视工业经济的发展，还重视农业

① 刘颖娴.法、美、日的农业合作社概况及其产权安排［J］.重庆工商大学学报（社会科学版），2008（4）.

② 崔馥娟，田书芹.中日两国农业合作组织的比较研究［J］.农场经济管理，2009（1）.

经济的发展。农业合作社就是韩国重农兴农的一大模式。

1961 年 7 月 29 日，韩国政府颁布了韩国历史上第一部《韩国农业协同组合法》，这部法案成为韩国农业合作社产生的标志；1969—1981 年为韩国农业合作社发展的调整阶段；1982 年至今为韩国农业合作社发展的成熟阶段。1999 年 9 月 7 日韩国又颁布了第二部《农业协同组合法》，该法中关于农村金融的规定从 2002 年 7 月 1 日开始实行。[①]

（二）韩国农业合作社的组织架构

韩国是一个典型的人多地少的国家，且其耕地面积少，大多数农户为个体农业且分散，然而如此小规模的农业如何在日益激烈的世界农产品竞争中发展、取胜，这就导致韩国的农民希望通过组成农业合作社达到其目的，这也是韩国的农民之所以建立农业合作社的初衷。[②]

韩国农业合作社一共经历了 3 个变化发展阶段：一是 1961—1968 年初创阶段；二是 1969—1981 年调整阶段；三是 1982 年至今成熟阶段。在这 3 个不同的发展阶段，韩国农业合作社组织体制有了很大变化。

目前，韩国农业合作社组织体制主要包括 3 个部分：一是农业合作社社员；二是基层农业合作社；三是农业合作社中央委员会。

1. 农业合作社社员

韩国的农业合作社作为农业合作的基础，是根据农民意愿建立起来的。而加入韩国农业合作社的社员，主要有两个方面的要求，一是必须为居住或者户口在本地区的农民；二是需缴纳一定的出资金，其标准因社而异。

韩国农业合作社的社员中准社员是指居住在本合作社区域的农业团体或企业法人。准社员不需缴纳出资金，但需缴纳“入社金”。

2. 基层农业合作社

韩国的基层农业合作社包括：①地区农业合作社；②地区牧业合作社；③专业农业合作社；④专业合作社联合会等。韩国的农业合作社一般以行政区域或经济协作区为中心组建，因此，在农业合作社名称上需冠以其所属的地区名称。所以，在韩国同一地区内不得建立两个或两个以上的农业合作社。

---

① 申龙均 . 试论韩国农业合作社［J］. 吉林市经济管理干部学院学报，2001（1）：52-53.

② 李保平 . 农业合作社是韩国重农兴农重要模式［N］. 东方城乡报，2013-3-14（B06）.

3. 农业合作社中央委员会

韩国农业合作社的中央委员会是以合作社为其会员的全国性合作组织，并以促进合作社的健康发展为宗旨，在韩国的首都设有主事务所，各道（省）分设支事务所。①

二、韩国农业合作社的基本原则

韩国的农业合作社作为农业合作的基础，是根据农民意愿建立起来的，其组织原则主要包括以下六个方面。

（一）入社退社自由原则

韩国的农业合作社实行自由原则，成员可根据其经营的实际，自由加入或者退出，并不受其拥有资本多少的限制。

（二）民主管理原则

韩国农业合作社实行“一人一票”制的民主管理，而且合作社不是资本的集合。

（三）盈利公正分配原则

韩国农业合作社对其社员提供服务，因此不产生利润，但对外实行企业经营，以营利为目的。农业合作社盈利实行按社员拥有合作事业的份额比例公正分配原则。

（四）利息受限原则

韩国的农业合作社为了吸引社员出资，增加公共积累，最终达到扩大经营规模的目的，而实行利息受限原则，即合作社社员出资的利息一般低于市场利息。

---

① 李保平，钱晨祎．说说韩国的农业合作社［J］．群众，2012（11）．

（五）教育培训原则

韩国农业合作社的教育机构，除中央教育学院外还设立了6个教育院校，形成以农协大学、农协中央教育学院和农村生活指导院为骨干，以各地教育院校经营的技术培训支援团为分支的全国农业职教体系，用来进行农产品流通、金融信贷、组织管理、新型农技等知识培训，提高合作社成员的素质和能力，①此外，还利用报刊、广播、电视、互联网等教育手段。②

（六）合作社间协作原则

韩国合作社的协作原则主要包括两个方面，一是农业合作社社员之间相互合作；二是农业合作社之间也实行平等互利的协作。这对于提高农业合作社整体的经济和社会地位是不可缺少的。它还延伸到国际间的农业合作社协作，如参加国际合作社联盟。

三、韩国农业合作社的特点

（一）自上而下的组织模式

韩国农业合作社的组织模式是自上而下的。首先，在韩国政府的指导下，建立韩国农业合作社中央委员会；其次，建立相应的区域性、地方性合作社。同时，韩国的农业合作社会相应地受到韩国政府的监督和指导。

韩国政府认为农业合作社的发展对其整个国家的发展非常重要，因此韩国政府认为坚持重视农业合作社就是重视农民、扶持农业合作社就是扶持农业、发展农业合作社事业就是发展农村经济的强国富民理念，并从法律保障、经济资助和税收政策等方面给予农业合作社积极有效的扶持。随着农业合作社社员文化程度和思想觉悟的提高，政府逐渐放松对于农业合作社的管理，逐步实现农业合作社发展的市场化经营。③

---

① 申龙均．试论韩国农业合作社［J］．吉林市经济管理干部学院学报，2001（1）．

② 李保平．农业合作社是韩国重农兴农重要模式［N］．东方城乡报，2013-3-14（B06）．

③ 孙亮．美国、韩国、印度的农业合作社发展研究［J］．世界农业，2013（2）．

（二）综合化服务

韩国农业合作社为社员的生产和生活提供综合服务，主要涉及：①生产到生活资料供应；②农产品收购、加工、销售；③信贷保险；④技术信息化服务；⑤社区文化生活、教育娱乐服务和设施公共利用；⑥社会保障和教育培训等服务。这种综合化的生产模式使得农民同农业合作社紧密联系在一起，结成真正的经济利益共同体，农民从合作社得到实惠，农协也在为农民服务中得到发展。

（三）两级组织型

韩国自 1981 年起实行基层合作社、合作中央会的两级组织体制，这项体制有利于中央会“一竿子插到底”，直接听取基层意见、改进工作、减少中间环节、多为基层组织及其社员办他们所需的实事。[①]

（四）同政府合作型

韩国中央农业合作社社长 1989 年前由总统任命，后改由选举产生，但仍参加政府 12 人经济部长会议，中央合作社向政府反映农民的要求，维护农民的利益，同时保证政府农业政策贯彻落实。[②]

（五）提供农业方面的金融服务

韩国没有农业银行，相应的也就无法进行农业方面的金融服务。韩国的农业合作社在资金支持下可以开展更多的服务项目，建立自有的农产品加工企业和物流企业，不仅可以帮助农民直接销售农产品，还可以由农产品加工企业进行收购，赋予其一定的附加产值之后，再依托物流的便利性把农产品销售到全国各地。

---

① 申龙均 . 试论韩国农业合作社［J］. 吉林市经济管理干部学院学报，2001（1）.

② 李保平 . 农业合作社是韩国重农兴农重要模式［N］. 东方城乡报，2013-3-14（B06）.

四、韩国农业合作社的主要作用

（一）开展金融业务

依照韩国农业法的规定，韩国没有农业银行，因此无法开展农业方面的金融服务。但是，韩国的农业合作社却可以在政府的授权下进行农业方面的金融业务，主要包括：①社员存取款；②发放债券；③从事贷款票据贴现；④债务担保；⑤受理国家对农业方面的支持；⑥国内汇兑交易；⑦引进国内外资本和农业保险等。

目前，韩国的农业合作社已发展成为韩国的第二大金融中心，成为韩国的专门金融机构。

（二）提供社会保障

韩国农业合作社为社员提供的社会保障主要包括两种方式：第一，农业合作社办理社员的农作物火灾、财产、人生等保险；第二，农业合作社为社员提供文化教育、红白喜事、保健养老等社会保障服务。因此，韩国农业合作社发展到现在，已承担了农民的生产生活和生命财产的全部保险。

（三）负责销售产品

韩国农业合作社为社员服务的重要内容之一就是负责销售社员的农产品。韩国的农业合作社通过在大、中型城市设立农产品批发市场和综合市场，加快农产品的流通。

（四）统一采购物品

韩国农业合作社统一采购物品，主要通过两种方式：①农业合作社及中央委员会统一采购化肥、农药、农机具等使用生产资料；②通过农业合作社自办的连锁店经营农村日用工业品，以低于市场价出售给社员。

（五）建好基础设施

韩国农业合作社不断加强大中型农业机械、运输车辆、仓储等生产流通设施建设和文化教育医疗生活福利设施建设，以满足社员对生产和生活的要求。

（六）提高农民素质

韩国合作社在发展的过程中十分重视普及生产经营技能教育，坚持一方面将学习合作社的知识和学习农业知识结合起来；另一方面将室内学习和室外实践结合起来。通过对社员的培训，不断提高社员的生产技术和素质，从而降低农产品的生产成本，最终提高社员的收入。

（七）传播适用资讯

韩国农业合作社建立了韩国的全国计算机信息网络，并与韩国的政府部门和社会机构联网，为合作社社员的生产经营提供及时、准确、方便的科技、市场和经营管理的信息服务。[①]

五、韩国政府对韩国农业合作社的支持

韩国农业合作社的发展离不开政府的支持，而且韩国的政府也十分重视韩国农业合作社的发展，主要表现在以下四个方面。

（一）提供思想指导

韩国政府不是把农业合作社看成单纯的商业组织，而是视为连接农民与政府的桥梁和纽带。韩国政府坚持重视农协就是重视农民、扶持农协就是扶持农业、发展农协事业就是发展农村经济的强国富民的理念。

（二）提供法律保障

韩国政府早在 1961 年 7 月 29 日就颁布了第一部《农业协同组织法》，该法案明确了农业合作社在韩国的合法地位，确保农业合作社在韩国境内受到法律的规范和保护。此后，为了更好地维护日本农民的经济利益，增强合作社市场竞争力，韩国政府后来又多次修订和完善《农业协同组织法》，并进一步厘清了韩国基层和中央两级合作社的性质、目的和职能，还进一步加强了

① 李保平 . 农业合作社是韩国重农兴农重要模式［N］. 东方城乡报，2013-3-14（B06）.

对韩国农业合作社的监督和罚则。

（三）提供经济资助

政府通过农业合作社对农田基本建设的低息贷款（与市场利息的差额由政府补贴），对农业生产的各种补贴，对农民购买农业机械的资助等具体扶持办法都通过农业合作社去实施。农业合作社的服务设施也得到政府的大量资助，对其经营范围和经营渠道更是大开绿灯。

（四）提供优惠的税收政策

韩国政府对韩国农业合作社以税率优惠的条款。一方面，在韩国，一般企业法人税是 20%，而农业合作社只缴 5%；另一方面，一般企业在韩国境内的增值税是 10%，而农业合作社的加工企业和商店等无须缴纳增值税。农业合作社社员的股金分红不纳税，在银行存款 2000 万元以下的部分不缴纳利息所得税。①

六、韩国农业合作社给我国带来的启示

（一）加强综合型农业合作社的建设

我国是农业大国，而我国的合作经济组织建设迟缓了一些，应引起有关部门的重视。在发展我国农业合作组织的建设上，不仅要重视专业型合作社的建设，还要更加关注以农村综合开发建设为特征的综合型合作社的建设，就目前来讲，综合型的农业合作社更适合我国农业的发展。

（二）加强农业合作社的建设，保护农民的利益

为了更好地保护农民的利益，确保农民的收入不受影响，我国可以向韩国和其他国家学习农业合作社的经验，建立一个稳定、高效的农业合作社，这样既有助于完成相关的国家和地方农业发展计划，还可以通过规模经济提高农民的收入。

---

① 李保平，钱晨祎．说说韩国的农业合作社［J］．群众，2012（11）．

（三）工业反哺农业，加大对农业的投入

韩国政府采取积极的措施，发动了“新农村运动”，以工业反哺农业，提高农民的收入，工农差别被消除。我国由于长期采取农业发展支持城市发展的策略，造就了我国现在的典型“二元”经济结构。但是随着我国经济的快速发展，我国的工业也有能力反哺农业，因此为了切实从根本上提高我国农产品的竞争力，我国必须加大对农业的资金投入力度。这样一方面可以促进农业的稳产并可增产，确保我国的粮食安全；另一方面可以有效地运用 WTO 中的“绿箱政策”，通过国家对农业基础设施的投资来提高农产品的竞争力，从而增加农民的收入。①

第三节　印度农业合作社

印度的国土面积 320 万平方千米，人口为 13.5 亿，是世界上仅次于中华人民共和国的第二人口大国。印度作为农业大国拥有丰富的土地资源，可耕种的土地面积居亚洲第一，约占世界可耕地总面积的 1/10，人均耕地面积为我国的 2 倍，是世界上最大的粮食生产国之一，2014 年粮食总产量达到 2.63 亿吨。据欧盟报告，目前，印度已成为农产品净出口国。

一、印度农业合作社的起源

印度自 1904 年成立第一个合作社，历经 110 多年的发展，已经形成了世界上最大的农业合作组织体系。截至 2012 年底，印度全国共有 54.53 万个合作社组织，拥有 2.49 亿户成员，总运营资本 286.643 亿卢比（100 印度卢比约合 9.94 元人民币，2015 年），覆盖全国 100%的村庄，2/3 以上的家庭。农业合作社已经成为印度农业生产最基本的形式，对印度农业发展起着不可替代

① 强百发，黄天柱．韩国农业支持政策及其启示［J］．吉林工商学院学报，2008，24（5）．

的作用。

（一）1904 年的《信贷合作社法》标志着印度农业合作社的兴起

1. 印度农村的传统

在古代的印度农村，大家就非常注重相互合作和依赖。早在孔雀王朝初期，《*Economic problems of Indian agriculture*》一书中这样写道："任何没有合作想法的人都将会费力不讨好，劳而无获。"

在古代的印度，就有村社的存在。村社作为一种合作形式的实体，其实在印度封建社会时期就已经存在，但是却受到封建地主的控制，不过村社在管理上实行相互合作、共同负责的原则。村社里的公共安全和生活中的大事，都在所有村民的合作下进行，村社发展为具有现代形式的合作社并大量出现，由此形成一种运动始于 20 世纪初。这场运动不断地发展、壮大，最终得到了印度政府的认可，印度合作社也从此得到了真正意义上的普及。

2. 信贷合作社法

印度的合作运动是从信贷领域开始兴起的。农村高利贷作为一种特殊的民间借贷早在村社内部出现分化时就出现了。农民（高利贷的债务人）为了生存和不能支付地租时，只能向地主、商人和职业高利贷者（高利贷的债权人）获取贷款，承受高额利息。到 20 世纪初，高利贷在农村的发展非常泛滥，加之印度正处于十分严重的饥荒之中，农民的生活困苦不堪，印度的农业生产濒临崩溃。据饥荒委员会 1880 年公布的数据显示，有 2/3 的农民深陷负债泥潭不能自拔，严重阻碍了农业现代化的进程。在此背景下，当时的英国殖民政府为了恢复农业生产，便于 1904 年通过了《信贷合作社法》，目的是完善农村的借贷方式，促进农民以合作、自助的形式提供生产资金，并使他们摆脱高利贷商人的残酷剥削。《信贷合作社法》规定城市和农村可以建立各种形式的信贷合作社并认同其法人身份，同时还规定信贷合作社成立和税收方面的优惠政策，该部法律的颁布拉开了印度合作社发展的序幕。

（二）印度农业合作社的发展

1.《信贷合作社法》的推动作用

随着印度《信贷合作社法》的颁布，在合作运动的最初时期，合作社迅速发展并在全印度得到普及。1906—1907 年度，合作社仅有 843 个，社员 9 万多人。1911—1912 年度，合作社数目和社员人数分别增加到 8177 个和 40 多万人。合作社的周转资金从最初的 237 万卢比增长了 13 倍达到 3357 万卢比，1912 年政府颁布的《合作社法》拓展了合作社的范围，通过组建联邦合作社总社加强对合作社的管理。

2.《合作社法》的推动作用

1921 年，印度政府又通过了第二个《合作社法》，把合作运动扩展到其他经济领域，即农产品销售合作社、牲畜保险合作社、牛奶供应合作社和农机具零售等各类合作社开始兴起。

3. 世界经济大衰退对印度的农业合作社的影响

1929 年世界性的经济大衰退也波及印度。农产品价格和土地价格的急剧下跌严重地威胁到合作社的经济稳定和生存，大批合作社实际已完全陷于瘫痪状态。

4. 第二次世界大战期间，印度的合作运动重新恢复了迅速发展的势头

由于“二战”期间对农产品的需求急剧上升，农产品价格也大幅提高，这对于合作社特别是流通和消费领域的合作社发展起到很大的刺激作用。

1938 年到 1946 年，印度合作社数目、社员人数和周转资金分别增加了 41%、70% 和 54%。到印度独立前夕，印度共有各种类型的农业合作社 17.2 万个，社员人数 916 万，周转资金 16.4 亿卢比。

5. 印度独立后农业合作社的发展

1947 年印度的独立，使合作运动的发展进入了一个新的历史阶段。在独立后的 30 多年中，不仅合作社数目、社员人数和资金稳步增长而且合作社的种类、经营范围和规模都发生了重大变化。

到 20 世纪 80 年代初，全国共有村级合作社 35 万个，社员人数 1.2 亿，周转资金约 2000 亿卢比，具体数据见表 8–1。合作社遍布全国 91% 的村庄，加入合作社的农户占全部农户的 45%。合作社的种类和形式丰富了很多，各邦都涌现出一些资本密集且管理比较高效、先进的农业合作社。

表 8-1　20 世纪 50~80 年代农村印度合作社的发展

年度	合作社数（万个）	初级社员（10 万户）	股金（亿卢比）	流动资金（亿卢比）
1950—1951	18	137	4.5	27.6
1960—1961	33	352	22	131
1970—1971	32	644	85	681
1975—1976	31	848	153	1243
1980—1981	30	1062	209	2002
1981—1982	29	1149	210	2100

数据来源：India Year book，1979；India Year book，1985.

二、印度农业合作社的种类

印度农业合作社种类繁多，按职能和经营业务可以分为奶业合作社、农业信用合作社、农业销售合作社、加工和仓储合作社、耕种合作社和渔业合作社六大类。

（一）奶业合作社

奶业合作社是印度农业合作组织当中的重要组织形式，并且掀起了以奶业合作社建设为核心的“白色革命”。20 世纪 70 年代，印度政府将国际组织资助的 10 亿美元全部拨款用于发展奶业合作社。2001—2002 年，印度牛奶的产量达到 8460 万吨，超过美国成为世界上第一大牛奶生产国；2005—2006 年度，其奶制品和牛奶的产量达到 9510 万吨。印度牛奶合作社的组织机构分为三级：邦级销售联盟、区级合作联合会和村级奶业合作社，农民可以选择加入村级奶业合作社成为其会员。截至 2014 年底，它们的数量分别为 22 个、170 个、10.33 万个。通过三级机构设置，将牛奶生产的产前、产中、产后环节紧密联系起来，村级合作社每天去收购广大分散奶农的牛奶送给区级合作联合会，区级合作联合会将牛奶加工成液态奶和其他奶制品交由邦级销售联盟按照统一的品牌进行销售，奶农就获得了各个环节的增加值。

印度的奶业合作社之所以能迅速发展，得益于印度在农业合作社的组织管理和运营，将农业合作社的建设与农业产业化的建设进行良好的结合，实现了农产品的生产—加工—销售高度一体化的经营模式，这种模式一方面避免中间商的盘剥，另一方面利用农业合作社的加工厂对牛奶进行加工，增加奶产品的附加值，最后运用农业合作社的专属品牌对加工后的奶产品进行统一销售。这样的奶业合作社既可以降低奶农生产奶产品的成本，又可以将奶产品高效地运送到市场，最终使得奶业合作社的社员提高收益，进而又促进奶业合作社的发展。同时，政府通过税收优惠、资金和技术支持、改良国内奶牛的品种，进一步促进了奶业合作社的健康发展。

（二）农业信用合作社

农业信用合作社是印度农业发展过程中最重要的经济合作组织，印度全国共有农业信用合作组织 98236 个，向农民提供各种金融服务。

1. 资金来源

农业信用合作社为印度农业生产提供长、短期的信贷，资金的主要来源为 3 种方式：一是社团和政府的拨款；二是公众存款；三是银行贷款。

印度农业信用社根据为社员提供贷款的时间长短可以分为两种：一是中短期农业信用合作社；二是长期农业信用合作社，也称土地开发合作银行。

2. 组织层次

印度农业信用合作社根据组织的层次不同可以分为 3 层：一是中央合作银行；二是邦立合作银行；三是农村初级信用社。各类农业合作银行的建立削弱了农村高利贷势力，农户取得贷款的额度增长明显，低息贷款的比例不断增加。

（三）农业销售合作社

1. 经营范围

销售合作社类似于供销合作社，经营范围包括：①供应农用物资；②销售农产品；③家庭消费品供应；④向社员提供贷款等。销售方式有经销制和代销制两种，合作社的规模按照销售农产品的种类进行划分，规模小的合作社只经营一种农产品，典型的分布在烟草和棉花销售领域，有的合作社则同时经营多种农产品。规模较大的合作社除从事农产品的销售外，还延伸到农产品的收购、质量检测、初级和深加工、存储和运输等业务。

2. 销售业务

印度农业销售合作社的业务包括：第一，供应农民所需要的化肥、种子、农药、农具等生产资料；第二，帮助农民推销农业初级产品，并开展农产品深加工业务。

3. 农业销售合作社的合作组织

印度农业销售合作组织设置四级组织机构，即国家农业销售联合会、邦级农业销售合作社、县级农业销售合作社和乡村的初级农业销售合作社。国家农业销售联合会的职责是协调各级合作社的业务活动，提供技术咨询和大规模农产品的收购、加工、存储和销售；邦级合作社的主要业务是协调下级合作社的业务活动，农产品加工和销售咨询，市场产品信息发布等；县级合作社的主要业务是协调初级合作社的业务活动，向初级社供应和分配农用物资及其他物品。

（四）生产和加工合作社

印度生产合作社包括 4 种类型：租佃合作社、联合合作社、集体合作社和改良合作社，政府对生产合作社的发展给予政策支持，发展速度相对迟缓。加工合作社对于增加农民就业、提高产品附加值、增加农民收入作用显著，得到政府的大力支持，涉及甘蔗、油料、粮食、糖等农产品，尤以糖合作社发展最为成功。生产和加工合作社的主要业务有：①合作制糖厂；②合作碾米厂；③合作纺纱厂；④棉花加工厂；⑤水果和蔬菜加工厂等。

（五）耕种和灌溉合作社

印度的耕种合作社主要包括两种形式：一是“联合耕种合作社”，这种合作社土地属于农户个人所有，实行统一耕作；二是“集体耕种合作社”，这种合作社土地不再属于农户个人所有，而是作为农业合作社所共有，然后社员统一在集体的土地上耕作。

另外，据统计，印度共有 8105 个灌溉合作社，605930 个成员。

（六）渔业合作社

印度全国共有渔业合作社 13884 个，成员 216 万个，其中，低种姓成员占 7.5%，边远部落成员占 9.85%，海洋渔业成员占 28.4%，内陆渔业成员占 71.6%。2001 年总销售额 21.85 亿卢比，生产各种鱼类 390383 吨，占渔业总产量 565 万吨的 7%，创造就业 2062 个。[①]

三、印度农业合作社的运行模式

（一）印度合作社运行的基本原则

1. 自愿入社、出入自由

印度农业合作社是一个自愿参加的，没有性别、社会地位、种族、政治和宗教歧视，向所有人员开放的组织，只要能够履行社员权利和义务，任何人都可以参加。

2. 民主管理

印度农业合作社是由合作社成员自我管理的民主组织，社员参与决策，社员有权选举合作社的代表和管理机构。

3. 平等入股

印度农业合作社的社员平等入股，民主管理合作社的股份资本。对于合作社收益的分配，首先提取一定的比例作为合作社的共同财产和发展基金，剩余收益按照社员的交易量或交易额进行返还。

4. 教育和培训社员

政府通过开办综合性的合作社大学、三级合作社人才管理机构和合作社继续教育学院，为社会培养大批合作社管理人员，中央政府设立全国合作社专业人员培训理事会，专门负责邦级合作社人员的教育和培训。完善的教育和培训体系为印度各级合作社组织输送了大批人才，促进了合作社的发展。

5. 加强社际合作

合作社为提高产品竞争力和市场占有率，通过纵向和横向一体化发展的方式扩大合作社的规模，提高农产品的附加值和盈利能力。横向发展可以采取收购、重组的方式，纵向发展可以采取纵向战略联盟和垂直整合的方式，使得上下游组织由松散的经济关系变为紧密的契约关系。

---

① 曹建如．印度的农业合作社［J］．世界农业，2008（3）．

（二）印度农业合作社的特点

1. 印度农业合作社实行民主管理

印度农业合作社实行民主管理运营方式。合作社的管理层由全体社员选举产生，合作社的日常事务和重大决策由全体社员共同决定。

即使当资金需要扩充股本时，也会保证社员对合作社的民主管理，确保农业合作社的相对独立性。农业合作社社员实行自由出入原则，加入合作社后，社员享有相应的权利和履行相应的义务，其可通过入股的方式参与到项目的开发，除支持合作社的运营成本外，其余收益都按照份额进行分红。

2. 印度农业合作社的发展离不开政府的支持

印度的农业合作运动之所以发展较快，主要是政府大力倡导和支持的结果。印度政府对印度农业合作社具体行动上的支持主要表现在以下几个方面。

（1）印度政府在法律上对农业合作社给予支持。印度独立之后，印度政府对合作运动十分重视，印度政府通过制定相应的法律，规定了农业合作社拥有的权利、承担的义务和经营的业务类型，有效地促使农业合作社向有序的方向发展。印度具有较为完备的法律体系，在合作社立法上起步较早，1904 年就颁布了《信贷合作社法》。印度的合作社法后来又经过 1912 年、1942 年、1984 年和 2002 年四次修订。2002 年的修订涉及合作社的总体原则，合作社成员的责任、权利和义务，合作社管理层的选举和产生办法。为了进一步规范合作社的稳定发展，为其营造相对稳定的环境，此次修订给予跨邦合作社纵向和横向发展额外的特权，并修改国家的法律和邦法律与此相统一。此次修改进一步指明印度农业合作社积极寻求国际伙伴及经营国际业务，包括引入外部成员、鼓励合作社产品出口、与外国公司合资生产等。

（2）印度政府在政策上对农业合作社给予支持。印度政府认为这是实现基层民主和经济计划的最好途径，把合作社当作农村发展建设最重要的机构之一。一方面，政府针对全国各地区农业的发展状况，把发展合作经济纳入国家的五年计划之中；另一方面，印度政府针对印度农业合作社的发展，制定相应的发展政策，以此加大对教育、基础设施建设和科技等方面的资金投入。

（3）印度政府在财政方面对农业合作社给予支持。印度政府每一个五年计划都规定了有关合作社经济发展的各项指标，并且专门拨款资助。

（4）印度政府在技术上对农业合作社给予支持。印度政府除了加大对教育和科技方面的资金投入力度，还专门设立了为劳动力提供技术培训的教育机构，最终能够为农业合作社提供受到过良好教育和专业化训练的管理人才。此外，印度政府还组织技术人员对农业合作社进行各种技术指导。

印度政府通过各种方式对农业合作社的大力支持，使得农业合作社得到了空前的发展。除了上述印度政府对农业合作社四个方面的支持，印度政府还为农业合作社建立了良好的融资渠道，使得农业合作社能够筹集更多的资金，印度政府还鼓励社员参与到农业合作社的日常管理中来。

3. 印度农业合作社以加工和销售为核心

印度农业合作社在农产品的销售和增加农产品的附加值方面，起到了很大的作用，同时也得到了印度政府的大力支持。以奶业合作社为例，利用农业合作社的加工厂对牛奶进行加工，增加奶产品的附加值，最后运用农业合作社的专属品牌对加工后的奶产品进行统一销售。这样的奶业合作社既可以降低奶农生产奶产品的成本，又可以将奶产品高效地运送到市场，最终使得奶业合作社的社员提高收益，进而又促进奶业合作社的发展。

4. 全方位的服务体系

印度农业合作社基本上已经建立起组织较完备的农业技术全方位服务体系，服务主体主要包括：①由中央到地方的各级农业政府部门和农业教育科研系统；②涉农企业、农民组织、非政府组织、金融机构和媒体等其他相关部门。①

5. 合作社机制和公司制度的良好结合

印度政府将农业合作社的建设与农业产业化的建设进行良好的结合。第一，不仅实现了农产品的生产—加工—销售高度一体化的经营模式，还建立了农业合作社专属品牌；第二，印度政府在不干扰农业经济体系的基础上，建立了合作社形式的大型商业企业，为农业合作社的发展提供一个完善的自助组织形式；第三，印度政府将合作社机制和公司制度的结合，为农业合作社的发展提供了公平竞争的环境，使得印度农业合作社的规模不断增加。

---

① 孙亮．美国、韩国、印度的农业合作社发展研究［J］．世界农业，2013（2）．

四、印度农业合作社带来的启示

现代农业是我国现代化的重要组成部分，社会主义新农村建设是推进农业现代化进程的强大动力。在认真分析印度农业合作社发展启示的基础上，对推进我国农业现代化进程和农民合作社发展提出如下建议。

（一）建立完备的法律体系，促进农业合作社的发展

印度农业合作社之所以能够快速发展，得益于印度政府建立了完备的法律体系，为印度农业合作社的健康发展创立了一个稳定、公平的竞争环境。然而在我国，2006 年 10 月 31 日虽然通过了《农民专业合作社法》，但是基层的农户对法律的了解却是一个缓慢、长期的过程，我国不仅需要加大对《农民专业合作社法》的宣传，还需要增加有关的政策扶持，最终形成农业合作社的专门法律体系，有助于我国农业合作社健康快速地发展。

需要注意的是，政府还要完善农业保险制度。为了规避农业生产过程中面临的风险，印度政府制定的农业保险制度已成为印度政府支持农业的重要举措，我国要学习印度的经验，制定完善的农业保险制度，以减轻自然灾害带给农民的损失。[①]

（二）政府要摆正位置，不能过分干预

从前几节的内容可以看出，印度农业合作社的发展离不开印度政府的大力支持和推动，同样也要认识到，印度政府在农业合作社发展过程中所处的位置，即在一定程度上印度政府在农业合作社的发展过程中过度干预，反而抑制了农业合作社的发展。

因此，我国要吸取印度农业合作社发展过程中的经验，摆正政府的位置，正确处理好政府与农业合作社的关系。政府一要合理制定农业合作社发展的有关法律和政策；二要加大对农业合作社的支持力度，不仅要加大资金的支持力度，还要加大对农业合作社的技术支持力度等；三要摆正位置，政府不仅要正确引导农业合作社的发展，还要为农业合作社的发展做好服务，真正

① 王军杰. 印度农业国内支持制度的完善及对我国的启示［J］. 农村经济，2011（8）.

做到服务型政府的转变。

（三）发展农业一体化，延长收益链条

依托本国的特色农产品发展农业一体化，延长合作社的收益链条，提升整个链条的附加值，从而增加农民的收入。印度的奶业合作社和糖业合作社的发展所取得的重大成功，是对以合作社为主导，发展农产品一体化，延长收益链条的有力证明。奶业合作社为奶农提供贷款，从国外引进奶牛新品种，产、储、加工奶设备，保证奶品质量，通过全国奶业协会建立统一立体的销售体系。由此，合作社全面参与牛奶的收购、加工和销售环节。合作社将产业链条向前延伸到供应环节，向农户提供融资、兽医、生产资料，中间延伸到储藏、加工、运输环节，实现所有环节价值增值的全覆盖，增加奶农收益。而我国当前很多合作社的合作形式主要表现在生产环节，中间很多环节的价值增值收益属于第三方。为了促进我国合作社的健康发展，合作社应将合作的环节从生产环节向加工、销售环节延伸，同时向社员提供相关的农用物资、技术培训，提高产品附加值和社员收益，扩大合作社的规模。积极发展农业一体化，依托地方特色产业，创建品牌优势，建立从社员到中央的合作社联盟。

印度农业合作社取得成功的重要因素是建立了从奶农到中央的完善的合作社组织机构，他们各负其责，相互交叉协调，提高效率。除全国合作社联盟之外，中央政府又成立了全国合作社发展公司、全国农业和农村发展银行、全国奶品发展委员会，共同支持合作社的发展。对信贷合作进行定位，使其成为合作社资金支持的机构。而我国合作社规模偏小，合作社和社员之间合作环节较少，合作社链条收益不高，政府缺乏扶持合作社发展的组织机构和融资机构。

（四）大力扶持农村专业合作经济组织和农产品行业协会

坚持以市场为导向，农民自愿加入，在各级政府积极推动下引导和扶持农村专业合作经济组织和农产品行业协会的发展，推动农业专业化、标准化生产，品牌化经营，延长农产品产业链条，建立农产品质量安全可追溯制度，实现从田间地头到餐桌的质量追踪管理和全程质量控制体系。向产业链的每

一个环节要效益，政府应当围绕农业优势和特色产业，按照培育和规范并举的思路，采取政府推动和市场化运作相结合的方式，多形式、多层次、多领域兴办农民专业合作经济组织，鼓励这类组织跨地区联合。在合作组织登记注册、贷款、财政补贴及产前、产中、产后的过程中提供有力的财政支持和优质的信息和技术服务。为切实解决目前存在的龙头企业和农户之间利益不均衡、信息不对称等问趣，要积极鼓励、引导非公有制经济等通过组建各类形式的行业协会，实行行业自律，推行品牌战略和产品质量认证，提高我国农产品参与国内外市场竞争的组织化程度。

第四节　以色列农业合作社

一、以色列农业合作社的兴起

以色列国土面积25740平方公里，人口817万，不足总人口5%的农民不仅养活了以色列的国民，并且将大量的优质蔬菜、水果、棉花和花卉等出口各国，这些都足以说明以色列的农业发展水平之高。国内外许多学者从各个方面对其进行了研究，普遍认为支撑以色列农业快速发展的是以色列的农业合作社。在以色列的农业合作社中，基布兹和莫沙夫作为最经典的例子，对以色列的经济发展有着重要作用。

（一）基布兹的产生与发展

1.基布兹的产生

在长达100多年的时间里，犹太人奔波于世界各地，经受各种苦难。第一次世界大战后，俄国和东欧的大批青年开始移居到现在的以色列。受到来自自然条件和种族冲突的压力，犹太人被迫过起了集体耕作、集体谋食的平均主义生活，因此，第一个基布兹就是在这种环境中产生的。即以色列第一个具有共产主义色彩的合作经济组织——基布兹（Kibbutz），于1909年在德甘尼亚诞生，并用事实描绘着“现实乌托邦”的神话。

2. 基布兹的特点

基布兹发展过程中所表现出来的特点主要有以下两点：

第一，规模逐渐扩大。由表 8-2 可以看出，虽然在 20 世纪 20 年代基布兹受到资金的影响，规模有所下降，但是到 30 年代后期，基布兹的规模又重新迅速发展。因此，随着以色列经济的发展，总体来讲，近百年来基布兹的规模在逐渐扩大，不仅是基布兹的数量在增加，基布兹的社员也在增加。

表 8-2　基布兹的发展状况

年度	基布兹数量（个）
1909	1
1911（第二个基布兹在梅尔哈维亚成立）	2
1914	11
1918	29
1924	21
1939	117
1945	149

数据来源：王本立，江红云．基布兹的体制演变与历史贡献［M］．北京：科学社会主义出版社，2008：23.

第二，产业结构逐渐完整。1948 年以色列国建立后的大约 10 年时间里，各基布兹主要致力于发展农业，而且其耕作方式相当原始，种植的作物也比较单一。但是，从 20 世纪 20 年代起，随着农业合作社的规模不断扩大，并在有关部门的指导下，多种经营的综合农业模式开始起步，从 30 年代后期开始，一些农业合作社的产业结构已经发生了变化，在农业之外又发展出了自己的手工业和工业。因此，基布兹经过近百年的发展，在产业结构上逐步得到了完善。

3. 基布兹产生的原因

基布兹的产生主要有以下三个方面的原因：

（1）最初动力。19 世纪后期犹太人的复国运动导致散落在世界各地的犹太人不断移居巴勒斯坦，为了扎根于此，把巴勒斯坦真正变成犹太民族家园，犹太移民必须进行农业生产与生活组织形式的探索。正是出于此种目的，在犹太移民的群体中才先后产生了包括基布兹在内的各种有效的农业组织形式。因此可以说，犹太人的复国运动是基布兹产生的最初动力。

（2）直接动力。第一个基布兹正是当地一些犹太移民面对生存压力团结起来形成的平等而自由的合作社。更为重要的原因是这些犹太移民对原有的农业生产组织形式日益不满，激发了一些犹太移民关于命运自主和关系平等的愿望及要求。因此，部分犹太移民的自主意识和平等要求是基布兹产生的直接动力，直到 1909 年，基布兹的建立才将这一愿望实现。

（3）主导力量。新的移民决定了新体制的创立，新的移民主要来自俄国，是以工人为主且经过了俄国革命，深受社会主义思潮的影响。因此，1904—1914 年移居巴勒斯坦的犹太移民是基布兹产生的主要力量。基布兹是犹太复国主义运动与社会主义思潮相结合的产物，是犹太精神的体现，基布兹的公有制更是将主张公平、正义的思想具体化。

如今，以色列有 270 个基布兹，不仅在经济上为以色列的建设与发展做出了贡献，更在政治上为其培养了许多领导方面的人才。随着经济状况和国内外政治环境的变化，基布兹当初的一些原则逐渐消失，内部出现雇佣工人，一些无偿活动开始收费，成员要求改变按劳分配的方式。这些改变必然会触及基布兹的所有制形式和分配方式，从而使其处于两难的境地。

（二）莫沙夫的产生和发展

1. 莫沙夫的产生

1920 年，以色列一种新的合作经济组织——莫沙夫产生了，莫沙夫是在基布兹的基础上建立起来的。之所以说莫沙夫是在基布兹的基础上建立起来的，是因为在 1920 年的时候，一些原来的基布兹的成员，认为基布兹实行的集体主义过度严苛，各种条条框框太多，于是想对基布兹加以调整，然后就有了莫沙夫。因此，莫沙夫与基布兹相比而言，更加注重单个家庭的作用。当前，莫沙夫生产了全国将近一半的粮食，所生产的产品占全国农业产品出口的一半，在国际上得到了广泛的关注。表 8–3 所示为以色列的犹太人在农村和莫沙夫的人口及农产品产量比较。

表 8–3　人口及农产品产量

	农村	莫沙夫
总和（人）	283400	83700
村落（个）	704	220
耕地面积（公顷）	709875	200675
农产品产量		
牛奶（百万升）	653	232
鸡蛋（百万单位）	1374	736
肉鸡（吨）	118100	38600
火鸡（吨）	46500	21600

数据来源：杨光. 中东的小龙——以色列经济发展研究［M］. 北京：中国社会科学出版社，1997：51.

2. 莫沙夫与基布兹的不同之处

莫沙夫从 1921 年产生到现在经历了 90 多年的发展，现如今在以色列境内成为最为流行的农业合作社模式。

莫沙夫与基布兹有所不同，主要表现见表 8–4。

表 8–4　莫沙夫与基布兹的区别

	基布兹	莫沙夫
产生时间	1909 年	1921 年
经营方式	集体生产经营，一切生产资料归集体所有	注重单个家庭的作用，且家庭作为莫沙夫生产经营的基本单位，家庭耕地不得再分

从表 8–4 可以看出，①莫沙夫的产生晚于基布兹；②莫沙夫与基布兹的经营方式不同。

3. 莫沙夫的特点

莫沙夫具有自己独特的特点，即莫沙夫不仅是一个多功能合作社，互帮互助，还是一个“自治区”。

首先，莫沙夫的多功能特征体现在：莫沙夫既是行政村又是合作社。一方面，莫沙夫作为行政村，实行民主自由管理，即村民自己管理自己；另一方面，莫沙夫作为合作社，会整体采购生活用品，并销售给社员，除此之外，还涉及生产资料供应、家庭服务、医疗卫生、文化教育和信贷等。

其次，莫沙夫是一个互相支持、互相扶持的合作经济组织。作为莫沙夫的成员，他们始终实行互相帮助、服从集体利益的原则，最具特色的就是莫沙夫中不同年龄层次的人之间互帮互助。

最后，由于莫沙夫实行的家庭作为基本的生活生产单位，每个家庭的成员可以根据自身的实际状况，在考虑了市场供需之后，在自己的农场里自行决定专业化生产。因此，莫沙夫的生活方式在于一种“社区精神”，虽然每个家庭有权保持自己的“个性”，但是当面对集体行动时，又会互帮互助。

（三）以色列其他合作社的产生与发展

以色列除了基布兹还有很多其他重要的合作社形式，这些农业合作社基本上都是在 1917—1948 年英国殖民统治巴勒斯坦时期建立起来的。

二、以色列农业合作社的运营

（一）以色列农业合作社的成员加入与退出

以色列的农业合作，无论是基布兹还是莫沙夫，在社员加入和退出两方面有所不同。

一方面，在以色列想要加入农业合作社并不是一件容易的事。例如，想要加入基布兹的申请者必须了解基布兹的生活，并且基布兹组织会对申请者的人品和素质进行考核，然后在 1~2 年的“候补期”考验期满后，最后经由基布兹的成员全体大会举手表决通过，申请者才可以正式加入基布兹。

另一方面，以色列的农业合作社在退出方面实行自由原则，社员可以随时退出农业合作社。

（二）以色列农业合作社实行民主管理

以色列的农业合作社，无论是基布兹还是莫沙夫都实行民主管理的原则。莫沙夫与基布兹一样，每位成员均有权通过社员大会参与到莫沙夫的管理中。

（三）以色列农业合作社以市场为主导的发展战略

以色列瞄准国际市场，制定了以市场为导向，以追求经济效益为主要目标的农业发展战略。以色列农业合作社为实现以市场为主导的发展战略，首先，调整农产品种植结构，对粮食等需要占用大量土地和水资源、经济价值低的农田作物大面积减少种植，而大面积增加对土地等自然资源依赖性较小但经济效益较高的花卉、水果等经济作物，让稀缺的土地和水资源发挥最大的经济效益；其次，制定有效的农业出口营销战略，对出口产品进行统一策划和包装，创出口名牌，尽可能实现产品效益的最大化；最后，大力扶持农业产前、产中、产后相关技术的发展，鼓励出口农业产品设备和技术。

三、以色列农业合作社的历史贡献

以色列的基布兹和莫沙夫为其农业的发展立下了汗马功劳，其中基布兹被誉为“人类的第十一大奇迹”，在沙漠中建立的农业绿洲，当然莫沙夫的功劳也不可忽视。总的来说，这两种农业合作社的存在为以色列的发展做出了重要贡献。

（一）以色列的农业合作社是以色列的立国之石

以色列的农业合作社中主要的基布兹与以色列总工会、国防军，被以色列人称为以色列的三大支柱。1948 年以色列成立前，基布兹联合起来建造人人平等的社会，建立了农村保障制度，进行文化教育方面的服务。近些年，基布兹创造的农业总产值和农产品出口已占全国总量的 40%，提供全国 10% 的工业品，为以色列国家的建立和发展做出了巨大的贡献。

基布兹一方面为以色列国的建立储备人力资源和国土资源，另一方面为以色列的成立和早期发展培养了大批量和全面发展的优秀人才。基布兹成为以色列的民族精神象征和犹太民族复兴的基石。

（二）以色列农业合作社为以色列的经济发展起到巨大作用

当前，有超过一半的以色列农民生活在基布兹和莫沙夫两种合作组织内，这两种组织成为以色列合作组织的标志，在以色列经济发展特别是农业发展、移民安置、社会保障等方面起到巨大作用。到 1947 年以色列建国前夕，基布兹的数量已增至 145 个。截至 2013 年，以色列共有 274 个基布兹，遍布以色列全境。同样的，莫沙夫也成为以色列最盛行的农业合作社模式之一。

四、以色列农业合作社的发展

以色列农业合作社创造了人类发展史上的神话，以色列通过基布兹和莫沙夫等组织在原本贫瘠的不毛之地创造了令世人瞩目的农业奇迹，繁荣发展至今，然而，随着社会的进步，宏观的经济环境不断地变化，以色列的农业合作社面临严峻的挑战。

（一）以色列农业合作社面临的挑战

1. 财政问题

以色列执政党派的很多成员都出自基布兹，所以基布兹得到了很多以色列的财政支持，但是随着社会的发展，20 世纪 90 年代以来，这种对农业合作社的财政支持逐渐减少，使得基布兹、莫沙夫等农业合作社陷入了财政困难。

2. 理念问题

以色列农业合作社所奉行的集体理念与资本主义经济制度和市场经济体制的发展之间的矛盾日益凸显，这给以色列农业合作社的经济发展造成较大的冲击。

（二）以色列农业合作社的改革与发展

随着社会的发展，基布兹传统的集体生活的信念已经被打破，截至 2010 年，出现了 3 种改革方式：一是 72% 的基布兹走向私有制；二是 25% 的基布兹保持原状；三是剩余 3% 的基布兹走中间路线，实行前两种的混合新模式。这些改革都说明基布兹已经开始废除人人平等，打破了集体所有的观念，现在的基布兹与最初的基布兹已经有了很大的不同。同样的，莫沙夫集体观念的程度也在逐步减少。因此，基布兹和莫沙夫正面临着前所未有的挑战，伴随着私有化和尖锐争议的改革也将继续进行下去。

五、以色列农业合作社给我国带来的启示

以色列1909年成立的基布兹和1920年成立的莫沙夫这两种独具特色的农业合作社，不仅成功地发展壮大，还对以色列的经济发展贡献了巨大的力量，最终成为以色列的立国基石，同时也给我国农业合作社的发展带来了诸多启示。

（一）不断地深化改革

以色列农业合作社之所以能够蓬勃发展，与其不断改革是分不开的。例如，莫沙夫成立60年左右，即在1980年前后，就开始了内部制度渐进式改革，这次渐进式改革的主要目的在于：实行企业化的经营。莫沙夫的不断改革就是为了使其不断适应新的合作社经营环境。

同时，我们应该看到，我国的农业合作社特别是社区性合作经济组织的发展步幅缓慢，会出现这种情况，不是政策导向的问题，而是我国农业合作社内部的管理机制与运作机制缺乏必要的灵活性，所以，我们需要不断地加强改革，大胆实践，最终使得农业合作社适应社会主义市场经济发展的需要。

（二）要加大对科技的投入，并替代资源的不足

我国虽然在资源总量上是大国，但我国人口总量也大，在工业化的进程中我国的资源消耗量惊人，而以色列在用高科技代替高消耗这方面值得我们学习。以色列年均降水量不足300毫米，南部有一半地区年均降水量仅为25毫米，是淡水资源十分贫乏的国家，在如此恶劣的自然条件下，以色列创造了节水、高效的现代化农业，尤其是沙漠农业拥有精细化的农业灌溉技术，成为世界上节水型农业的典范。以色列将工业废水和城市污水经过处理之后，再用于农业生产灌溉方面，这种方法值得我们学习。因此，我们应该加大对农业科技的投入和管理，从而提高我国的农业科技水平，以减少对资源的消耗。

（三）加大对教育的投入

我国对农业发展的投入，不仅要加大对科技的投入，还要加大对教育的投入。我国的农民受教育水平普遍较低，农业合作社的社员文化程度也不高，

知识水平有限，所以即使我国有能力开发出农业高科技的成果，也很难短时间内在农村普遍推广，这既浪费时间，也浪费精力。因此，我国应加大对农村教育的投入，尤其是要有计划、有组织地对农业合作社管理者进行培训，拓宽管理者的知识面，以方便进行农业高科技成果的推广。

第九章　大洋洲农业合作社

第一节　澳大利亚农业合作社

澳大利亚的农业合作社起源于19世纪中叶，至今已有约160年的历史。丰饶的物产、发达的科技、广阔的市场、包容而“温和”的商业文化是促进澳大利亚合作经济组织发展的重要因素。

一、澳大利亚合作经济组织发展的起因

澳大利亚的合作经济之所以能够发展起来与其得天独厚的自身条件是分不开的。澳大利亚国土辽阔，不仅农作物和鱼类产品丰富，而且矿产资源也十分丰富，现已成为全球第四大农产品出口国，也是多种矿产出口量全球第一的国家。总的来说，澳大利亚合作经济组织发展的起因主要表现在以下3个方面。

（一）自然资源为合作经济组织的发展提供了基础条件

澳大利亚是一个资源大国、人口小国，国土面积约761.7万平方千米，人口仅2301.8万人。

1. 矿产资源

澳大利亚的矿产资源、石油和天然气都很丰富，矿产资源至少有70余种。其中，铝土矿储量居世界首位，占世界总储量的35%。同时，澳大利亚还是世界上最大的烟煤、铝土、铅、钻石、锌及精矿出口国，第二大氧化

铝、铁矿石、铀矿出口国，第三大铝和黄金出口国，被誉为“坐在矿山上的国家”。

2. 渔业资源

澳大利亚渔业资源十分丰富，捕鱼区面积比国土面积多16%，是世界上第三大捕鱼国。

3. 农牧业资源

澳大利亚天然草原宽阔，农牧业用地4.4亿公顷，占全国土地面积的57%。主要农作物有小麦、大麦、油籽、棉花、蔗糖和水果。农牧业产品的生产和出口在国民经济中占有重要位置，是世界上最大的羊毛和牛肉出口国，素有“骑在羊背上的国家”之称。

4. 服务业资源

近年来，随着经济结构的调整，服务业已成为最重要和发展最快的部门，占国内生产总值80%以上，成为国民经济支柱产业，其中旅游业是澳大利亚发展最快的行业之一。著名的旅游城市和景点遍布澳大利亚全国，但吸引大批游客的不单是因为它有着举世闻名的自然景观，也在于它拥有广泛而丰富的文化资源，包括博物馆、美术馆、历史和土著遗址，以及活跃的表演艺术市场。文化旅游在澳大利亚旅游业中所占的比例越来越大，文化旅游业对澳大利亚经济的影响日趋明显。

正是这些自然禀赋给澳大利亚的合作经济组织提供了发展条件，使得澳大利亚的合作经济组织为其经济的发展做出巨大贡献。

（二）先进文化为合作经济组织发展提供了强有力的支撑

1770—1900年，澳大利亚曾是英国的殖民地。1901年独立后，澳大利亚属联邦制国家，联邦主导、依法保障、社会合作、以人为本是澳大利亚政治文化和经济文化最显著的特点，它由本民族的历史和当代社会、经济和政治活动进程所促成。发达的教育也是促进澳大利亚先进文化的重要因素，澳大利亚实行12年义务教育，重视并广泛推行职业教育，国际教育业依然为澳大利亚经济、社会、文化和政治的重要组成部分，科技教育发展迅速。

（三）市场经济发展与合作经济组织发展的相互促进

澳大利亚自 1901 年独立成为一个极其年轻的国家，由于早期受英国、美国的影响，现已经发展成一个成熟的西方资本主义国家。在过去连续 20 多年里，澳大利亚是世界上经济增长速度最快的发达国家之一。据国际货币基金组织 2011 年公布的数据显示，澳大利亚 GDP（国内生产总值）总值（以国际货币汇率计算）为 1488.2 亿美元，世界排名第 13，人均 GDP 为 65477 美元，世界排名第 6。澳大利亚与世界上 130 多个国家和地区有贸易关系，主要贸易伙伴为中国、日本、美国等。澳大利亚市场经济与合作组织的发展相辅相成，共同发展。

二、澳大利亚农业合作社的类型

（一）澳大利亚合作社的合作领域集中在生产和生活服务上，大致可分为两种

1. 传统型农业合作社

坚持国际合作社联盟公认的门户开放、入退社自由，一人一票，股份红利限制，惠顾者返还，成员教育等原则。

2. 劳动和资金结合的股份型农业合作社

在传统型合作社的基础上将一人一票改为一人一票加持股多少的表决原则等公司型的合作社。

（二）澳大利亚农业合作社按专业领域分类

1. 加工合作社

主要在糖、奶制品、渔业、棉花和水果等行业中普遍存在。加工合作社和农场主签订采购合同，按规定从农场主手里收购农产品并对其进行加工销售。

2. 市场合作社

主要在水果和蔬菜行业中普遍存在，市场合作社主要从事对农产品进行

分类、分级、包装、运输和销售等工作。

3. 供给合作社

供给合作社专门与买主和加工商进行谈判，以帮助农场主获得更有利的价格。

4. 服务合作社

服务合作社主要从事商品储备和其他服务，为生产者和消费者提供各种商品，如肥料等投入品和各种日用消费品，以及信贷、保险、住房等。[①]

5. 网络合作社

网络合作社是以各种相关组织和合作社为基础成员成立的一种新型合作社，实质是合作社之间的合作。网络合作社的目的在于提高效益，形成规模经济，降低成本，减少风险，共享资源和共享信息与思路。网络合作社主要存在于新南威尔士州。

三、澳大利亚农业合作社的作用以及政府对合作社的管理

（一）澳大利亚农业合作社的作用

1. 集中解决农民生产困难

农业合作社统一购买生产资料，降低生产成本；引进新品种和技术，指导农民提高产品产量和质量；对农民进行集中培训，提高农民科技水平。

2. 增加农民收入

农业合作社通过兴办企业、返还利润，使社员的产品加工增值；通过分销渠道和保价收购，帮助社员出售产品，实现产品价值。

3. 提高农民生活质量

改善农业合作社的社区环境和提供生活服务，在社区内有多种服务机构，扩大对社员服务的范围。

（二）澳大利亚政府对农业合作社的管理

尽管澳大利亚农业合作社组织起源较早，至今已有 160 多年的历史，但

---

① 孙梅．澳大利亚的农业合作组织［J］．世界农业，1997（9）．

是至今联邦政府却没有一部统一的合作社法来规范合作社的行为，仅在联邦税法中的部分条文对合作社的定义和行为做出某些界定。因此澳大利亚政府对合作社的管理主要通过立法条款和税收来规范合作社发展。但是澳大利亚各州政府均对本州的合作社制定了相应的法律，如新南威尔士州1992年的合作社法，1988年的合作社财务与稽核条例等。目前，联邦政府将职权下放，除对合作社的登记注册做出规定外，其余主要由行业协会和各州政府来指导和管理合作社。而大多州政府也在不断减少对农业合作社的干预，同时提供许多优惠条件，管理农业合作社的方式也从直接管理向间接管理方向转变。

四、澳大利亚农业合作社的经验与启示

澳大利亚农业合作社发展给我国农业合作社的发展带来了一定的启示，并结合我国目前农村农业合作社的现状，我国农业合作社的发展应坚持以下三个方面：

（一）注重消费和生产信息

农业合作社需要掌握消费和生产信息。通过调研、统计测算，网络合作社的数据共享，合理确定消费和生产信息，进而调整消费数量、时间和生产数量、区域和时间并细化到合作社成员内部，保证了生产和消费的均衡和农户的收益。当生产能力大于消费量时，适当控制农业合作社的生产量或组织生产单产低品质好的品种；生产能力小于消费量时，农业合作社组织从外地调入或组织生产单产高的品种。充分地运用消费和生产信息对农业合作社的发展十分重要。

（二）注重农业合作社多形式发展

由于我国区域经济发展不均衡，各地农业合作社的发展规模差别较大，我国农业合作社的发展形式应多样化，除传统的合作社外，积极探索其他形式，提高农民市场主体地位和市场讨价还价能力，最终提高农民收益。合作社可以采取同种农产品联合，综合合作社，跨区合作社联合乃至跨境合作社联合。依托当地特色产业，采取能人或致富能手领头，发展特色产品，多种

形式发展农业合作社。

（三）加大政府对农业合作社的支持力度

澳大利亚农业合作社的发展离不开政府的支持，所以我国农业合作社的发展也要注重政府的扶持，要加大政府对农业合作社的支持力度。首先，要加强政府对农业合作社的领导，农业合作社应在政府的领导下展开工作；其次，政府要加强对专项研究的力度，由政府资助成立专门研究机构对农业合作组织的运作开展细致研究；最后，政府应加强合作社人才的培训和培养，通过建立专业的院校或鼓励民间创办合作社人才培训机构，促进合作社的健康持续发展。

第二节　新西兰农业合作社

新西兰（New Zealand），是一个位于太平洋西南部的岛屿国家。新西兰气候宜人、环境清新、风景优美、旅游胜地遍布、森林资源丰富，生活水平也相当高。世界银行将新西兰列为世界上最方便营商的国家。新西兰经济发达，是一个现代、繁荣的发达国家，并且鹿茸、羊肉、奶制品和粗羊毛的出口值皆为世界第一。

一、新西兰农业合作社的兴起

（一）新西兰农业概况

新西兰畜牧业发达，是新西兰经济的基础，新西兰农牧产品出口量占其出口总量的50%，羊肉、奶制品和粗羊毛的出口量均居世界第1位。新西兰还是世界上最大的鹿茸生产国和出口国，生产量占世界总产量的30%。畜牧业用地为1352万公顷，占国土面积的一半。乳制品与肉类是新西兰最重要的出口产品。新西兰渔产丰富，是世界第4大专属经济区，200海里专属经济区内捕鱼潜力每年约50万吨。

新西兰农业约占国内生产总值的27%，农、畜产品是国家出口贸易的支柱。新西兰成为世界上发达的农牧业国家，除了自身自然条件和资源，合作社经济为新西兰农牧业做出了巨大的贡献，合作社经济已经成为新西兰现代农业的典型经济形态。

（二）新西兰农业合作社的产生

合作社是新西兰农业的基本发展方式。目前，在新西兰的农牧林渔等行业，合作社是最基本的经营形式。合作社一般由当地农牧民自愿组成，农牧民作为股东，选举产生公司董事会，董事会聘用总经理，总经理聘用各部门经理，各部门经理负责合作社的日常经营管理事务。这就是新西兰典型的合作社经营形式。对于乳业合作社的公司来说，公司的职能就是收集牧场的鲜奶并加工成各种乳制品，最终实现盈利，从而给合作社奶农支付供奶的费用和红利。

位于新西兰畜牧业基地汉密尔顿的塔图瓦公司，是历史最悠久的乳业合作社。100多年前塔图瓦成立的时候，新西兰畜牧业十分落后，个体牧民养殖牛羊数量较少，市场竞争无序。为了协调市场、共同抵御自然灾害，共享信息和养殖技术，牧业合作社应运而生。为了提高国际竞争力，新西兰政府2001年成立了奶业合作社龙头企业——方塔拉公司，以进一步减少奶制品生产流通环节，同时保留个别小合作社，避免市场垄断。

二、新西兰农业合作社的类型

合作社经济已成为新西兰现代化农业的典型形态。目前，新西兰农业合作社的类型如下：

（一）生产合作社

新西兰的生产合作社为农场主所拥有，合作社按合同从农场主手中收购农产品，主要存在于种植业、奶制品、渔业等行业中。

（二）市场合作社

新西兰的市场合作社为农场主所拥有，一般在水果和蔬菜行业中较普遍，主要面向市场，从事分类、分级、包装、运输和销售等工作。

（三）供销合作社

新西兰的供销合作社出自产品的流通环节，专门与买主和加工商谈判，以帮助农场主获得更好的价格，同时获得流通利润。

（四）服务合作社

新西兰的服务合作社主要从事农业服务，为生产者提供各类信息、咨询服务以及对农业人员提供信贷、保险、住房服务。[①]

三、新西兰农业合作社的特点

（一）领域扩大、专业化程度高

新西兰农业合作社业务领域不断扩大，服务范围不断拓展，专业化程度日益提高。合作社既是为社员谋福利的企业组织，同时又是政府与农民及其合作组织的沟通桥梁。

（二）合作社横向合作日益加强，形成规模化经营

从分散化、小型化向集约化、大型化和集团化经营发展，从单一经济向多元化新型合作经济发展，是新西兰合作社应对市场竞争的普遍发展趋势。以奶业龙头企业方塔拉集团为例，该公司是世界第四大乳业公司，年营业额达到 68 亿美元，产值占新西兰乳品业的 96%，它同时是目前世界上最大的奶制品外销公司。方塔拉成立仅 4 年，但目前方塔拉已是全国性的合作社，其股东是全国 94% 的奶农，拥有近 400 万头奶牛，其管理方式灵活，运营成本较低，具有很强的市场竞争能力。

（三）合作社保护了个体农民的利益，对弱势生产者起到一定保护作用

合作社是农民自愿联合组成的组织，基本原则是互助、平等、公平、团

① 夏文辉．合作社经济成为新西兰现代农业的典型形态［J］．农村工作通信，2006（4）．

结。合作社的成立和运营，能够代表个体农民的利益，维护他们在市场中的合法权益。

（四）政府对合作社间接调控

新西兰的农业合作社组织已有 100 多年的历史，但始终没有专门、统一的针对合作社的法律。政府对合作社的管理是通过经济立法和制定某些政策框架来指导调节其行为，同时通过税收优惠和农业补贴来调控合作社的产业发展方向，强化合作社的规模，保持农、畜产品的出口支柱地位。

（五）合作社具有合作社和企业的双重特性

《新西兰合作社公司法》规定了合作社的 6 个主要特征：

第一，合作社可以按名义价值发行股票；

第二，合作社要收回与合作社中止交易或违反交易规则者所持有的股份；

第三，合作社必须接受停止与合作社交易者退回的股份；

第四，合作社在社员退股时只支付其所持有股份的原始名义价值（发行价值），资产增值部分留在合作社；

第五，合作社要按交易水平向社员进行惠顾返还（直接支付或配股）；

第六，合作社要按交易水平向社员分配年度红利。

由此可见，新西兰合作社具有合作社和企业的双重特性，合作社是一种特殊的企业。在市场经济条件下，合作社作为市场竞争主体，与其他企业一样，必须在市场竞争中求生存、谋发展。①

四、新西兰农业合作社案例

新西兰农业合作社中一个典型的案例——新西兰恒天然的发展，从一个合作社到大型奶制品生产企业，也是新西兰唯一真正的跨国企业，还是新西兰收入最高的单一企业，规模是第二大企业的 2 倍还多。

2001 年 10 月，新西兰当时两家最大的乳品合作社和新西兰乳品局合并，

① 新西兰：合作社具有合作社和企业的双重特性 [N]. 中国农民合作社研究网，2012-04-03.

组建成为恒天然——新西兰最大的奶制品企业。从组建到现在已拥有 10500 名新西兰奶农，仅 10 年时间恒天然已发展成为全球最大的奶制品出口企业，恒天然公司的出口收入占新西兰出口总收入的 25%。恒天然年加工 200 亿升牛奶，其中 95% 的产品用于出口，产品销往 140 多个国家和地区。①

这一合作社不仅贡献了新西兰 25% 的产品出口，还几乎占据了全球奶制品市场 30% 的份额。合作社目前拥有 10500 个会员。新西兰最新的合作社——海港合作社，在去年的地震废墟中成立，目的是响应 120 个家庭对一个本地杂货店的需求。这种新型的消费者——工人持有的合作社显示了合作社这一模式是怎样同时实现经济和社会目标的，并充分展示了自助精神。

五、新西兰农业合作社的贡献

在过去 150 多年里，合作社对新西兰的经济发展做出了巨大贡献。

（一）促进了经济发展

新西兰的合作社对其 GDP 的贡献率高达 3%。2010—2012 年，新西兰最大的 40 家合作社的总营业额或总收入达 390 亿新西兰元，即 1888 亿元人民币。其中最大的 6 家居于国际合作社联盟的全球 300 家大型合作社名录中。

对于数量如此少的合作社而言，这是一个巨大的数字。在新西兰的 200 家最大企业中有 19 家或接近 10% 的企业，是合作社或互助社企业。

（二）解决了就业问题

新西兰的合作社共有 5 万名雇员，而属于合作社成员的中小企业提供了至少 20 万个工作岗位。这对只有 447 万人口的国家而言，是非常出色的表现。

合作社精神在很多方面符合新西兰精神。自助和利润分享的观念在农村地区尤为强烈。在新西兰农村，很多农民和市民有时属于 4 个甚至 5 个不同

① 陈颐．新西兰恒天然：从合作社到大型奶制品生产企业［N］．经济日报，2011-4-16（6）．

的合作社。

（三）增加了农民收入

新西兰拥有丰富的水资源和健康的环境，因此牧草种植比其他国家更容易，品质也更好。新西兰的畜牧业非常高效，并采用了相应的技术，充分利用这一优势生产优质牛奶、牛肉、羔羊和羊毛、鹿肉和其他产品。通过加入合作社，农民在价值链上能够比不加入合作社参与更多环节，这样他们就能增加收入，改善生活水平。

新西兰的合作社规模以及多样性意味着它们在相当数量的新西兰人的日常生活中占据了重要部分。①

六、新西兰农业合作社对我国的启示

（一）农业合作社原则必须与时俱进

合作社是由利用其服务的人们拥有、经营和受益的经济组织，其核心在于内含的团结合作、互助互利、民主平等和社员利益至上的价值理念。合作社原则作为合作社区别于一般性公司企业和其他经济组织的标准，并非是一成不变的，而应随着形势的变化进行必要的修改和调整。

（二）合作社组织必须有法律政策的保障

合作社与一般性的公司企业有着明显的区别。它是经济组织，但组成的目的是为社员服务，不同于一般企业。合作社带有群众团体或协会性质，但由于采取了企业的组织形式，又不同于一般群众团体。正是由于合作社所具有的这种特殊性，世界各国大多制定了合作社法，以规范合作社的运行，保障合作社的权益。②

---

① 新西兰：合作社对其经济发展的巨大贡献［N］. 中国农民合作社研究网 2013-03-15.

② 中华全国供销合作总社赴澳新考察团 . 与时俱进　求变求新——澳大利亚、新西兰合作社考察见闻［J］. 中国合作经济，2008（5）.

第十章　农民合作组织的国际比较研究

本书梳理了合作经济思想理论的传统与变迁，以20世纪90年代为分界线，分别介绍了20世纪90年代之前和20世纪90年代以来中国农民合作组织的演化，系统分析了欧洲、北美洲、南美洲、亚洲和大洋洲典型国家农业合作社的发展演变及对我国的启示，这对于我们探索发展具有独特形式和特点的中国农民合作组织具有重要意义。

第一节　中外农民合作组织治理结构的国际比较

当前，我国农民合作组织呈现多样化和多层次发展的态势，但作为核心的治理结构存在一些缺陷，表现在委托代理关系的失衡，缺乏有效的激励机制和奖励依据、监督机制有待完善等，这些缺陷影响了农民合作组织的发展。为加快建立我国农民合作组织治理结构，笔者借鉴了埃莉诺·奥斯特罗姆的自主治理理论，对中外农民合作组织进行比较分析，找出它们的共性和差异，从而优化农民合作组织的治理结构。

一、埃莉诺·奥斯特罗姆的自主治理理论

当代公共选择学派创始人之一埃莉诺·奥斯特罗姆(Elinor Ostrom)对公共池塘资源和公共财产制度进行研究，将个人利己主义和利他主义相结合，构建了自主治理理论，形成了经济治理的分析，尤其是普通人经济治理活动的

分析理论框架。该理论的相关内容集中体现在奥斯特罗姆 1990 年的著作《公共事务的治理之道》(Governing the Commons)中，并成为 20 世纪美国政治学界引用率最高的当代经典著作。该著作主要研究一群相互依赖的委托人怎样才能把自己组织起来进行自主治理，从而能够在所有人都面对"搭便车"、规避责任或其他机会主义行为诱惑的情况下，取得持久的共同收益。其核心内容包括三个方面：首先，奥斯特罗姆用博弈论的方法系统地分析了用来为政府或市场解决自然资源最佳治理方案的三个有影响的理论模型，它们是"公地悲剧"(Hardin，1968)、"囚犯困境博弈"(Dawes，1973，1975)以及"集体行动的逻辑"(Mancur Olson，1965)。这些模型的结果表明，政府的绝对控制或彻底的私有化，人类很难摆脱悲剧的梦魇。奥斯特罗姆从理论上探讨了不同于国家也不同于市场的制度安排的自主治理公共池塘资源的可行性。其次，实践中，可以通过将非正式的规则纳入集体行动分析的范围，使用者通过自主治理的方式来解决。最后，通过分析全世界有代表性的委托人对公共池塘资源的自主治理的案例，从中归纳和界定了其中的原则，为公共池塘资源制度的存续提供了一种可信的解释。

二、中外农民合作组织治理结构的国际比较

目前，世界上农民合作组织模式主要分为三种类型，以美国、加拿大为代表的北美洲跨区域合作经营模式，以德国、法国、丹麦为代表的欧洲专业合作经营模式和以日本、韩国为代表的亚洲综合性合作经营模式。无论哪一种模式，都建立了较好的治理结构，国外合作社能在世界市场经济的大潮中立于不败之地正是得益于这些治理结构的有效设计和严格执行。本研究将依据奥斯特罗姆提出的八项原则，将中外农民合作组织的治理结构进行比较，进而对中国农民合作组织的发展提出合理建议。

(一)产权关系界定

只有对农民合作组织的产权关系进行明确界定，才能激励社员关心和追求资源的最优使用效率，使其不断发展壮大。近些年，虽然我国农民合作组织取得了快速发展，但产权界定不清等问题，影响和制约了合作社的发展。

主要表现在：

（1）财产所有权缺失。我国农民合作组织的财产权来源包括原有的集体财产、自愿入社社员缴纳的会费、政府的财政支持（此项占比较少）、种植大户或能人（此项出资占很大的比重）。在农民合作组织成立初期，由于地方政府强烈推动合作组织发展，社员无须缴纳会费就可加入，导致产权模糊；种植大户或能人占比过高，造成合作社成员之间的利益联系不密切，对合作组织的经营管理漠不关心，使其发展呈现出规模小、发展慢、效益低的特点。

（2）法人财产权缺失。法人财产权是对投资者投资的资产进行使用和管理的权利。由于大部分农民合作组织没有实际的资产投资，造成了事实上的法人财产权的空缺。注册形式的混乱也是造成法人财产权空缺的另一诱因。当前，我国绝大部分的农民合作组织已登记备案，却缺乏统一部门管理。2007 年的《农民专业合作社登记管理条例》第一章第三款明确规定：工商行政管理部门是农民专业合作社的登记机关，未依法登记不得以农民专业合作社的名义从事经营活动。现实是约有 1/2 在农业部门注册，1/4 在工商部门注册，1/4 在民政部门注册，有些在三个部门同时注册。除在工商部门登记的能享受金融政策和国家对合作社的相关的税收优惠，其他登记备案的都与合作组织发展的初衷相悖，使得原本就处于弱势群体的社员的法律地位并没有提高，阻碍其扩大再生产和社会融资。与我国相比，发达国家农民在一定程度上拥有生产资料所有权和独立经营权，自愿加入合作社，合作社不改变财产所有权关系，合作社的财产归全体成员集体所有，投资入股给予一定的报酬，产权关系明晰。如美国和加拿大实行交易份额制和限制成员制。交易份额制要求合作组织的成员必须购买合作组织的交易份额或交易权；限制成员制对入社成员购买的最低限额或最高限额做出限制，美国“新一代合作社”社员既拥有财产的所有权，又拥有财产的剩余收益权和控制权，使得社员的剩余收益权和剩余控制权直接匹配，因而产权结构合理明确。日本农协是日本农民为了自身的经济利益而自发组织的事业法人团体，会员和准会员均要出资，社员所出的资金，除了获取利润之外，还应有额外的分红。欧洲各国的合作社普遍采取出资入社的方式，如德国合作社要求入社社员必须投入一定数额的资产，《德国经营及经济合作社法》对德国农业合作社的法人地位、投资额门槛、社员情况、法律责任、盈余分配等问题做出了详尽的规定。组织形式上，按照地方、州、联邦三个层次自上而下建立的，即形成了从基层到中央的完整组织体系。这些设计都确保了合作组织的产权明晰。

（二）成员的集体参与度

成员的集体参与度是指全体成员参与合作组织的章程制定、民主管理、收益分配等事项的程度。我国的很多社区性合作经济组织与村党支部与村委会混为一体，合作组织的重大决策由党支部书记或村委会主任说了算，广大农户根本无法参与到其中。而真正的合作经营，不是个人或企业的合作社，而是广大农民的合作社。近些年，以一些“致富能人”“农民企业家”“种植大户”为牵头人的合作社，他们以合作社的名义通过向农民支付流转费的方式将土地集中起来，承诺农民可以到基地打工和参与盈利分红。这种经营模式近年来在各地如雨后春笋般铺展开来，实现了农户增收、土地生产率的提高、基地的健康发展的三效合一。可事实上，作为合作社的农民在缴纳了一定的股份之后基本无法参与合作社的任何决策，包括合作社土地的流转和劳动力的雇佣。合作社的实际运作完全由理事长个人或其拥有的基地来运作，收益分配主要由其独享，这样的合作社不是农户的合作社而是个人或企业的合作社，是徒有虚名的合作社，且这种合作社占相当大的比例。有些合作社虽然在合作社章程中规定了一人一票的原则，由于农民的文化素质的差异、信息不对称和随大流的思想，社员攸关自身利益的重大决策权并没有真正行使，使其流于形式。但同比美国专业合作社大都实行每人一票表决权，新一代合作社更凸显了社员的权利是成员权（一人一票）而非财产权的特征。欧洲是合作社的发源地，社员实行一人一票制，有的会根据交易产品的数量和质量给予附加的表决权。日本农协属于半官半民的组织，成员通过组织员大会来行使自己的权利。中国台湾农协一方面是政府农业政策的执行机关，也是农民表达、维护自身利益的机构，成员通过会员代表大会来实现自己的权利。

（三）有效的监督机制

我国的很多农民合作组织由于产权界定不明晰，少数人占有和控制财产，大部分社员随大流思想，使得社员行使相应权利比较困难，无法形成一致的有效的监督机制。一些村党支部书记或村主任可以随意处置合作组织的财产，根据自己的意愿管理，很难让合作组织长久存续。我国的农民合作组织很多也成立了以理事会为决策中心的组织体系，但理事会成员大多受政府、龙头企业、致富能人的影响比较大，他们在制定决策时更多考虑自己的利益，盈余分配上独享大头，将其他社员的利益置之度外，制定的决策不是有利于多数社员的利益而是损害多数社员的利益，社员的利益诉求很难实现，也无法实现对合作组织的有效监督。而欧美的合作社比如英国，非常注重监督体制和形式的创新，英国合作社没有设立监事会机构，通过动用社会力量来监督和提高合作社经营质量与产品合格监督的技术含量，最终更多更好地调动合作社各个社员的民主监督积极性。监督形式上聘请专业人士对合作社的经营模式进行监督。法国政府专门成立了各种监督机构，如法国政府在2006年成立了专门负责农业合作社的各种事务的HCCA（法国农业合作社最高理事会），该机构对农业合作社的运行中是否遵守其相应的规章制度以及有关财务状况等起到了严格的监督作用。德国的合作社除了设立监事会监督外，法定的审计制度进一步加强了有效监督。美国的合作社实行平等合作合作基础上的民主管理，从普通的社员到董事长都是从事农业生产的劳动者，董事会作为管理机构，由全体成员选举产生，合作社的重大决策有利于全体社员，经营过程受社员的监督。

（四）对组织权的最低限度的认可

它是指组织内部的成员设计自己制度的权利不受外部政府权威的挑战。我国大多数社区性合作经济组织与村支部或村委会融为一体，村支部书记或村委会主任为政府在村一级的代言人且都担任合作经济组织的最高领导者，在设计制度时很难摆脱政府的干扰。由于农民地域的分散性和规模的不均匀性，政府利用其社会动员能力、资源掌控及配置能力，形成了当前各式各样的官办民随、官民合办的合作经济组织，使得组织内部的成员设计自己制度的权利依附于或半依附于政府的控制之下。而欧美的合作社比如美国和加拿大，其合作社的章程由全体社员民主商议形成，政府不干预，只是在法律与政策层面给予支持；英国、法国的合作社，政府不干预制度设计，只是通过法律保障合作社的合法地位，通过政策给予合作社相应的优惠；日本农协与政府关系密切，政府的相关政策通过农协贯彻和执行，政府的作用体现在引导和服务上，合作社的制度设计通过由全体成员组成的组织员大会制定。

三、中外农民合作组织治理结构的异同

通过对中外农民合作组织治理结构的比较，我们发现全世界农民合作组织在治理结构上有一些共同的趋势和特征。

（一）中外农民合作组织治理结构的共同特征

1. 社员的权利取得、行使、丧失、救济等权利束相同

社员资格和社员权利是一对孪生兄弟。自由入社和退社是每一个国家在合作社法中明文规定的，入社即取得社员权利。我国《农民专业合作社法》规定，不得强迫任何人或组织加入其社，但没有规定可以享有继承取得权利与受让取得权利。国外许多国家规定比较完善，德国合作社法规定，社员死亡时，其权利自动传给遗产继承人，继承期间，合作社解散，社员权利终止；瑞士合作社法规定合作社章程可以备注继承人的继承顺序。没有任何条件的自由入社和退社会导致合作社公共积累的不稳定，世界上大部分国家都对入社有一定的限制，如实行有限的社员资格，按交易额和惠顾额分配利润。社员退社条件在我国有合作社章程自定，合作社法中没有明确条文，而国外很多国家合作社法中有详细退社规定，如芬兰和意大利明确规定社员被开除和死亡属于法定退社。社员权利的行使包括社员参与社员大会、选举与被选举、民主管理、重大事项的决策。社员救济权利一般国家规定的是通过法律途径解决。

2. 农民合作组织治理结构的目标相同

农民合作组织的目标可以分为组织目标、终极目标和具体目标。组织目标是为以农民为主体的社员提供服务，终极目标是改善加入合作社社员的福利，具体目标是降低合作社的交易成本和委托代理成本，提高合作社的效率。合作社的目的是社员自我服务，由从事相同农产品或服务的农民组织起来，合作社提供产前、产中、产后服务，社员作为所有者和使用者双重身份，对

内不以营利为目的。当合作社与非社员发生业务时，合作社作为市场主体谋求利润最大化，为社员服务是合作社存在的根基，为合作社盈利不是合作社追求的目标，而是合作社盈利越多，越能为社员提供更好的服务，改善社员的福利。具体目标实现过程中，避免信息不对称所引起的道德风险，避免搭便车者。

（二）中外农民合作组织治理结构的差异分析

1. 组织管理机制不同

组织管理机制包括组织机构框架是否严密、内部结构是否清晰、层级之间责权利界定是否明确。发达国家有严密的组织机构框架，整个组织框架按照合作社业务发展需要对口设置，隶属于上一级层级同时对下一级层级提供指导和监督，各个层级之间在业务经营上是相互独立的。这样的组织机构设置既能保持各自的经营独立性，又能发挥整体的优势，从而降低合作社的交易成本，提高合作社的竞争力。美国从合作社董事长到普通社员，都必须从事生产劳动，合作社日常工作由董事会聘请经理完成。日本农协机构设置分为三层。最低层为基层农协，以市、町、村的农民入股形成，分为综合农协和专业农协两种，综合农协提供技术指导、农资供应、农产品销售、资金筹集、保险等，专业农协依据实际需要设立，中间一层为都、道、府、县的基层农协入股形成的县级联合会，最高层由全国的基层农协和县级联合会入股形成中央联合会。中央联合会对下一级的工作提供指导和监督，协调各联合会之间的联系和纠纷，帮助政府实施农业政策。中国台湾的组织体系由基层社、联合社和联合社之联合社组成，联合社采取有限责任或保证责任制，根据合作社的业务建立。韩国合作社组织体系包括农业合作社社员、基层农业合作社和农业合作社中央委员会。我国由于区域间巨大的经济和资源禀赋差距，农民合作组织在各地区发展不均衡，全国没有形成严密的组织体系，农民合作组织内部治理机构由社员大会、理事会、监事会组成，由于全国合作社缺乏统一的组织协调，造成乡、县、省、国家层次合作社无序竞争，增加了合作社的委托代理成本，降低了合作社的效率和抵御市场风险的能力。

2. 治理特征不同

治理特征涉及产权制度、激励与监制度等方面。各个国家由于不同的国情，治理特征不尽相同。美国农业合作社经历从传统合作社到“新一代合作社”的转变，其治理特征有所变化。传统合作社的治理特征表现为合作社的资产属于合作社而非个人所有，合作社发给社员的认股权证有条件转让，绝大部分合作社都实行“一人一票”制度，极少数合作社还附加额外票，额外票由社员持有的股票数量或者与合作社交易量确定，利润采取惠顾额返还制度。“新一代合作社”的治理特征变为按人与按投资额大小分配投票权，有效解决控制难问题，“新一代合作社”在治理特征上更像股份制企业，但其改善社员福利的本质并没有改变。加拿大合作社治理特征概括为所有制的股份化、治理结构的企业化和内部管理的民主化。日本合作社治理特征为拥有健全的治理结构，由社员大会或社员代表大会、理事会和监事会组成，决策机制上实行“一人一票”制，社员权利分为自益权和公益权两类，会员权利因身份不同存在差异。德国合作社的治理特征为董事会、监事会和社员大会分权制，实行“一人一票”制，严格的审计制度。我国真正意义上农民合作组织发展时间较短，农民自主参与市场的经验不足，农民合作组织的领导人主要来自政府部门、企业主、能人、种植大户，由于不是专门的职业经理人，造成初始委托人丧失，内部管理混乱。限制社员个体股份数额，造成激励机制的缺乏，农民由于缺乏企业管理能力和经验，使得监督形同虚设。

第二节　中外农民合作组织模式的国际比较

一、中国农民合作组织模式

我国农民合作组织历经了中华人民共和国成立后互助组、初级合作社、高级农业合作社、人民公社、新型农民合作组织的变迁，走过了一条弯弯曲曲的道路。中华人民共和国成立后，我国成立了四种类型的农民合作组织：农业生产合作社、农民手工业生产合作社、农村供销合作社和农村信用合作社。随后开始全国性质的合作运动，合作运动的初衷是建立在农民愿望要求和农业发展需要的基础上，后来演变为“一大二公”“跑步进入共产主义社会”的“政社合一”的管理制度，合作运动完全背离了合作社自愿联合的本质性，成为政府的附属品。改革开放后，政府废除旧规，按照以合股合作为原则组建合作社，合作社在中国大地遍地开花，多数以“专业技术协会”或“研究会”的形式出现，没有统一的组织形式和统一管理。近些年，随着贸易投资自由一体化的发展，为应对单个家庭分散经营所带来的困境，各种形式的农民合作组织开始出现，有社区性的合作社、专业合作社、专业协会、经济联合体、能人带动模式、“公司＋农户”模式、“农户＋合作经济组织（协会）＋公司”模式、中介机构联动模式、农民自办合作社模式等。下面重点介绍“公司＋农户”和“公司＋农民合作组织＋农户”模式，其余的模式在后面的政策建议中阐述。

（一）“公司＋农户”模式

一个地区农业经济的发展大约经历三个阶段：首先，农民开始种植适宜当地生长的农作物，种植数量逐步增加，成为稳定的原材料供应基地；其次，形成当地的特色种植和特色农产品，农业企业出现并发展壮大成为规模较大的龙头企业；最后，龙头企业和周围农户形成利益关联，农户将生产的农产品卖给龙头企业，龙头企业指导农户标准化种植，保证农产品质量，“公司＋农户”模式形成。

“公司＋农户”模式是改革开放后在农村最早出现的农民合作组织，现在西部地区和中部一些地区依然大量存在，是以某类或者某种农产品龙头企业为纽带，联动周围农户成为供产销一体，风险共担、收益共享的农民合作组织模式。公司为农户提供生产各个环节的技术指导、种子等农资，双方签订购销合同，到时双方以事先约定的合同价格交易，企业有了稳定的农产品原料供应，农民没有销售难和农产品价格波动的后顾之忧，降低了双方的交易成本，提高了收益，“公司＋农户”的模式被认为是带动农业发展的重要组织形式。与其他模式相比较，该模式具有以下特征：

（1）它是在农产品种植形成规模，产量稳定并有地方特色的基础上发展起来，解决了农民销售难和公司原材料供应不稳定的困境。

（2）公司拥有资金优势，对政府的政策专门研究分析，收集市场农产品供需信息和种植量变化，预测未来价格走势，及时让农户调整种植结构和品种，实现了公司与农户的利益链接，加速了农业供产销一体化经营发展。

（3）与单个农民参与市场交易不同，公司在交易中谈判地位强，公司与农户通过签订合同，按照预先约定的价格收购，降低了企业的交易成本，增加了公司的利润，通过分红使得农民的收入提高。

（4）企业根据市场供求的变化，及时让农户调整种植结构和品种，极大地降低了农户的市场风险，减少农户的损失，有很大的适应性。

（5）公司通过引进新技术、新品种，指导农户生产，加速农业的产业升级，保证农产品质量安全和品牌创建。

（6）与以盈利为目的的现代企业相比，公司优先考虑农户的利益，保持农户收益的稳定性。

“公司+农户”模式虽然在一定程度上可以解决农产品销售困境的问题，但实践中也存在局限性：

（1）同作为市场主体的公司和农户，由于资金和信息的不对等，使得他们处于不同的市场地位。

（2）公司作为市场主体，目的是追求利润的最大化，通过压低农产品价格攫取本该属于农户的利润，使农户的收益减少。

（3）农户作为社会的基本单位，具有分散性、离散性的特点，将农民组成合作社需要一定的协调成本，从而使公司的成本增加，使公司处于不利位置，严重者被市场淘汰出局。

（4）由于作为合作社社员的农民具有异质性，法律意识淡薄，实践中很难严格按合同办事，特别在农产品价格波动较大时更是如此。

（5）公司一般依据往年的农产品价格确定农产品合同价格，很难反映供求变化，使得农户的增收难以实现。

在“公司+农户”的产业化模式中，公司和农户是各自独立的利益主体，在实践中，往往出现公司和农户利益不一致的情形。

（1）订单农业是“公司+农户”模式下的一种典型形式，双方通过契约约定农产品到期时收购价格。到期如果市场价格和契约价格相差不大，农户和公司都不会违约，按约定的价格完成交易，双方的收益不会受损；如果到期市场价格和契约价格有较大的差额，市场价格高于契约价格，农户就会违约，将产品以市场价格出售给其他企业，违约成本很低或没有违约成本，市场价格低于契约价格，公司就会违约，单个农户维权的成本非常高，就会损害公司或农户的收益。

（2）公司在资金、管理方面占据优势，由于信息不对称和地位的不对等，公司会做出有利于自己的决策而损害农民的利益，公司通过延长产业链取得农产品高附加值增加利润，农户很难分享高附加值带来的利润增值。

（二）“公司＋合作经济组织（协会）＋农户”模式

这种模式是在“公司＋农户”模式的基础上发展起来的，农户以各种合作经济组织（协会）为纽带，与公司形成供产销一体、利益联动的组织模式。合作经济组织（协会）为农户提供产前、产中、产后全方位服务，让单个农户联合起来形成具有共同目标的经营群体，公司、合作经济组织（协会）、农户三者风险共担、利益共享。在这种模式下，合作组织代表组织起来的农户与公司都是企业法人，严格遵守市场规则，组织起来的农民不仅增强了市场主体的谈判地位和能力，可以运用经济手段保护自身的权益，而且规范的生产经营保障了公司对生产基地和充足原材料的需求。在三者职能上，农户负责生产，合作经济组织侧重联系和服务，公司偏重营销。由于公司与农民个体直接发生经济关系演变成为公司与合作经济组织的关系，市场平等的关系，从而使得两者处于相同的市场地位，改善了农民的不对等的市场地位。

这种模式具有以下制度特征：

（1）同“公司＋农户”模式中紧密的利益联动相比，该模式下三者的关系是松散的一体化关系。龙头企业对农户的利益链接度降低，公司与农户直接链接降低了市场交易成本，合作经济组织（协会）的中间链接在某种形式上代替了市场，降低了公司和农户之间紧密度，呈现松散的一体化关系。

（2）合作经济组织（协会）的双重身份。农户和合作经济组织（协会）、合作经济组织（协会）和公司之间是两种委托代理关系，作为双重代理人，合作经济组织（协会）既要负责指导农户生产技术、提供产前、产中、产后各个环节的服务，实行标准化种植，生产出满足公司要求的农产品原材料，又要在和公司讨价还价的过程中，为农民争取更多的利益和维护自身的利益，合作经济组织（协会）的角色是非常重要的，是利益链上的支点，决定了该模式能否续存。

（3）博弈关系不稳定。在公司和单个农户之间，农户是弱势方，合作经济组织（协会）作为农户的代理人，应为农户争取利益。现实是合作经济组织（协会）也是独立的经济利益主体，对公司和农户的信息充分掌握，出于自身利益最大化的考虑，会扩大寻租空间，选择能给自己带来更大收益的决策，而不是三者作为一个整体的利益最大化。这种“墙头草”的思维使得公司和农户之间的博弈变得更加复杂，导致了交易成本的增加和双方的不信任。

公司的主要功能是负责农产品的采购、加工、流通等。公司通过与合作经济组织签约合同，制定农产品的收购价格和其他相关责任和义务，在农产品加工过程中实现了增值，应将相应的利润返还给农户，达到“利益共享，风险共担”，在市场经济条件下，农产品的生产、销售、供应要实现市场化，需要农产品的生产者、加工者、运销、批发、零售者的整体加入。加工流通企业对内联结千家万户，对外联结国内外市场，不仅是生产加工中心，而且是信息中心、科研中心和服务中心；不仅要搞好自身的经营管理，而且要开拓市场，组织带动农户搞好原料基地建设。

由于这种模式是由实力较强的农产品加工流通企业主动引导农户组建或直接参与新型农民合作专业经济组织，形成“公司＋合作经济组织（协会）＋农户”的农业产业化经营模式，对企业来说，可以减少交易成本；对农户来说，可以通过合作组织与企业联姻。企业按保护价收购保护农民收益。因此，“公司＋合作经济组织（协会）＋农户”是新型农民专业合作经济组织发展的趋势，应积极扶植。

二、国外合作社组织模式对我国的启示

（一）农民合作组织的发展程度必须符合本国的国情

日本作为人多地少的国家，粮食自给率不足40%，为保持粮食产量的稳定，政府对农业进行了严格的保护，几乎全部农民都加入农协。以美国和加拿大为代表的跨区域合作社，他们的社员是建立在拥有一定数量私人生产资料的个体农场主基础上，市场经济制度比较成熟，形成了跨区域合作组织模式。欧洲专业化组织模式建立在现代化农业基础上，政府大力支持，延展了农产品的产业链条，提高了产品附加值，逐渐形成专业化组织模式。

我国作为一个发展中的国家，人多地少，区域之间经济发展程度不同，国家不应该一刀切，各地政府应该根据客观农业实情，选择最适于当地农民合作组织的模式，不要盲目引进先进模式，脱离当地实际，否则既损伤了农民的积极性又延缓了农业现代化的进程。东部沿海地区经济比较发达，合作社发展积累的实践经验丰富，市场化程度较高，以美国和加拿大为代表的跨区域合作社是他们借鉴的对象；中部地区农业种植比较发达，人多地少，可以借鉴日本韩国为代表的专业化合作社组织模式，成立省级的专业服务机构，为农户提供全方位的专业服务；西部地区可以根据当地情况，依托当地特色农业，成立特色农产品合作社，引导农民积极参与，提高收入。

（二）农民合作组织模式必须符合经济发展水平

农民合作组织模式的选择必须与当地的经济发展水平或生产力发展水平相适应。欧洲在工业化之前，农业生产率的提高，为工业革命铺平了道路，农民通过扩大种植面积，改进土地耕作制度，引进新品种，使得国家摆脱了粮食短缺对经济发展的困扰，为工业化和城市化的发展奠定了物质基础。工业化以后，农业的弱势地位逐渐体现，在日渐发达的市场经济和工业化的双重压力下，农业对市场和工业的依赖程度越来越高，小规模的家庭农场主经营为主的农业生产方式遭受严重冲击，农业合作社孕育而生，成为发达资本主义国家农业经济不可或缺的重要力量。如丹麦，国土面积 4.4 万平方公里，人口 550 万人，然而丹麦有“欧洲食橱”的美誉，人均肉类占有量、猪肉出口量及人均谷物占有量均居世界第一，同时是世界上最大的牧草种子出口国，98% 的农户是合作社社员，成为“合作社王国”。欧洲的合作社组织使得欧洲成为世界上主要的农产品生产和出口地。北美新一代合作社以提高农产品附加值为目的，奉行投资—利润经营取向，追求农产品加工增值以攫取更多利润，提高了合作社的效率。日本、韩国是典型的人多地少的小农制模式，日本在战后几十年实现农业现代化与农协的快速发展与有效运作有很大关系。农协的功能渗透到农民的生产、生活的各个领域，不仅涉及农业生产、加工等传统产业，还涵盖了农民金融、保险和社会保障。因此，农民合作组织作为一种连接农民和市场的载体，如符合当地的经济发展水平，就能促进农业的发展。

中国正处在城镇化步伐加快，大量资本涌入农业的背景下，我国长期处在社会主义初级阶段。改革开放后，我国实行了家庭联产承包责任制和社会主义市场经济体制，都是为促进三农的发展，但是这些改革削弱了农民在市场经济中的谈判地位，制约了农业现代化的进程。在当前经济发展水平条件下，农民合作组织模式的选取要加强农民入社的积极性，提高农业效率和农民收入。为此，党中央应把农村改革放在突出地位，完善顶层设计，加快构建新型农业经营体系。坚持农民家庭经营主体地位，积极发展多种形式适度规模经营，提高农民组织化程度，培育新型农民经营主体如种粮大户、家庭农场、专业合作社，从而促进我国向现代化农业转变。

（三）选择适合本国国情的农民合作组织模式

从国际合作社发展的路径可以发现其主要分为官办和民办两种。官办是政府意识到合作社对发展农业和组织农民方面独特的优势，先制定合作社法律，在政府的扶持下，自下而上建立合作社的组织框架，通过一系列财政金融税收信贷政策，鼓励合作社的发展，比较典型的有战后的日本农协和北欧的农业合作社。民办产生在地多人少的国家，农民手中拥有一定数量的生产资料，为了提高农产品附加值，实行封闭成员制取得了良好的农业绩效，呈现出企业化的发展倾向，如美国和加拿大的新一代合作社最为典型，农场主自发组织，政府给予政策优惠，建立自下而上的组织关系形成网络体系，在此基础上实现合作社的跨区域联合。

就我国而言，实行完全由政府主导的农民合作组织不符合现阶段农业现实。农户人均占有的耕地面积少，农产品产量规模小，农民本身固有的短视性使得他们不愿意参与由政府完全主导的农民合作组织。因此，当前中国应采取尊重农民意愿，因地制宜，发展多种形式的中国特色农民合作组织。

1. 龙头企业主导型

以龙头企业为主导，创建以“公司（企业）+ 农户”“公司（企业）+ 合作社 + 农户”“公司（企业）+ 协会 + 农户”的组织模式。从公司与农户的关系看，可以分为四类：①公司主导，农户与合作社对接；②公司与农户合办合作社；③公司与农民自办的合作社对接；④农民自办合作社。

公司主导，农户与合作社对接通过建立公司和农户之间纵向的长期契约，公司控制合作社的决策权和收益分配权，农民按合同履行职责，农民和公司之间没有形成风险共担、收益共享机制。在此模式下，公司前期需要较高的投入，投入的对象多是附加值较高的农产品，形成自有品牌。“公司＋农户”模式容易出现当市场价格波动较大，合同到期时出现市场价格与合同价格差额较大时，农民会出现较高的违约率或公司拒收。公司与农户合办合作社的亮点是农民在合作社中拥有股份，公司与农民之间形成共同的利益共同体，双方之间的外在契约被解除，取而代之的是生产要素的内部化。公司以所有者兼管理者的身份参与整个农业生产的全过程，监督农民的种植过程，农民可以选出代表参与公司的决策。该模式的不足在于公司主导的是以消费者需求为导向的经营理念与农民倡导的产品销售收入为导向的理念发生冲突，严重时会关系到合作社的稳定和效率。

公司与农民自办的合作社对接的模式中，公司与合作社是市场主体对等、各自独立的交易关系。双方之间的契约期限通常为一年，都可以选择和其他主体进行交易。在农民自办的合作社中，大家按照“一人一票”的原则分享合作社的控制权并按照与合作社的交易比例分享收益。农民自办合作社，合作社自办加工企业实现了农民为主体的纵向一体化。这种通过农民自办的合作社自我兴办加工企业而形成的以农民为主体的新型农民合作组织与传统模式相比有很多优势。它打破了由资本投资者长期垄断农产品加工的局面，实现了以农产品加工者为所有者的供应商类型，缩短与终极消费者的距离。这种模式目前不占主流，但它预示着未来中国农业产业化经营的一个新的模式。

2. 部门领办型

在当地农民没有积极性的背景下，为了提高农民的收益，由政府的相关部门发起的“部门＋合作社（协会）＋农户”的模式。特点是相关政府部门领导兼任理事长或社长，以利用部门所拥有的资源，及时获取国家的相关扶持和优惠政策，利用专业大户的销售网络，合作社挂靠在相关政府部门形成保护与被保护。山东和河北的供销社领办的合作社基本属于这种情形，大部分的合作社有乡镇领导担任。

3. 能人大户领办型

由农业大户或农村能人参加，形成“能人（大户）＋合作社（协会）＋农户”的模式，它们是在政府的扶持下，依托农业大户或能人的技术、管理经验、销售网络和信息渠道，覆盖范围广，由于农村很多地区都有能人，他们带头组建能加快这一组织在农村的发展，能得到农民认可，提高积极性。决策快，经营灵活，能人容易树立权威，减少决策成本，根据市场需要调整经营策略。

国外合作社模式分为跨区域模式、专业模式和综合模式。专业性合作社不搞综合模式，围绕某项农产品生产提供系列化服务，围绕农产品产业链中的某个环节进行服务，在政府的支持下，成立全国性的专业机构。综合性的农协覆盖全国农村，形成自下而上三级管理机构。跨区域合作社为了追求农产品高附加值，倾向于公司化运作。结合我国农业和农村实际情况，在东部经济和合作组织发达的地区，可以实行专业性和跨区域相结合的方式，中西部地区可以采取专业性和综合性相结合的方式。国际经验表明，要确保合作社稳定和规模不断扩大，必须建立明确的产权机制和相应的配套机制，拥有广泛的群众合作基础。让农民通过合作运动，从自发到自觉，打破小农狭隘的视野，认识到市场经济中联合的优势，通过法律、政策保障自己的利益，随着合作组织生产服务功能的增强，地域性乃至全国性的专业服务机构及组织框架会逐步建立，农民合作组织将会成为农业现代化进程中的一种重要的力量。

三、中外农民合作组织模式的国际比较

（一）中外农民合作组织模式的共同特征

农民合作组织模式根据一个国家的经济发展水平与外部环境的变化而不同，同时受到政府对合作组织的控制程度、合作组织为农民服务的程度的影响而存在差异，但是差异背后有一些相同的发展特征。

1. 遵守市场运行规律

英国通过工业革命确立市场经济的统治地位，合作社在欧洲普遍开花，之前的空想社会主义者倡导的合作社实践由于脱离社会实际以失败告终，为什么在市场经济体制下合作社就会真正产生？市场经济的资源配置功能在提高效率的同时，也将社会人分为不同的利益群体，不同利益群体划分重要的

原因是交易双方在市场博弈过程中所处的交易地位，双方力量相差悬殊的情况下，交易规则往往被强势一方所垄断，弱势一方只有被动接受。农民合作组织正是在市场经济体制下弱势群体为改变市场谈判地位而联合起来与垄断方抗衡。政府认清市场运行规律，给予合作社自由发展的空间或者是给予政策扶持，从而达到降低交易成本，提高农民收益，缓解社会矛盾的目的。

2. 形成合作社法律体系

法律约束和规范市场经济主体行为，合作社法律可以使农民合作组织有法可依，受到法律的规范和保护。发达国家已经形成完善的合作社法律体系。如法国的立法模式为“附属于民商法典 + 分业合作社法”，美国的合作社法由多部法律构成，包括特别立法与普通公司法，日本是亚洲最早颁布合作社法的国家，对合作社采取的是分业单独立法，韩国于 1957 年颁布《农业协同组合法》。我国于 2006 年颁布了《中华人民共和国农业专业合作社法》，但随着经济和外部环境的变化，相关的法律需要修订完善，为农民合作组织提供更详尽的法律规范和保护。

3. 组织制度灵活

市场经济是合作社产生的外部市场环境，市场经济的不断完善使得合作社在进行自身的调整，传统的农民合作组织模式由于不适应市场环境的变化而进行革新，世界上比较典型和成功的合作社组织模式有三种类型：跨地区合作社、专业性合作社和综合性合作社。它们为应对日益增加的市场竞争压力，不断地进行微调，出现一些新的特征。如合作社的数量不断减少而规模不断增加，实行纵向和横向一体化联合、跨地区跨国合作，企业化趋势明显。中国农民合作组织模式随着外部市场环境的变化，不断变化，各种模式层出不穷，如能人领办型、公司与农户合办型、农户自办型模式等。

（二）中外农民合作组织模式差异分析

我国的农民合作组织模式与国外存在差异主要表现在产生背景、组织架构、功能定位等方面。

1. 产生背景的差异

18 世纪中后期到 19 世纪，欧洲兴起了工业革命为合作社的发展创造了条件，工人阶级的反抗为合作社的发展奠定了基础。英国农民为避免工业资本家和中间商的双重剥削，成立合作社。欧美很多国家的农民并不是完全意义上的无产阶级，他们是在一定程度上拥有生产资料所有权和经营权的农场主，为扩大农业规模、共同抵制市场风险自发成立。早期的荷兰农民和园艺工人的经济实力非常弱，在市场中所处的地位不利，为了保护自身的利益，农民和园艺工通过建立农业合作社凝聚力量同市场上的大公司相抗衡。当然只依靠农民和园艺工建立的合作社的力量是不够的，还要具备比较好的外部环境，同时还要得到政府的支持。从 1976 年 7 月 26 日起，合作社就正式成为了荷兰民法典的一部分。丹麦的许多开明的庄园主认识到，要提高全国农产品的产量，不应该仅仅把目光放在家用农场上，而是必须把整个农业当作一个整体来看待，必须彻底改变现有的生产方式。日本、韩国和中国台湾同属东亚地区，人多地少，小农经济历史悠久，二战后，在吸收欧美国家合作社发展思想的基础上，创建了农协框架组织结构。

我国在解放战争时期，由于实行了土地革命，解放区的农业合作运动得到很大发展，成为后来农业合作社的雏形。中华人民共和国成立后，在农业合作化初期，互助组建立在自愿的基础上，不改变生产资料的所有制关系，发展较快；高级社时期，政府操之过急，将社员私有的生产资料转为合作社集体所有，损害人民利益；人民公社时期，政商合一，使得农业生产力遭到很大破坏。改革开放后，人民公社退出历史舞台，家庭联产承包责任制的推行激发了农民的农业积极性和效率。1983 年开始组建农村居民的自治组织，后来出现合作社、专业协会等专业农民合作组织，随着市场经济的发展，出现新型农民合作组织。由此可见，中国的农民合作组织的路径是自愿→强制→扶持→自愿。

2. 组织构架差异

综合农协覆盖全部农村社区，组织构架上呈现自上而下的三级体系。日本农协由基层农协、道府县、全国农协联合会组成。韩国形成中央、省、县三级农协体系。台湾地区形成省、县、乡镇的三级农会体系。专业合作社围绕农业产业链的某个环节进行服务，在政府的支持下形成全国性的专业服务机构，坚持自下而上的民主选举制度。跨区域合作社实行股份制私有化管理，分为地方性合作社和区域性的合作社，前者由社员直接组成，后者由农场主组成或地方性的合作社构成，还有一些全国性的合作社。

我国农民合作组织目前还未形成全国性的组织体系，受工商、农业、民政、科协等部门的多头管理，管理部门之间没有明确的职能划分，相互之间缺乏沟通协调，严重影响农民合作组织的发展，政府应反思怎样在有效管理的基础上不损害合作社独立自主的发展，当前政府和合作社之间是干预与被干预，保护和被保护的博弈关系。在市场经济体制尚不完善，生产要素没能自由流动，法制体系不健全的国内背景下，政府应服务而不干预，通过示范章程，引导而不主导农民合作组织建立民主管理制度，合作社逐渐走向专业化发展方向，政府积极推进建立省级乃至全国级的专业服务机构。

第三节　中外农民合作组织与政府关系的国际比较

从我国农民合作组织演化的过程来看，政府的行政色彩较浓，扶持力度不够，宣传不足，服务意识淡薄、领域狭隘、单一，农民合作组织主管部门职能交叉，缺乏指导经验。

一、我国农民合作组织与政府关系的演化

（一）改革开放前农民合作组织发展中的政府行为

1928 年国民党政府设立合作事业指导委员会，1934 年出台《合作社法》标志我国政府行为开始介入合作社，采取的是在政府单方面实施下推行制度变迁的策略。中华人民共和国成立后，我国农民合作组织的发展历经一波三折。从中华人民共和国成立到 1978 年实行家庭联产承包责任制，人民公社体制退出历史舞台，在此期间，农民合作组织的发展具有革命运动的色彩。从最开始农民自愿组成互助组，到后来发展为政社合一、三级所有、队为基础的人民公社制度，我们可以清晰地看到在高度集中统一的计划经济体制下，农民合作组织已经变形、扭曲，进一步沦落为政府直接控制的工具。究其原因，中华人民共和国成立后面临帝国主义的封锁和战争威胁，中国只有快速发展工业尤其是重工业，才能摘掉中国落后农业国帽子，建立起现代经济体

系，中国的工业化必须依靠自力更生，靠农业的原始积累，国家通过合作社集中提取农业剩余比同单个农户分别交易节约大量的交易成本，因此，国家工业化是农业合作化的根本原因。

从中华人民共和国成立到改革开放，我国农民合作组织的演变历程属于政府主导型或政府推动型，与西方发达国家合作社在市场经济环境下自发形成或变迁相比，我国农民合作组织在此期间更多的内化为计划经济的一种制度安排。

（二）改革开放后农民合作组织发展中的政府行为

改革开放后，经济体制从计划经济转向市场经济，中国农民合作组织的发展开始和国际接轨，开始在市场经济框架下发展农民合作组织。政府对合作社的态度逐渐由狂热向正常回归，由规则的制定者和执行者的双重身份向制定者单一身份转移，注重从价格、税收、信贷、法规等手段进行调节。党中央和国务院连续出台有关农民合作组织的相关文件。1987 年中央 1 号文件明确指出：在村一级，有的单设合作社，有的将村民委员会村合作和村治理结合在一起，信用合作必须改变官办的弊端，供销社在性质上是集体所有制经济组织。从 2004 年至 2016 年发布以“三农”（农业、农村、农民）为主体的中央 1 号文件，强调了合作组织的发展和重要作用。如 2013 年 1 号文件大力支持发展多种形式的新型农民合作组织，2014 年 1 号文件支持发展新型农业经营主体，如专业合作、股份合作、家庭农场。2015 年 1 号文件指出：“引导专业农民合作社拓宽服务领域，稳妥开展农民合作社内部资金互助试点，鼓励发展农民用水合作组织，重点培育和优先发展农村专业协会。”2016 年 1 号文件指出：“引导农户自愿以土地经营权等入股龙头企业和农民合作社，加强农民合作社示范社建设，支持合作社发展农产品加工流通和直供直销。”

除中央连续 13 年发布 1 号文件外，政府在法律上加大了对合作社的支持。自 2007 年 7 月 1 日起开始实施的《中华人民共和国农民合作社法》在第一章中，明确国家对合作社发展的基本态度是支持和引导，规范合作社发展，保护合作社成员的合法权益，解决了合作社法律主体地位的问题。

从以上的文件和法律法规可以发现，政府行为从直接干预慢慢转向引导、规范和间接的政策支持，政策涉及财政、金融、税收、教育培训和技术推广等。如财政部、国家税务总局在1994年针对专业技术协会、农民合作社出台规定："提供技术服务或劳务取得的收入，暂免征收所得税。"从2008年7月1日起实施的《关于农民合作社有关税收政策的通知》明确了合作社销售农产品、增值税纳税人从合作社购买免税农产品及合作社向社员销售农资的税收优惠政策。从中央近几年的1号文件中政府给出的合作社发展的政策支持越来越具体，财政直接支持或间接协助的力度逐渐增加，加快供销社改革，努力将供销社打造成具有中国特色为农服务的综合性组织。建立规范透明的管理制度，推进财政支持农民合作社的新试点。鼓励地方政府和民间出资设立政策性、融资性担保公司，为种粮大户、家庭农场、农民专业合作社、股份合作社提供担保，加大新型职业农民人才培养力度，支持农民合作社延伸农业生产产业链，提高农产品附加值。这些政策的实施将带动农民合作社进入一个新的发展阶段。

二、我国农民合作组织发展过程中政府行为存在的问题

（一）基础设施供给严重不足

农民合作组织在发展的过程中，离不开交通、水电、燃料、农田水利基本设施的协助。相对于合作社发展实践经验丰富的东部地区，中西部地区合作社发展面临严重的基础设施供给严重不足的问题，挫伤了社员的积极性，制约合作社的发展。如鲜花、水果保质期短，由于交通不便不能及时外运，交通不便和水电不足，使得农产品生长的温度受到影响，影响合作社的收益和社员的收入。基础设施具有投资大、周期长、回收期慢的特点，使得单个合作社难以完成，政府加强财政资金的投入是十分必要的。2016年1号文件提出支持农业合作社发展加工流通和直供直销，可是配套的基础设施却鲜有提及。

（二）合作社发展软环境薄弱

综合国外合作社发展的实践可以发现，一国合作社的发展不仅受基础设施等硬环境的影响，还受到软环境的制约。合作社发展的软环境包括政府应建立各种法律法规体系、合作社与企业竞争的市场体系等，避免政府在合作

社发展过程中的任性干预。软环境薄弱主要表现在：

（1）合作社的规范管理只停留在定性层面，实践中缺乏可操作性。我国虽然出台了《中华人民共和国合作社法》《农民专业合作社登记管理条例》《农民专业合作社财务会计制度（试行）》《农民专业合作社示范章程》等法律法规，这些都是从总体上对合作社的注册登记、运行机制做出基础性规定，相应的《民法》《公司法》、税收法律的内容中没有涉及与合作社发展业务相关的条款或解释。

（2）政府部门职能交叉影响合作社的发展。我国延续了计划经济条件下各块分割体制，与农业相关的部门或机构有农业部、财政部、水利部、粮食局、林业局、食品药品监督管理局等，它们相互独立又相互交叉制约。合作社面临多个"婆婆"管理，一项好的政策会因为某个部门的利益受损或未达到预期目的而延迟推出，有利益时，各个职能部门一哄而上，需要解决困难时装聋作哑，挫伤农民对政府的信任，降低政策的预期。

（3）市场体系不完整。当前的农产品生产、流通市场处于星星之火，未形成燎原之势。农业种子、化肥、农药等相关的农业物资各自为政，农民缺乏专业知识和识别能力，多采取随大流方式，导致很多优良品种、先进技术的推广滞后，全国大型的农产品批发地较少，现代化综合服务功能缺乏，很多还处于原始分散状态，契约关系不稳定，信息机制残缺。由于单个合作社很难建立符合合作社需要和符合市场要求的农产品批发、流通市场，要求政府加强宏观调控，建立相配套的市场体系。

（三）政府角色定位不当

发达国家很多通过自下而上的自发发展，到一定阶段后政府出台相关的优惠政策支持合作社的发展，我国政府更多的是通过行政介入方式。一方面通过农业部门、工商部门、民政部门、科协、农技站等部门登记注册行使相关的部门职责，另一方面通过挂靠这些部门以寻求庇护。政府在介入合作社发展中的角色定位不当表现如下：

（1）政府行为"越位"。合作社发展有其自身的规律，为改变自身的谈判地位和提高收入，农民自发组织起来抵御市场风险，政府在自然发展前提下进行正确的引导，不能不顾客观条件急于求成，有的政府部门和合作社形成帮扶关系，为了政绩虚报合作社的数量和规模，甚至直接任免合作社相关管理人员。

（2）政府行为“错位”。由于政府的行政介入，管理过多，使得合作社的发展缺乏自主权，与合作社争利，如何规范、扶持等具体工作很少涉及，合作社的生产、运输、加工、销售环节出现问题，如极端自然气候、产品销售难等，却没有相关部门俯下身子去解决。

（3）政府行为“虚位”。一些政府忽视其建立完善和有效市场的职能，未能认识合作社提供公共产品的属性，相关基础设施供给滞后，对合作社的指导工作停留在口头和口号上。

三、我国农民合作组织发展中的政府行为定位

国外合作社起步比较早，积累了丰富的实践经验，尤其在其发展过程中，政府起了很大的推动促进作用。我国作为一个农业大国，当前农民合作组织发展进入新阶段，应在借鉴和合理吸收国外政府先进经验的基础上，结合中国实际，实施促进有利于中国特色农民合作组织发展的政府行为体系。

（一）政府秉承“有为”与“无为”相结合

政府在推动农民合作组织发展的过程中，认清自己的角色定位，做到“有所为，有所不为”。一方面，在农民合作组织发展的过程中，始终尊重农民的意愿，农民为了自身的利益，改变在市场谈判中不利地位，共同抵御市场风险，会自发地组织起来，政府应减少行政干预，充分发挥农民固有的巨大潜力，自行制定运行模式、民主管理和利益分配，尊重农民市场主体地位；另一方面，农民合作组织在发展过程中有不规范性、缓慢性、无序性，政府应加强引导和规范，运用相关法律和财政金融税收政策进行扶持和引导，使其健康发展。政府在制定相关法律法规时，一定要考虑农民的利益诉求，政策制定部门不仅参与而且要负责落实。

（二）完善农民合作组织法律体系

一种市场组织的法律地位，决定了其特征，是理顺管理体制、功能定位

的前提和基础。宪法和相关的法律制度是农民合作组织外部法律环境。宪法将农村的各种合作经济明确为集体所有制经济，修改后的农业法未明确农民合作组织的法人形式和登记办法。2006 年《中共中央、国务院关于推进社会主义新农村建设的若干意见》提出要积极引导和支持农民发展各类专业合作组织，加快立法进程。2007 年 7 月 1 日实施的《中华人民共和国合作社专业法》在总结过去的历史教训，借鉴国外合作社立法的经验，是确认合作社法人资格、规范合作社登记行为的法律依据。但是该法也存在不足：

1. 调整范围太小

该法未能涵盖现存农民合作组织，将农村集体经济组织等社区合作经济组织排除在外，对提高农民的组织化程度，增加农民收入而言作用有限。

2. 农民合作组织融资的制度安排模糊

该法未能对农民合作组织贷款难、融资难的问题作出明确规定，仅做出一个条款笼统规定，因此，政府应从横向和纵向完善农民合作社法。横向层面，应依据合作社法的规定，在注册登记、财务管理、政策扶持等方面做好相关的配套方案和具体的管理办法；纵向层面，各省因地制宜，制定出符合本地区发展的细则。随着市场环境的变化和农业现代化进程的加快，政府对合作社发展中出现的一些新问题及时出台相关的法律法规，加强法律法规的宣传和普及，使得农民合作组织在发展过程中做到有法可依，并能根据法律规定解决发展中出现的问题。

（三）加强对农民合作组织的政策扶持

纵观国外合作社的发展历程，几乎每一个国家对合作社的发展都给予了不同程度的政策扶持。2016 年 1 号文件提出加大合作社的财政金融支持力度。

1. 财政扶持

资金短缺一直是困扰农民合作组织发展的瓶颈，政府近些年出台相应的财政政策支持合作社发展，与合作社实际资金需求相比，还有很大缺口。

（1）财政补贴：政府可以从多个方面对合作社进行专项财政补贴。在现有农民直接补贴、良种补贴、农机具购置补贴、农资综合补贴的基础上，增加补贴数额，且专款专用。合作社基础设施补贴，水、电、燃料等的补贴。80 年代，印度对农业的补贴占政府农业支持资金的 24%，基础设施投入占

51.2%，以色列政府对莫沙夫购买的农业设备给予40%的补贴。

（2）政府投资：对于原始资金匮乏又需要发展的合作社，政府可以以投资人的身份占有一定的投资比例，解决合作社初始资金的燃眉之急，待合作社具有一定规模后，政府可以减少比例或退出。财政可以通过直接拨款的方式支持农民合作组织的发展。政府可以通过低息或无息贷款支持合作社的发展。

2. 金融扶持

目前我国农民合作组织的贷款对象主要是三家农村金融机构，向农民合作组织贷款的规模和方式并没有规定，中国邮政储蓄银行还从农村吸收很多存款，造成资金的流失。国家应出台相对的政策，推进农村合作金融的改革，让合作社能以比较低的成本获得资金支持，鼓励四大国有银行向农民合作组织贷款，并对其实施优惠的贷款政策给予补贴。

3. 加快完善农业保险制度

1982年我国恢复了国内保险后，除2006年《关于国内保险业改革的若干规定》提出建立农业保险与财政补贴相结合的机制，没有出台关于农业保险的正式法律法规。虽然也成立了上海安信农业保险公司等几家保险公司，但由于农业的周期长，价格波动大，易受气候环境的影响，保险公司不愿意在农业上开展业务，而将主要业务放在收益率更高的险种上。为了提高农民种粮的积极性和减少农民种粮的损失，可以在政府推动下建立以省为块或全国性质的农业保险，让保险机构和金融机构共同参与，多方共同承担农业保险风险。

（四）加强教育和培训

目前，合作社普遍存在合作社的管理人员和社员的素质偏低，有些甚至没有接受正规教育，对新农业科学技术视而不见，依照老经验，严重阻碍了合作社的发展。纵观合作社发展比较好的国家，政府都非常重视对合作社协会、联盟、管理人员直至社员的教育和培训。因此，中国各级政府应以多种形式加强对合作社管理人员及社员的教育和培训。加大对新型职业农民和新型农业经营主体领办人的教育培训力度，扶持专业技术协会、农民经纪人队伍的建设。

一是加强对农民的培训，包括农业育种、农资、播种直至收割环节的新技术的使用，让农民在少使用化肥和农药的基础上，保证农产品质量和产量。培训可以分为政府机构和非政府机构两类。政府机构可以免费向农民传授，非政府机构可以采取收费的方式向农民传授。

二是设立相关的农民专业合作社学校或学院支持其发展。在现有的学校内开设相关专业，培养合作社管理人员，通过财政拨款直接设立有关农业的科研项目，科研成果归农业部或购买的方式，将成果无偿转让给农民，降低农民的成本，增加农民收入。

三是设立农业推广机构。隶属于农业部门，负责将国内外科研院校机构的成果，市场信息、趋势变化、供需对比等，免费或部分收费向农民普及，可以通过农业公共平台发布，也可以采取讲座的形式现场传授，在示范、推广的基础上逐步铺开。

四、中外农民合作组织与政府关系的国际比较

（一）中外农民合作组织与政府关系的共同特征

合作社与政府的关系问题是合作社研究中最棘手的一个问题，每一个国家在合作化运动中有着显著的差异和争论。不同国家，甚至同一个国家的不同时期，合作社与政府的关系都在变化，但是我们能从中归纳一些共同的特征。

1. 政府认同合作社的演变路径

17~18 世纪，欧文的合作运动实践开启了合作社的先河，并在英国确立市场经济统治地位后由理想变为现实。18 世纪中叶产生了资本家阶级和工人阶级两大阵营，雇佣工人、手工业者、小农被社会边缘化，为摆脱被资本家剥削和提高市场谈判地位，他们联合起来创造出合作社这一新的组织制度形式，早期成立的合作社具有较浓厚的政治色彩和宗教色彩。实践中，合作社与政府保持中立，后来，合作社在缓解阶级矛盾和劳资冲突中表现出积极作用，政府转而承认合作社法法律地位。20 世纪 20 年代末，合作学派分为东、西方两大阵营。社会主义合作学派认为合作社是政府发展经济的重要工具，合作企业学派认为合作社是经济改进的方法。欧美国家政府开始介入合作社的发展，由各自独立变为扶持发展，随后的经济危机，导致政府给予合作社

发展更大的支持，包括财政金融税收政策及直接补贴，加快了农业现代化进程。20世纪后期，政府与合作社的关系由扶持变为服务，合作社不断自主创新。从以上演化路径可以发现，不管政府与合作社法关系怎样变化，背后体现的是政府的职能定位的变化，当政府看到合作社的积极作用后，都转而支持，最终促进了农业的工业化和现代化，增强了农业的国际竞争力。我国政府与农民合作组织的关系也符合演化路径。1958年之前政府领导的农民合作运动总体是成功的，政府提出“民办官助”的原则，1958年之后的人民公社运动脱离农民实际意愿，完全是行政命令。1978年之后，政府对农民合作组织的态度转向支持、政策上扶持或直接补贴，农民合作组织迅猛发展。

2. 政府扶持合作社的原因相同

（1）农业在国家经济中占据基础性地位，国家发展的路径是先农业后工业，农业工业化、现代化加速国家资本积累，促进工业的发展，工业的现代化反哺农业，促进国家整体经济实力的增强。但是农业具有天然的弱质性，生产周期长，不确定因素多，投资回报率低，需要政府扶持。农民合作组织为农户提供产前。产中、产后的服务，提高了农民组织化程度，降低了交易成本，对政府来讲，扶持合作社就是扶持农业。

（2）农民合作组织具有巨大的经济效益和社会效益。通过农户的联合，提高市场谈判地位和增加农产品市场抗风险能力，增加农民收益，缓解社会矛盾，农民合作组织在提供公共服务、维护农村和社区稳定方面，具有强大的社会效益。

3. 政府干预合作社的内容和手段相同

政府采取间接的干预手段，特殊时期采取直接干预手段。间接的干预手段有：①法律规范和保障；②财政政策；③金融政策；④税收政策；⑤提供技术指导、教育培训；⑥引导和监督。

（二）中外农民合作组织与政府关系的差异分析

1. 合作社发展道路不同

（1）美国和德国为代表的自下而上的发展道路。这些国家合作社是建立在资本主义市场经济得到充分发展，农产品市场化程度较高，农民拥有一定数量的私有财产，文化素质较高，合作社的发展道路大部分都是自下而上。

（2）日本、印度为代表的自上而下的发展道路。这些国家合作社的发展都是在政府推动下发展起来的，日本比印度要成功，日本农协的快速成长得益于工业的快速增长和政府的扶持。在印度合作社发展的过程中，政府的推动和支持起关键作用，为促进合作社的发展，政府向合作社参股，加快了合作社资本的原始积累，政府为合作社提供信贷支持。

（3）我国的农民合作组织道路应遵循具体的国情和客观实际，当前，市场经济越来越规范，农业现代化程度不断增加，农民文化和素质显著提高，农民对合作社的需求逐渐增强，我们可以采取政府指导下的自下而上的发展道路。政府创造良好的外部环境，农民自主选择符合自身需求的农民合作组织发展道路。

2. 政府对农民合作组织发展支持的状况不同

政府对农民合作组织发展支持的状况包括：加快农业基础设施建设、提供信贷政策服务、推广先进农业技术，加快合作社管理人员和社员的培训和教育，优惠的财政税收政策等。政府支持合作社发展的目的是提高农业生产效率，降低交易成本，提高农民收益。在干预形式上，大多采用法律形式规范和保护农民合作组织，很少采用直接干预形式。由于每个国家的国情不同，政府干预的方式和程度不同。具体有两种形式：①以美国为代表的“民管”模式。政府只负责政策引导和外部环境的创建，协会有非常强的灵活性和主动性，协会可以和政府积极沟通争取优惠政策；②德国和日本为代表的“政社共管”模式。不论哪种管理模式，都离不开政府的支持。如日本农协不仅参与为农户提供综合性的服务功能，还参与制定和执行政府的农业政策，代表农民向政府反映农民的诉求。法国是欧洲最大的农产品生产国也是世界上重要的农产品出口国之一，为防止土地分割引起农场经营规模的萎缩，法律规定农场只能交给其中的一位继承人经营，其他的给予现金补偿，政府从财政、信贷、税收等方面支持合作社的发展。中国政府近些年加大了对农民合作组织的支持力度，由于中国区域经济发展水平不均衡，在制度相关政策时不能“一刀切”，应根据不同地区采取不同的优惠政策，鼓励地方政府依据当地实际，制定出符合农民需求又具有可操作性的地方法规。

第四节　中外农民合作组织功能的国际比较

一、中国农民合作组织的功能

（一）村委会：承担政治功能

1987 年《中华人民共和国村民委员会组织法（试行）》（以下简称《组织法》）第二条明确规定了村民委员会的性质。从规定中可以看出，村民委员会作为对行政村的公共事务进行管理的群众性自治组织，并不隶属于国家行政管理体系，是一种相互独立的组织，和乡镇人民政府之间的关系是：乡、民族乡、镇的人民政府对村民委员会的工作给予指导、支持和帮助，村民委员会协助乡、民族乡、镇的人民政府开展工作。《组织法》第七条规定了村民委员会设置的原则、地点、范围和领导机构人员的组成和具体人数。

从管理事务的范围看，负责本村的公共事务和公益事业，包括修路、建设学校、创办村集体企业等。调解民间纠纷、加强治安保卫、治理公共卫生也是村民委员会的一项重要工作，村民委员会根据需要设人民调解、治安保卫、公共卫生等委员会。村民委员会成员可以兼任下属委员会的成员。人口少的村的村民委员会可以不设下属的委员会，由村民委员会成员分工负责人民调解、治安保卫、公共卫生等工作。除了办理本村的公共事务和公益事业，村民委员会不能干预村民的个人的经济活动和社会生活。村民委员会的职责和人民公社时期生产大队的职责有很大不同。由于人民公社是政社合一的组织，并且具有三化的性质，即“组织军事化、生产集体化、劳动战斗化”，这些决定了生产大队在农村的管理职责和组织性质。在《人民公社六十条》中明确规定：生产大队管理委员会，在公社委员会的领导下，管理本大队范围内各生产队的生产工作和行政工作。实行生产责任制之后，生产资料从集体转移到农民手中，农民在经济上完全独立于村委会，村民委员会不得干预农民的经济活动，村民委员会的职责变为管理公共事务和公益事业。

（二）农民合作经济组织：承担经济功能

农民合作经济组织是由从事相同种类农产品生产经营的农户自愿组织起

来，在资金、技术、市场信息、农产品储运、加工、销售等环节自我管理、自我服务、自我受益，以增强市场竞争力、提高收入为目的成立的专业合作经济组织。传统农民有三个典型特征：分散、孤立与封闭，当前的社会生产方式和生活方式要求农民分散而不孤立，联系而不封闭，种子、化肥、农药等农资依靠社会提供，农民自己生产的粮食不仅供个人消费，更主要与社会交换。他们所依附的土地自然属性越来越低，与外界联络的社会属性愈发凸显。因此，在市场经济日益完善的中国，单个的农民犹如大海里的水珠，既不能按照自己的道路前行又不能有效的规避风险，需要更紧密、更广泛、更具有持续性的合作。截至 2012 年底，全国共有农民合作社 68.9 万家，比 2011 年底增长 32.07%。在工商部门登记合作社成员数 2373.45 万户，社员平均数 34 户，分别比 2011 年增长 98.38% 和 47.83%。农民合作社出资总额 1.1 万亿，比 2011 年底增长 52.07%，社均出资额 159.92 万元，比 2011 年增长 15.88%。

近些年来，随着农民合作经济组织的不断发展，其特点日渐明显，表现为：

（1）专业性。一般是围绕农产品生产经营活动设立，农户能从合作组织得到专业化生产所需的服务。

（2）合作性。农民自愿联合成立，根据产生经营的需要自由地加入和退出，社员的最高权力机构由社员大会或社员代表大会选出，重大事项由社员共同商议决定，体现了“民管、民办、民有、民受益”的合作制原则。

（3）经济性。合作组织对内实行对社员互助互惠原则，对外以扩大市场占有额、利润取向市场化的原则，通过联合改变单个农户在市场谈判中的弱势地位，形成规模优势，增加农民收益。

（4）拓展性。农民合作经济组织的合作范围从简单的技术、信息服务向农资供应、统防统治服务延伸，由产前产中向产后的包装、储藏、加工、流通服务拓展，有部分兴办了内部信用合作业务。

（5）开放性。农民合作经济组织在同类农产品生产经营的基础上，向不同种类和不同区域发展，可以在更宽广的领域和地域实现规模化经营、专业化生产和社会化服务。

农民合作经济组织在农村经济发展过程中发挥着越来越重要的作用，主要体现在：

（1）稳定和完善农村基本经营制度。家庭承包经营制度是当前农村稳定发展的重要制度，由于买卖双方谈判地位的不对等和市场竞争风险的加大，单个农民需要联合起来，扩大生产规模，共同抵御市场风险。

（2）有效缓解现代农业发展中的资源约束。既能为农户提供低成本、便利化、专业化的生产经营服务，又能通过大型机械设备的优势，开展规模经营，提高劳动生产率。

（3）促进农民收入持续增长。通过带领社员发展规模化经营、种养殖，统一购进农业生产物资，开展专业化的统防统治，有效实现农业规模化经营，降低生产经营成本，持续增加农民收入。

（4）稳定农产品市场和价格。通过合作社信息平台和主管部门的合作社网络信息共享平台，及时调整农产品的种植规模和品种结构，通过“农超对接”、开直营店、“互联网＋合作社”的模式直供直销，减少中间的流通环节，降低费用，缩短中间环节时间，保持农产品的新鲜度，进而稳定农产品的价格。

（三）农村社区：承担社会和教育功能

社区最早的概念是由德国社会学家F·滕尼斯针对传统的乡村社区提出的，是指聚居在一定范围内的人们所组成的社会生活共同体，人类最早的社区形态是农村社区。费孝通认为中国农村社区的基础单位是村落，不管是联村还是散村，村落都是一个依靠血缘、地缘关系联结而成的一个相对独立的生活圈子。农村社区相对于自然村落和社队村组来说，范围和内容更富有伸缩性。马克思指出“生产力的发展，归根到底来源于智力劳动特别是自然科学的发展，……或者取决于科学在生产上的运用。”西奥多·W·舒尔茨认为人力资本是农业经济增长的主要源泉，农民文化水平的提高和资本品一样重要。在推进农业现代化的进程中，除了科学技术的运用以外，应更加重视对新的生产要素使用者—农民的科学技术文化素质的提高。要提高农民的科技文化素质，政府除加强对农民培训以外，还应从农村社区的职能出发，加强农村社区的教育功能。

社区教育的概念最权威的解释是英国学者德朗特里在《西方教育词典》

中对社区教育概念的权威论述，它是“一种教育工作计划，它跨出学校或学院的范围，并让社区其他人参与，教育的最终目的是为整个社区服务”。国内的学者关于农村社区教育的认识不一，其中20世纪20~30年代声势浩大的乡村教育运动中，晏阳初与梁漱溟领导的乡村教育历史最长，影响最大。两人共同认为由于乡村是中国的基础，救济中国，必先救济中国的乡村，乡村教育运动应运而生。通过成立不同的教育社团作为组织机构，创办大量的试验区，形成特色各异的乡村教育思想。改造理念都从教育入手，把政治、经济、文化、教育等因素综合起来进行整体改造，体现了“大教育乡村观”的共同教育理念。

黎熙元、王燕认为社区文化教育功能主要体现在三个方面：一是教化作用。社区的居民共同生活在一起，通过共同交往和生产生活形成了包括语言、信仰、社区风俗、习惯等一定的社会规则迫使大家共同去遵守，在社区发展的过程中，居民都会去努力的遵守集体所认同的规则；二是认同作用。在共同交往的过程中，大家会形成共同的同质性和价值取向、利益关系，通过某种互动关系和共同文化维系力得到认同。三是凝聚作用。社区文化可以产生强大的凝聚力，使得社区的成员紧密地团结在一起。

社区除了具有文化教育功能以外，还具有互助社会功能。社区的成员通过相互帮助、相互关心、相互支持，使得邻里之间表现出犹如一家人的浓浓情意，这正是社区互助社会功能的结果，是社区归属感建立的基础。

二、中外农民合作组织功能的国际比较

（一）中外农民合作组织功能的共同特征

农民合作组织功能由其自身的属性所决定。从合作社的起源和组织形态上看，合作社和企业形态最相近，但合作社具有社会功能，因而合作社是具有社会功能的企业形态。各个国家合作社发展的阶段不同，合作社所承载的功能不同，我们通过分析合作社的起源和演化路径，从中归纳出合作社功能的共同特征。

1. 合作社功能产生的外部环境相同

合作社功能由合作社的本性所决定。合作社是成员自愿联合起来以满足

他们共同需求服务的自助经济组织。合作社本质规定性在于成员是所有者与惠顾者的统一，是处于弱势地位的劳动者的联合，一人一票基础上的民主控制，按惠顾额分配盈余。合作社产生的原因在于人们需要它提供的服务，即合作社的功能。合作思想来源于欧洲空想社会主义，空想主义实践者希望建立一个没有剥削、没有私有制、共同劳动的“合作家园”，由于脱离社会现实和大资本家的阻挠，最终以失败而告终。中华人民共和国成立后，中国进行了席卷全国的合作化运动，由于是在高度集权的计划经济体制框架下，“一大二公”和绝对的平均主义，导致合作运动在我国扭曲发展，给农业和农民造成了极大的损害。19 世纪，市场经济在欧洲的快速发展，合作运动在欧洲得到普及。十一届三中全会后，中国实行了家庭承包联产责任制和农副产品的市场化改革，市场经济在中国的确立，中国农民合作组织快速发展起来。合作社为什么在市场经济外部环境中产生？谁需要合作社的功能服务？因为市场经济中存在着合作产生的动因。市场经济能有效地配置资源，提高效率，不可避免形成不同的利益群体，处于弱势的一方为了改变在市场中的谈判地位而自发的联合起来，分享合作社为社员提供的功能服务。

2. 合作社功能演化路径相同

由于外部环境的变化，合作社也处于变化之中，不同历史时期，人们对合作社的认识不同，对合作社的功能需求也会改变，但全世界合作社功能在长期演化过程中，其演化路径是相同的。合作社在欧洲发展的早期，社会弱者通过合作社组织起来，通过自助达到互助，表现出来了浓厚的社会改造的色彩。随后资本主义危机爆发后，资本家认识到合作社既可以维护劳动者的利益，又不威胁资本主义国家制度和资本家的利益，资产阶级和知识分子对合作社的态度有阻挠变为扶持，合作社从理想主义变为实用主义，更加注重经济利益，较少关注社会目标，合作社的经济功能凸显。合作社发展到 20 年代 20 世纪后，人们又重新重视合作社的实用精神，近些年，农业化组织方式和农产品市场发生了巨大的变化，合作社既要为合作社员谋福利，还要对抗大资本的挑战，在公平和效率之间协调，合作社承担了社会功能和经济功能，随着外部环境的变化，合作社的功能也要创新。我国农民合作组织功能演化历经了相同的路径。十一届三中全会后，新型农民合作组织在中国遍地开花，开始注重经济效益，忽略社会责任，随后的全球贸易、投资一体化，农业面临着全球市场的竞争，合作组织为了存续，加强了合作社的社会功能，使得合作社功能更加均衡。

（二）中外农民合作组织功能差异分析

1. 合作社综合服务功能不同

西方发达国家合作社经过多年发展，合作社功能内涵不断拓展，形成以合作社模式为依托的合作社综合服务功能。以德国和法国为代表的欧洲专业性合作社，突出特点是专业性强，以某一产品或某种功能为对象组成合作社，为农户提供专业化的系列服务，维护社员利益，提高合作社竞争力。以日本和韩国为代表的综合性合作社，突出特点是综合性强，日本农协为了社员的需要开展多种服务，对日本的政治、经济发挥了重要的影响，其功能表现在：生产指导、统购统销、信贷支持、社会服务、权益保障，随着事业的发展，农协功能增加了社区服务。以美国和加拿大为代表的跨区域合作社，突出特点是跨区域联合、共同销售为主。合作社功能发展路径为销售合作社→供应和食品加工合作社，合作社规模较大，涌现了许多国际品牌。中国当前的合作社功能内涵日渐延伸，涵盖的服务不断增加，但没有形成统一的体系，合作社的三大基本功能分离，村委会承担政治功能，农村社区承担社会功能，合作社承担经济功能，合作社的功能分散导致合作社跛脚发展，因此，我国应依据我国国情，将合作社功能进一步拓展，构建综合服务功能体系。

2. 合作社政治功能不同

合作社是市场经济条件下社会矛盾激化的产物。欧文空想社会主义理论形成合作理论思想的启蒙，英国的工业革命确立了市场经济的统治地位，使得合作社由理想变为现实，合作社的政治功能开始显现。合作社发展初期，合作社自由发展，政府承认其合法性，其政治功能依附于社会功能之中。20世纪20年代末，政府转而扶持合作社的发展，采取自上而下建立组织机构的方式，使得合作社的政治功能凸显，合作组织体系有了半官半农的色彩，比较典型的有日本的农协，韩国和中国台湾的农会。欧美国家中，政府开始介入合作社的发展，政府通过财政税收政策引导合作社的发展。20世纪后期，由于经济全球化，农产品国际竞争力日渐激烈，政府从扶持转向服务，合作社的政治功能凸显为服务功能，合作社面临转型、创新。中国农民合作组织政治功能由《中华人民共和国村民委员会组织法》赋予村民委员会。村民委员会延伸了乡镇的运行机制，属于不在行政级别范围的国家政权组织，与村民自治形成矛盾，“村治模式”是一种将农民合作组织纳入乡村建设，通过引导发挥其政治功能和综合服务功能，引导农户实行“合作共赢”，改变传统的分散经营管理模式。

第十一章　结论及需要进一步研究的问题

第一节　研究结论

本书从中国特色农民合作组织的国际比较的视角，在剖析国外农民合作组织先进理论与实践的基础上，以期对构建中国特色农民合作组织提供借鉴。在合作经济理论方面，通过梳理早期空想社会主义及马克思主义经典作家关于合作经济思想的发扬和继承的时间顺序，系统地论证了合作经济理论从幻想走向现实，从理想主义走向实用主义，从以合作社为载体和平从资本主义过渡到社会主义到通过阶级斗争取得政权的历程，阐述了合作社产生与发展的进程，分析了合作社产生与发展的根源。在中国农民合作组织实践方面，探讨了中国传统合作组织的历史变迁、中国新型合作组织的发展现状、存在问题及发展对策。在此基础上，从治理结构、组织模式、与政府关系和功能 4 个维度将中国特色农民合作组织与国外合作社进行国际比较研究，在借鉴吸收的基础上，提出构建中国特色农民合作组织的政策建议。研究结论如下：

（1）通过对合作经济理论的梳理我们发现，合作经济的产生与空想社会主义有关，合作社就是这个理想社会的组织基础。罗虚代尔先锋社抛弃了空想社会主义者把合作社作为社会改造工具的幻想，把合作社的目标和性质定位于在社会生产的某个环节的联合，谋求社员的利益最大化。可以说，罗虚代尔先锋社对空想社会主义的背离是它取得成功的一个重要原因。从此，合作社从理想主义走向实用主义，并成为西方国家的主流。

在罗虚代尔先锋社办社原则的基础上，国际合作社联盟制定了合作社的基本原则即罗虚代尔原则，对合作社的性质、价值观和基本原则进行经典的规定。之后，随着外部环境的变化，国际合作社联盟对合作社的基本原则进行了多次调整，使其在保持原来经典原则的基础上更具活力。20 世纪后 20 年出现的“新一代合作社”是合作社制度的重大突破，体现了社员权利、义务的双向互动。

马克思主义经典作家的合作经济理论是在批评和继承空想社会主义以及与形形色色的合作社改良主义的斗争中发展起来的。马克思和恩格斯继承了空想社会主义关于合作社是改造资本主义制度的社会工具的思想，对资本主义合作社运动持肯定态度，认为资本主义的合作工厂是对资本主义所有权的“积极扬弃”；列宁认识到社会主义条件下合作社的发展就是社会主义的发展，重视流通领域的合作；邓小平提出了我国农业“两个飞跃”的发展战略，并适时实施了家庭承包联产责任制，极大地解放了我国的农业、农村和农民。

（2）探讨了究竟是什么原因使得在不同国家、不同社会经济制度、不同文化背景下都能产生合作社？合作社为何有如此强大的生命力而受到世界 160 多个国家的崇拜？我国合作化运动为什么走过一段曲折的道路等理论难题。首先，按照合作社自身发展和外部社会经济环境的变化，将合作社产生与发展分为萌芽阶段、反复曲折发展阶段和全面快速发展阶段。在反复曲折发展阶段，合作社首先在市场经济发达的国家确立，随着其他国家市场经济和生产力的发展及合作思想的传播，合作社在经济落后的国家开始建立，并且建立了一些国际性的合作经济组织，合作运动是一场国际性的运动，产生了许多国家合作社共有的特征，同时由于每个国家国情的不同，使得形成各具特色的发展道路。其次，挖掘了合作社产生与发展的根源，包括社会分工和生产专业化的发展、商品经济的发展、信用制度的发展等因素，除此之外，还与合作社宗旨、合作社原则和合作所有制等合作社质的规定性密切相关，将合作所有制的形式分为三类，分别是：①社员拥有资金（资本）等生产资料的所有者和劳动者双重身份；②社员是劳动者，合作社是资金（资本）等生产资料所有者；③社员是劳动者，资金（资本）等生产资料所有者既参加劳动又带有剥削性质，并得出合作所有制才是合作社具有强大生命力的最根本原因的结论。

（3）通过对我国在生产、销售和信用等不同领域的农业合作组织的历史变迁的分析，包括新民主主义革命时期的互助合作组织、社会主义革命时期的农业合作组织、改革开放后家庭承包经营制及供销社和信用社，在肯定不同时期农业合作组织促进经济发展的同时，客观地评价了它们存在的问题和不足，得出以下结论：

一是华洋义赈会是中国最早倡导并开创农村合作事业的民间团体，实行无限责任制。虽然它所指导创办的合作社存在许多缺憾，但它开创了中国农村合作事业的先河，对于合作社在中国农村的移植和推广起到了重要作用。大革命时期中共领导的互助合作组织有效地改善了农民生活状况，保证了农民的切身利益，但也存在不足。

二是在我国农业合作化初期，由于坚持了马列主义关于农业合作化的理论原则，制定了一系列比较正确的方针政策，把农民引上社会主义道路，从而为农业生产的进一步发展奠定了基础。

三是人民公社没有重视社会组织和个人相互作用的结果，忽视了发挥政府功能必须以经济行为主体——人为基础。它的变迁主要依靠政府命令和法律落实，并非农民自愿的选择，农户没有“退出权”，扭曲了集体经济的性质，将自愿互利的集体经济办成了带强制性的社区政治经济组织，剥夺了农民的土地，粗暴地取消了农户经济，使经济发展极为缓慢。虽然从根本上说，合作化为农村公有制经济的发展创造了条件，但是高级社尤其是人民公社的集体农业经营模式是缺乏效率的。人民公社既不是一个恰当的公有制经济组织形式，更不是合作经济。在人民公社制度的框架下，合作经济的基本原则和制度规定已经荡然无存。因此，要在中国农村重建合作经济，就必须从根本上否定人民公社制度。

四是不可否认，供销社和信用社为社会经济的发展做出了巨大贡献。但是在实际运行中，一方面由于制定的政策理论色彩过浓，缺乏实际的可操作性；另一方面并没有真正体现出为民服务的特色，相反在某些方面与民争利。

（4）合作社组织模式由于农业外部环境的变化而不断改变，大体可以划分为四个阶段：自发联合阶段的农民为摆脱地主、高利贷者的盘剥，提高生存环境而自发联合；“公司＋农户”阶段农民开始实行农业产业化经营，为农户提供产前、产中、产后服务，双方都从中受益；随后，向跨地区联合阶段转化，逐渐形成国内跨区域的合作社组织模式，进而形成全国性的合作社组织模式如农会、农协、合作社联盟等。它们负责对农业企业、“公司＋农户”“基层合作社＋农户”等单个合作社或跨区合作社的组织、协调、整合、管理等；国际合作阶段的组织模式是合作社组织模式向跨国联合、并购、重组形式转化，进一步增强了合作社的国际市场竞争力和社员的收益。按照各国发展的背景和路径，将其分为跨区域合作社、专业性合作社和综合性合作社3种类型。

通过对国外合作社组织模式的评析，得出如下结论：①共同特征：发展的一般规律相同；合作社是现代农业一体化进程中的最佳载体。②差异分析：组织特点不同、经营特点不同、管理机构不同、合作社的覆盖率不同。

（5）合作社与政府的关系是合作社与其他组织关系中最重要的。其基本关系包括6个方面：①合作社具有公共产品的性质与政府支持；②合作社存在市场失灵情形与政府引导；③农业的弱质性与政府扶持合作社的发展；④合作社可以成为政府治理社会的助手；⑤政府支持合作社发展的政策选择；⑥政府支持合作社与合作社自身的责任。随后阐述了发达国家和发展中国家与政府关系的变迁并进行评析。

通过对国外合作社与政府关系的评析，得出如下结论：发达国家合作社与政府的关系和发展中国家有所不同，发达国家政府大多采用间接干预的措施支持合作社的发展。发展中国家合作思想多是从发达国家引进来的舶来品，农民合作的基础薄弱，合作愿望不强，政府对于合作社的管理处于行政管理的思维层面，因此，为推进发展中国家农业现代化，加强农产品的竞争力和提高农民收入，减少社会矛盾，政府有责任地和积极地去推进合作社的发展。如果说发达国家合作社带有自发组织的性质，发展中国家的合作社则带有被组织的色彩，因此，发展中国家合作社和政府的关系要比发达国家更密切一些。

（6）合作社的功能由合作社的本性所决定的，合作社是农民自愿联合起来提供满足自身需要的自助经济组织，宗旨是为成员提供服务，最终促进人类社会经济进步。合作社之所以出现，是因为人们需要它提供的服务，合作社之所以在市场经济中形成，是因为市场经济中有合作社形成的原因。合作社的基本功能有政治功能、经济功能和社会功能，其他的功能都是在这三大功能中衍生出来的。随后阐述了发达国家和亚洲国家合作社的功能，并对国外合作社功能进行评析。

通过对国外合作社功能的评析，得出如下结论：发达国家由于合作社发展比较成熟，功能在基本功能的基础上根据社员需求而衍生，形成主次分明、错落有致的树状结构；发展中国家由于合作社发展时间短，功能中的基本功能残缺，衍生功能遍地开花，尚未形成有序的层次和统一的整体。

（7）通过中国特色农民合作组织与国外合作社在合作社治理结构、组织模式、与政府关系和功能的国际比较，得到如下结论：

一是中外农民合作组织治理结构的国际比较：①共同特征：社员的权利取得、行使、丧失、救济等权利束相同，农民合作组织治理结构的目标相同，终极目标是改善加入合作社社员的福利。②差异分析：在组织管理机制、治理特征方面存在差异。

二是中外农民合作组织模式的国际比较：①共同特征：遵守市场运行规律，形成合作社法律体系，组织制度灵活。②差异分析：在产生背景、组织构架方面存在差异。

三是中外农民合作组织与政府关系的国际比较：①共同特征：政府认同合作社的演变路径；政府扶持合作社的原因相同。②差异分析：中外合作社发展道路不同；政府对农民合作组织发展支持的状况方面存在差异。

四是中外农民合作组织功能的国际比较：①共同特征：合作社功能产生的外部环境相同，功能演化路径相同。②差异分析：在合作社综合服务功能、政治功能方面存在差异。

第二节　中国特色农民合作组织发展的政策建议

一、加强中国特色农民合作组织功能建设

长期以来，农村社会管理组织涣散，经济基础薄弱，村民委员会难以为

村民提供充足的公共产品，人心凝聚力严重下滑，管理主体效率不高。作为管理主体之一的乡政府存在重视经济效益，轻视社会效益；重视私人产品对政绩的提升，轻视公共产品在农村的发展，村委会由于人才匮乏，组织机构不健全，很多名存实亡，政治功能难以发挥。当前的农民已经不是一个统一的整体阶层，出现严重的利益分化，贫富差距的增加使得农村社会结构日趋复杂，利益矛盾冲突不断升级。

2007年7月1日正式实施的《中华人民共和国农民专业合作社法》明确规定了农民合作组织市场的主体地位。伴随着工业化、城镇化的深入推进，我国农业农村发展进入新的时期，农业生产经营组织创新是推进农业现代化的基础和核心。中国特色农民合作组织在农村地区发挥的作用不仅限于经济领域，还在政治、社会、教育等各方面扮演着重要角色，合作社是兼有政治功能、经济功能和社会教育功能的混合体。其政治功能是1987年《中华人民共和国村民委员会组织法》规定让村民委员会代替人民公社，由于实行家庭联产承包责任制，村民委员会的职能就限定在政治领域。随着市场经济和农业现代化的推进，单个农民难以抵御市场风险和不平等的谈判地位，农民合作组织相应地承担了经济功能。社区承担社会和教育功能也不是法定的，各类企业也应承担社会和教育功能。由于企业的盈利性，使得他们在履行社会和教育功能时，夹杂了自身利益的目的，而社区是具有共同的利益、文化、伦理、习俗的社会群体集合，通过多种形式的消费合作社为社区居民服务，只要居民需要的，都可以采用合作社形式解决，由此社区承担社会和教育功能是对合作本质的回归。

同日本、韩国为代表的农协（会）是一个多目标、多功能的农民合作组织相比，当前我国农民合作组织的政治功能、经济功能、社会教育功能是分离的，政治功能由村委会承担，经济功能由农民合作组织承担，社会和教育功能则由社区承担。政府对农民合作组织功能认识的欠缺，造成了农民合作组织巨大的功能效益未能显现出来。因此，政府应重新认识和完善农民合作组织的功能。

（一）拓宽农民合作组织的政治功能价值

农民合作组织由于自发性、民间性、社区性的特点，能将农民分散的利益加以综合、提炼，使其趋于一致，符合政治规范和要求，具有促进农村政治发展的功能价值，简化农民参政的程序，个体农民由于缺乏组织约束和信息不对称，个人利益目标差异巨大，农民合作组织作为一种载体，代表全部成员的共同利益，减少个体农民参政过程中的盲目性、非理性。农民合作组织通过利益凝聚机制，将所有社员的利益和诉求全部融入其内，以章程规制代替五花八门的个人利益，进而引起决策层的关注，改进公共政策。

（二）农民合作组织有助于提升村庄治理的功能价值

日益强大的农民合作组织在我国村庄治理中的主导作用越来越明显，农民合作组织由于不断增加的物质基础和共同利益，提高了在村庄治理中的地位。农民合作组织在凝聚政治资源、政治投票方面具有个体农民无法具备的优势。它们是成员一致利益的聚合体，具有民主管理和利益分配机制。

当前，我国村庄治理的基本制度是村民自治。村委会和农民合作组织之间承担不同的功能，它们之间是相辅相成、互为补充的关系，农民合作组织中的管理人员可以凭借其拥有的资源优势在村委会竞选中获胜，可以利用村委会主任的身份为合作组织赢得更多的优惠政策。在民主监督方面，合作组织具有单个农民没有的优势。它是以具有相同利益诉求的整体成员的名义参与监督，如果村干部或上级政府侵害农民利益时，它可以全体成员的身份进行监督。农民合作组织有利于提高农民的政治素质，激发农民参与公共事务的热情，树立公共利益的责任感。

（三）拓宽农民合作组织社会功能价值

农民合作组织作为与企业有相同市场经济主体地位的组织，其自身具有一定的社会功能。

（1）提高农民组织化程度，加快农业现代化进程，促进农民增收。农民合作组织作为连接单个农户与市场的载体，将生产同类农产品的农民联合起来进行规模化经营，提供产前、产中、产后的一系列服务，注重新产品、新技术的运用，延长农产品产业供应链，提高农产品附加值，加强市场信息收集，规避价格的大幅波动，加快形成规模化经营。农民合作组织提高农民组织化程度，改变单个农民在市场中的弱势地位，共同抵御由于天灾、极端气候和市场价格波动所造成的风险，降低农民进入市场的交易成本。通过统一供应种子、肥料，统一技术指导、销售等，在提高产量和质量的同时，增加了农民的收入，还有的农民合作组织二次返利、年终分红，进一步提高农民收益，增加了农民之间的凝聚力。

（2）普及现代农业知识，提高农民素质，培育新型职业农民。农民是现实农业现代化的主力军。近些年，由于外出务工人员的年轻化和在家务农的老龄化趋势，严重阻碍了农业现代化的进程。如何加大农村劳动力的培训力度，提升劳动者素质，培养一批懂经营、善管理、通技术的新型职业农民，是新时期赋予农民合作组织的社会功能。农民合作组织依照为农民服务的宗旨，积极开展农业知识技能培训，可以邀请农业专家理论讲解，也可以到田间地头现场解答。根据不同的季节安排不同的教学内容，激发农民学习的积极性。农民合作组织社会功能的拓展，使得农民在技术、管理和市场方面得到很大的提高，解决了农民劳动力短缺和现代农业知识难以转化为现实社会效益的难题。

二、因地制宜，选取多样化的农民合作组织模式

我国东部、中部、西部地区存在资源禀赋和经济发展水平的差异，农民合作组织发展很不均衡。各个地区应结合本地区发展实际，因地制宜，选取符合本地区发展的多样化的农民合作组织模式。如能人带动型、“公司＋农户”“公司＋合作社＋农户”“公司＋中介机构＋农户”、公司与农户合办合作社（公司领办型）、农户自办合作社等模式。

农民合作组织是一个从低级向高级逐步进化、动态发展的过程，不同阶段、不同地区应选取不同的组织模式，不能实行“一刀切”的政策。农民合作组织模式要与当地的经济发展水平相适应，不能超越经济发展内在规律，揠苗助长，否则事与愿违。依据当前我国的国情，采取多种形式的农民合作组织模式共存同现阶段经济发展水平相适应。

（1）能人带动型合作社。能人通常担任合作社理事长，既是合作社的决策者，又是经营负责人。在农村地区能人比较普遍，容易加快这一模式的发展，前期投入较少，农民参与的积极性高，经营灵活，决策迅速。但存在农

户对能人依赖性大，能人一旦决策失误，会造成重大损失。委托代理问题，由于能人是决策者和社员双重身份，难免出现集体利益和个人利益相冲突时，倾向于选择对自身有利的决策。

（2）企业领办型。以合作社作为农户和企业之间的桥梁，农户负责生产，企业负责加工销售，实现了企业和农户的双赢，龙头企业有稳定的原材料供应，降低交易成本，农户增强了市场的谈判地位，减少了风险，有利于农业产业化程度的提高。龙头企业通过强大的资金和管理优势，加速农业现代化。但存在利益分配不均衡，企业占有较大的农产品附加值比例，企业的利润最大化与农户的社员利益最大化之间存在冲突。

（3）“公司＋农户”模式。在1992—1996年成为我国农民合作组织的主要模式，由于该模式下公司和农户的地位不对等，导致农户利益受损，双方缺少契约约束，投机行为盛行，违约率高。

（4）“公司＋合作社＋基地＋农户”“公司＋专业市场＋农户”模式。该模式下，企业将农业生产作为其链条的一个初级环节，除在销售环节和农民相联系，其他环节都是独立的。博弈双方地位悬殊。企业与农户之间存在信息不对称、能力不对等，使得农户和企业谈判过程中处于不利地位，这一模式对农户的凝聚力不强。

（5）中介组织联动模式。农户通过各种中介组织与市场相连接，形成以市场为导向，利益和风险共担的机制，中介机构对农户进行产前、产中、产后的全程服务，使得企业与农户之间的关联度有所下降，成为比较松散的一体化组织。中介机构成为企业和农户的共同代理人，扮演着非常重要的角色。

（6）农户自办合作社。实现农业生产的供产销和农工贸一体化经营。由于都是农户，大家的利益高度一致，形成农户、社员、经营者、股东四位合一。完全垂直的一体化模式，内部的科层代替了外部的市场，降低了交易成本，形成均衡的博弈关系。社员彼此之间是平等的，产权明晰，各主体之间的产权是清晰的。

以上几种代表性的组织模式各具特色，在不同的时间、地区、农业生产阶段都有自己的一席之地。能人带动型在落后地区比较普遍，企业带动型要求经济发展水平较高。从适用的角度来看，能人带动型与农民合作组织产生阶段相适应，企业带动型与农民合作组织成长阶段相适应，中介组织联动模式与农民合作组织成熟阶段相适应，农民自办合作社与农民合作组织发展高级阶段相适应。目前，我国大部分地区处于合作组织成长阶段，能人带动型和企业带动型占比例较大。从模式的运用角度看，我国农民合作组织没有统一的模式和演化路径，要因地制宜、多样化发展。东部和沿海地区应以农民自办合作社为主，以中介组织联动模式为辅，中部和西部经济较发达地区以企业带动型和中介组织联动模式为主，西部欠发达地区以能人带动型为主，以企业带动型为辅。它们之间不是一一对应的关系，农民合作组织模式应该具有多样性、多层次，而且不同类型的合作组织可以在同一个地区同时存在。

三、完善地方政府职能，加快农民合作组织发展

地方政府职能的发挥对于农民合作组织的发展至关重要，针对当前农民合作组织发展中存在的地方政府职能存在问题，要加以完善。

（一）加强对农民合作组织的认识

地方政府的认识和态度在很大程度上决定了农民合作组织的发展路径。对农民合作组织的发展既要有热情，又不能过度热情。为了让主管部门对合作组织有正确的认识，可以到相关的机构或科研院校进行培训，加强和合作组织管理人员的沟通交流，了解合作组织的需求，帮助解决出现的难题，制定出针对性政策，促进其发展。

（二）尊重农民主体地位，鼓励农民积极参与

农民合作组织是民办、民管、民受益的组织，政府应尊重农民主体地位，鼓励农民积极参与，引导农民有步骤地加入。

政府通过成立示范社行动，给予相应的政策支持，激发农民参与合作社的热情，通过报纸、电视宣传合作社专题知识，合作社成立程序和现有的优惠政策，邀请科研院所和科协的专家给农民答疑解难。

（三）明确部门职责，规范合作社管理部门体系

农民合作组织的管理部门涉及工商、农业、民政、科协等部门，“一个媳

妇，多个婆婆”的多头管理局面，源于多个部门职能划分不清，权力和监管交叉重叠，使得农民合作组织的管理部门难以高效运行。有政绩时，各个部门一哄而上，出问题时，各个部门相互推诿，无人负责。因此，应明确各个部门之间的职能分工，建立一个综合高效的管理部门，对职能重合的部门采取合并或撤销的方式，提高资源配置效率。成立以农业部门主管的综合管理机构，负责合作组织的设立、组织建设、政策支持和政府沟通。

（四）制定地方性的法律法规，加强合作社监督审查

合作社作为经济组织，为农户提供产前、产中、产后的服务，为宏观指引合作社的发展，地方政府应依据当地发展水平，制定法律法规，规范合作社的发展。2007 年《中华人民共和国合作社法》只是从合作社的市场主体地位、登记注册、社员权利义务作出纲领性的规定，各地政府应该出台配套政策发展具有地方特色的合作社，界定政府和合作社的范围，明确合作社的产权，为合作社的发展提供法律保障。同时，应加强对合作社的监督审查，工商部门严把登记注册关，主管部门不定期地对合作社的运行进行监督，聘请审计部门或机构定期对合作社的账务、分配机制进行审计。监督政府出台的相关优惠政策是否落实到合作社，社员和合作社是否受益，出现骗取国家优惠资金或项目款的，一经查出严格处理。

（五）政府加强扶持和出台优惠政策

中央已陆续出台了扶持合作社发展的财政、金融、税收、信贷和保险政策，地方政府应依据本地的实际情况，完成相关的扶持政策，如地方财力允许，应进一步加大优惠措施。政府可以在合作社设立时，给予一定的财政拨款或无息贴息贷款作为合作社成立的初始资金，配合金融机构给予合作社低于市场利率的贷款，成立农业保险，可以是某个农产品，也可以是几个品种，减少农民的意外损失。

（六）完善公共服务

可以采取免费或承担一定比例费用的方式让农民参加农业知识培训，利用自身资源收集市场信息，搭建市场信息平台和网络营销平台，举办农产品

交易会或鼓励合作社参加农产品交易会，加强合作社与外界的联系，掌握市场第一手资料。

利用财政资金帮助合作社建立完善的硬件设施，如交通、通信、水、电、气等基础设施，保证生产周期内基础设施的通畅，农产品成熟时能快捷方便地运往外地。

四、加快合作社实践创新能力建设

（一）合作社开展内部信用合作

2005年以来，合作社发展出现新的实践探索，合作社开展内部信用合作。一方面，合作社成员之间通过资金余缺互助，解决合作社发展中资金短缺问题，降低融资成本，扩大生产规模；另一方面，合作社以资金为纽带，加强了社员与合作社之间的利益联动机制，促进了合作社成员通过资金互助实行生产和购销联合。农民资金互助合作组织在解决合作社资金短缺、农民贷款难、转变农业发展方式、提高农民组织化程度方面作用显著。截至2009年底，全国农民专业合作社开展内部信用合作社达10526家，占全国合作社总数的4.3%。

中央政府鼓励农民自主兴办各类合作组织开展信用合作。2010年1号文件指出："支持有条件的农民专业合作社开展内部信用合作。"一些省份开始通过政策扶持和试点推进，积极探索合作社内部信用合作的模式，另一些地方开始探索以互助金作为担保与商业银行进行信贷担保。

（二）合作社之间的联合与合作

近年来，随着合作社业务领域和范围的拓展，合作社之间的联合与合作不断发展，提高合作社的生产经营能力和市场竞争能力，提高合作社经营规模，降低交易成本，可以采取横向和纵向的联合与合作，在单个合作社的基础上成立联合社，也符合客观规律和国际惯例。

现行的《中华人民共和国合作社法》《农民专业合作社登记管理登记》和《关于农民专业合作社有关税收政策的通知》的文件中都没有涉及联合社，联合社如何登记注册、法律地位、政策扶持等都需要政府作出明确的规定。

（三）信息化建设

信息化建设有利于国家对农业的综合调控，根据市场供求信息及时调整农产品种植结构和数量，保持农产品价格相对稳定，减少农民损失。政府应安排一定额度的财政资金加强合作社信息化基础设施建设，实现合作社社员生产在社、营销在网、业务交流、资源共享。

加强专业合作社电子政务建设。中国农民专业合作社网包含合作社统计系统、国家示范社监测系统、合作社财务系统、法律法规和部门规章、各地政策、产销对接扶持和宣传各地合作社的成功经验，加大省级农民专业合作社网的建设，形成省部两级合作社专业网站为一体的全国合作社网站群，推进部省两级电子政务平台建设。

逐步发展合作社电子商务和组织体系建设。随着“互联网 +”席卷全国各地，“互联网 +”在农业领域大显身手，如农业电商平台、农资电商平台、农产品电商平台等纷纷登场，主管部门协调与京东、苏宁易购等电商平台合作，与中国电信、中国移动、中国联通合作，积极为合作社提供网上营销服务。合作社通过他们的云管理平台，解决融资难、销售难等问题。在组织体系建设上，创建县级以上合作社网络管理员队伍，负责全国各地合作社建设发展资料的收集、整理、上传、发布。

（四）成立政策性担保公司和“银社”合作

大多数农民合作社以家庭承包方式或经营入股，缺乏足值的可抵押的资产，合作社登记注册的门槛低，内部管理不规范、财务管理不健全，使得金融机构也不愿直接对其提供融资服务，成立政策性担保公司是实践的创新。担保公司给予合作社灵活的评级规则，如商业合同、商标专利、物业权属、立项标书、投资债权、经营状态都可以作为担保抵押的信用筹码。采取灵活多样的反担保措施，建立有效的风险评审机制，进行风险评审。

除政策性担保公司外，主管部门应与金融部门沟通协调，推动金融部门与合作社的对接，实现“银社”合作。金融部门根据合作社不同时期对资金的需求，更新金融产品。合作社发展的初级阶段，主要寻求金融部门小额贷款，成长阶段需要规模贷款需求。

第三节　需要进一步研究的问题

本书将中国特色农民合作组织与国外合作社的治理结构、组织模式、与政府的关系和功能方面进行国际比较，是一种新的尝试。在借鉴吸收的基础上，提出构建中国特色农民合作组织的政策建议。但合作社在世界的发展是不会停止的，在旧的问题还没有答案的时候，新的问题会不断出现，当前，农民合作组织尚有一些问题需要深入地、进一步研究。

一、公平与效率的两难选择

直到现在，人们还在争论，合作社究竟应该是什么？不同的回答源于对公平与效率的不同定夺。弱势群体注重合作社的公平，但作为一个经济组织，合作社又要在竞争中求生存。所以，合作社只能是由农业生产劳动者为了谋求、维护和改善其共同利益，遵守合作社的原则实现劳动的联合和资本的联合，建立以民主管理为基础的管理制度，实现劳动的分工协作和资本的有效运营，采取按劳动分配和按资本分配的方式，直接为农民提供服务的经济组织或联合体。

我们不能认为合作社仅仅只有劳动的联合或以劳动的联合为主，在分配上不能仅仅采取按劳分配的方式，这样容易将合作社定位在劳动的联合中，将合作社的产权制度定位在公有制的产权内。在一定的技术条件下，没有资本的劳动联合，社会生产只是“海市蜃楼”。通过历史发现，将能够容纳多种产权形式的合作社定位于劳动的联合中，等同于将合作社作为社会大生产的一个生产车间，是对合作社内涵和外延的一种扭曲。

我们认为合作社应兼顾公平与效率。从合作社的发展史及罗虚代尔原则明显地发现，合作社要想在市场经济规则下发展壮大同时对社员实行按交易额返还，就必须改善内部机制，充分实现效率。马克思和恩格斯也认为合作社要有自己的经济利益，不断改善社员的生活。但中国在合作化进程中，逐渐将财产归大堆，认为合作社讲求公平。改革开放后，决策者因地制宜，还合作社本来面目。从1982年中央第一个1号文件到十七届三中全会，合作社的内涵和外延得到不断延伸，合作社已成为一种兼具公平与效率、劳动的联合与资本的联合、按劳分配和按资分配相结合、体现合作原则的经济组织。一旦合作社选择了公平和效率，就会走出两难的境地。如何在兼顾公平的同时实现效率，是当前合作经济迫切需要解决的一个问题。

二、规模与效率的矛盾

从中华人民共和国成立之前的农业合作中就可以发现规模与效率之间的矛盾，当时的矛盾为规模过小，难以形成规模经济，扩大规模又面临着社员退社的风险。中华人民共和国成立后，规模上去了，如高级社和人民公社，又产生了高额的监督成本，导致合作社的效率难以实现。加上分配制度及不符合效率原则，追求不损失任何人利益的平均分配，却使绝大多数人的利益受到损害，以致合作组织中出现大量搭便车、偷懒、磨洋工行为，最终使合作组织趋于无效，被社会淘汰。如何在保持适度规模的基础上使其效率最大仍是合作经济研究领域需要破解的一道难题。

三、政府如何平衡支持和干预合作社的发展

合作社是“民办、民管、民受益”的组织，从原则上应当由合作社成员自己管理，由于历史原因，中国相当部分合作社的发展具有明显的政府推动型的特征，且政府人员在合作社任职。随着合作社的发展，这种负面效应就会逐步体现出来。表现为：合作社的成员容易产生依赖思想；利益分割的不均等；社员的民主选举和民主管理机制歪曲。政府如何在支持和干预合作社之间取得平衡？如何在保持合作社自我发展的同时，政府给予相关的政策支持？这些问题直接关系着合作经济的健康持续发展。

四、中国新形势下农民合作组织发展和创新

家庭联产承包责任制的推行调动了农民的生产积极性，被公认为以组织创新推动经济增长的典范。但是，随着我国农业生产商品化、市场化和社会化程度的不断提高，农户分散经营逐渐暴露出农产品竞争力弱、农民组织化程度低等弊端，中国新型农民合作组织正是在这种形势下产生和发展起来的一种新的组织形式。它是家庭经营与社会化大生产矛盾的产物，是解决农民增收、农业结构调整等一系列农村现实问题的重要切入点。但当前我国新型农民合作组织发展过程中仍存在规模小、覆盖面偏低、带动作用不强、发展不规范等问题，如何解决上述问题，完善外部制度环境的缺失和农民合作组织自身的缺陷，健全民主管理和利益分配机制，进一步提升农民市场主体地位，增加农民收入，这些难题都需要深入持续地研究下去。

参考文献

[1]Edwin G.Nourse, Bertram M.Gross.The Role of the Council of Economic Advisors [J] . *American Political Science Review*, 1948 (2) .

[2]Emelianoff I..Economic Theory of Cooperation [J] .*Research Reports from University of California*, 1948 (4) .

[3]Enke S..Consumer Cooperatives and Economic Efficiency [J] . *American Economic Review*, 1945 (1) .

[4]Phillips R..Economic Nature of the Cooperative Association [J] . *Journal of Farm Economics*, 1953 (35) .

[5]Abrahamsen M.Scroggs C.Agricultural Cooperation: Selected Readings [J] *Journal of Marketing*, 1957 (6) .

[6]Helmberger P.G., Hoos S., Cooperative Enterprise and Organization Theory [J] . *Journal of Farm Economics*, 1962 (8) .

[7]Ward B..The Firm in llyria: Market Syndicalism [J] . *American Economic* Review, 1958 (7) .

[8]Sexton R..The Formation of Cooperatives: A game–theoretic Approach with Implications for Cooperative Finance, Decision Making and Stability [J] . *American Journal of Agricultural Economics*, 1986 (2) .

[9]Putterman L..Voluntary Collectivization: A Model of Producers' Institutional Choice [J] . *Journal of Comparative Economics*, 1980 (10) .

[10]Alchian A.Demsetz H.Production, Information Costs, and Economic Organization [J] . *American Economic Review*, 1972 (20) .

[11]Holmstrom B..Moral Hazard in Teams [J] . *The Bell Journal of*

Economics, 1982（2）.

［12］Meade J..The Theory of Labour–Managed Firms and of Profit Sharing［J］. *The Economic Journal*, 1972（3）.

［13］MacLeod W B., Malcomson J M..Reputation and Hierarchy in Dynamic Models of Employment［J］. *Journal of Political Economy*, 1988（96）.

［14］Andrew M.Condon.The Methodology and Requirements of a Theory of Modern Cooperative Enterprise［J］. *Agency Problems and the Theory of the Firm*, 1987（13）.

［15］Vitaliano P..Cooperative Enterprise: An Alternative Conceptual Basis for Analyzing a Complex Institution［J］. *American Journal of Agricultural Economics*, 1983（5）.

［16］Eugene F., Michael J..Separation of Ownership and Control［J］. *The Journal of Law and Economics*, 1983（2）.

［17］Axelrod R..The Emergence of Cooperation Among Egoists［J］. *American Political Science Review*, 1981（6）.

［18］Kreps D., Milgrom P, Roberts J..Rational Cooperation in the Finitely Repeated Prisoners' Dilemma［J］. *Journal of Economic Theory*, 1982（27）.

［19］Guttman J, Nitzan S, Spiegel U..Rent Seeking and Social Investment in Taste Change［J］. *Economics and Politics*, 1992（4）.

［20］Eschenburg R..Ökonomische Theorie der genossenschaftlichen Zusammenarbeit［J］. *T ü bingen*, 1971.

［21］Sexton R..Imperfect Competition in Agricultural Markets and the Role of Cooperatives: A Spatial Analysis［J］. *American Journal of Agricultural Economics*, 1990（2）.

［22］Feinerman E., Kislev Y., Agricultural Settlement with Joint Production Services［J］. *Agricultural Economics*, 1991.

［23］Pinhas Zusman, Gordon C.Rausser.Intraorganizational Influence Relations and the Optimality of Collective Action［J］. *Journal of Economic Behavior & Organization*, 1994（5）.

［24］Vercammen J, Fulton M., Hyde C..Nonlinear Pricing Schemes for

Agricultural Cooperatives [J]. *American Journal of Agricultural Economics*, 1996 (8).

[25] Yeung D., Petrosyan L..A Cooperative Stochastic Differential Game of Transboundary Industrial Pollution [J]. *Automatica*, 2008 (6).

[26] Cook M..The Future of U.S.Agricultural Cooperatives: A Neo-Institutional Approach [J]. *American Journal of Agricultural Economics*, 1995 (10).

[27] Fulton M..Giannakas K..Organizational Commitment in a Mixed Oligopoly: Agricultural Cooperatives and Investor-Owned Firms [J]. *American Journal of Agricultural Economics*, 2001 (14).

[28] Agrawal G,, Bansil P..Economic Problems of Indian Agriculture [J]. *Delhi. Vikas Publications*, 1969 (10).

[29] Moyer H., Josling T..Agricultural Policy Reform: Politics and Process in the EU and US in the 1990s [J]. *Ashgate Pub Ltd*, 2002 (5).

[30] Barzel Y..Economic Analysis of Property rights [J]. *Cambridge University Press, NewYork*, 1989.

[31] Jiatao Chen.Game Theory Analysis of Farmers Cooperation Behavior in China [J]. *Journal of Applied Sciences*, 2013 (13).

[32] 洪远朋. 合作经济的理论与实践 [M]. 上海：复旦大学出版社，1996.

[33] [法] 马克·布洛赫. 法国农村史 [M]. 余中先，等，译. 北京：商务印书馆，1991.

[34] [法] 费尔南·布罗德尔，欧内斯特·拉布罗斯. 法国经济与社会史（50 年代至今）[M]. 谢荣康，等译. 上海：复旦大学出版社，1990.

[35] 法国全国合作集团编. 法国的合作运动 [M]. 张朋浩，译. 北京：中国商业出版社，1986.

[36] [以色列] 耶尔哎哈罗尼. 以色列经济——梦想与现实 [M]. 伦敦，1991.

[37] 马克思恩格斯选集：第 1 卷 [M]. 北京：人民出版社，1995.

[38] 马克思恩格斯选集：第 2 卷 [M]. 北京：人民出版社，1995.

[39] 马克思恩格斯选集：第 4 卷 [M]. 北京：人民出版社，1972.

[40]马克思恩格斯全集：第16卷［M］. 北京：人民出版社，1964.

[41]列宁全集（第35卷）[M］. 北京：人民出版社，1985.

[42]列宁选集（第4卷）[M］. 北京：人民出版社，1972.

[43]建国以来重要文献选编（第二册）[M］. 北京：中共中央文献出版社，1992.

[44]毛泽东选集（第一卷）[M］. 北京：人民出版社，1991.

[45]工桧林，郭人钧. 中国现代史（第二版）下册［M］. 北京：高等教育出版社，2003.

[46]中国近现代史纲要［M］. 北京：高等教育出版社，2007.

[47]王平，王国建，刘立斌. 农村合作制理论与实践教程［M］. 北京：中国环境科学出版社，2010.

[48]杨德寿. 中国供销合作社发展史［M］. 北京：中国财政经济出版社，1998.

[49]张镜予. 中国农村信用合作运动［M］. 北京：商务印书馆，1930.

[50]吴敬琏. 当代中国经济改革［M］. 上海：上海远东出版社，2003.

[51]高明. 积极发挥政府主导作用　壮大农民专业合作组织［J］. 吉林农业，2016（2）.

[52]程恩富，陆夏，徐惠平. 建设社会主义新农村要倡导集体经济和合作经济模式多样化［J］. 经济纵横，2006，12.

[53]马艳. 我国农村新型合作经济组织理论探讨［J］. 上海财经大学学报，2006（5）.

[54]戴晓春. 我国农业市场化的特征分析［J］. 中国农村经济，2004（4）.

[55]胡宗山，付强. 国外农村合作社：历史、经验与借鉴［J］. 社会主义研究，2006（5）.

[56]凌宏. 我国农村经济合作组织存在的问题及对策分析［J］. 特区经济，2008（9）.

[57]彭南珍. 关于发展我国新型农村经济合作组织的思考［J］. 经济与社会发展，2011（3）.

[58]侯为民. 我国农业台作经济的发展经验与未来取向［J］. 当代经济

研究，2015（3）.

［59］潘劲 . 民国时期农村合作社的发展与评价［J］. 中国农村观察，2002（2）.

［60］辛子军，杨淑娟 . 农民合作社的功能转变与创新发展［J］. 农业经济，2015（9）.

［61］刘育杰 . 关于农机专业合作社功能的思考［J］. 吉林农业，2011（5）.

［62］王征兵，许婕，孙浩杰 . 国外发展农民专业合作社的经验及其借鉴——以美国、西班牙和日本为例［J］. 湖南农业大学学报（社会科学版），2010（2）.

［63］牛序茜 . 中国与美国农业合作社模式比较及对策研究［J］. 山东省农业管理干部学院学报，2012（4）.

［64］卞剑梅 . 现代农业合作社的组织结构与功能分析［J］. 中国外资，2012（1）.

［65］孙军 . 对农民专业合作经济组织的再认识——辽宁省农民专业合作经济组织发展历程分析［J］. 农业经济，2006（11）.

［66］于海琳，于海涛 . 发展农民合作组织的省级政府行为比较与启示［J］. 学术交流，2009（6）.

［67］李琳 . 关于农民合作经济组织的认识及对策研究［J］. 黑龙江史志，2009（12）.

［68］胡艳君，任立刚，郑海霞 . 两岸农民合作组织发展比较及对大陆的启示［J］. 中国农学通报，2014（11）.

［69］杨真 . 荷兰农业合作社对我国新农村建设的启示［J］. 市场论坛，2009（3）.

［70］苑鹏 . 改革以来农村合作经济组织的发展［J］. 经济研究参考，2008（3）.

［71］王忠海，赵国杰，郭春丽 . 农民专业合作社与政府关系的思考［J］. 内蒙古农业大学学报（社会科学版），2009（3）.

［72］徐旭初 . 农民合作社发展中政府行为逻辑：基于赋权理论视角的讨论［J］. 农业经济问题，2014（1）.

[73]周立群，曹利群．农村经济组织形态的演变与创新——山东省莱阳市农业产业化调查报告［J］．经济研究，2001（1）．

[74]陈于．动机理论视角下农民合作社产生机制探析——以广西上寨屯为例［J］．农业经济问题，2015（7）．

[75]朱启臻，王念．论农民专业合作社产生的基础和条件［J］．华南农业大学学报，2008（3）．

[76]邱志扬．从交易费用的角度分析农民专业合作社的产生［J］．黑龙江对外经贸，2009（4）．

[77]黄季焜，邓衡山，徐志刚．中国农民专业合作经济组织的服务功能及其影响因素［J］．管理世界，2010（5）．

[78]于志明．农民专业合作组织的金融功能拓展研究［J］．华北金融，2009（7）．

[79]费广胜．农村生态文明建设与农民合作组织的生态文明功能［J］．农村经济，2012（2）．

[80]黄大学，刘国炳．农民经济合作组织的功能和构建评价与思考［J］．广西社会科学，2005（12）．

[81]宋洪远．中国农业政策与涉农部门行为［M］．北京：中国财政经济出版社，1998.

[82]张会，候卫星，孙琳．农民专业合作社功能评价研究——基于陕西275户社员的调查［J］．生产力研究，2012（9）．

[83]黄宗焜．合作社功能和社会主义市场经济［J］．经济研究，2007（12）．

[84]崔宝玉，陈强．资本控制必然导致农民专业合作社功能弱化吗［J］．农业经济问题，2011（2）．

[85]杨娜曼．我国农民合作经济组织的制度变迁与绩效研究［J］．湖湘论坛，2008（3）．

[86]罗必良，王玉蓉．农业经济组织的制度结构与经济绩效—— 一个理论框架及其应用分析［J］．农业经济问题，1999（6）．

[87]黄胜忠，林坚，徐旭初．农民专业合作社治理机制及其绩效实证分析［J］．中国农村经济，2008（3）．

[88]韩瑜.制度变迁与中国新型农民合作经济组织的发展动力研究[J].经济问题探索，2010（4）.

[89]朱新方.制度变迁理论与中国农民合作经济组织发展的制度设计[J].长江大学学报（社会科学版），2005（5）.

[90]徐龙志，包忠明.农民合作经济组织的优化：内部治理及行为激励机制研究[J].农村经济，2012（1）.

[91]黄珺，顾海英，朱国玮.基于认知角度的农民合作经济组织治理问题研究[J].经济问题探索，2005（8）.

[92]罗骏.马克思恩格斯列宁合作经济思想探究[J].四川大学学报（哲学社会科学版），2005（6）.

[93]农朝.合作社思想的传播与合作社运动的发展[J].农村经营管理，2007（2）.

[94]植夫.人类之生存竞争[J].学艺，1920（2）.

[95]赵泉民."主义"话语与20世纪中国合作经济思潮的兴起[J].东方论坛，2005（1）.

[96]陈意新.二十世纪早期西方合作主义在中国的传播和影响[J].历史研究，2001（6）.

[97]危朝安.依法引导和促进农民专业合作社规范健康发展[J].中国农经信息网，2006（12）.

[98]刘纪荣.国家与社会视野下的近代农村合作运动——以二十世纪二三十年代华北农村为中心的历史考察[J].中国农村观察，2008（2）.

[99]傅晨.合作经济制度的变迁及对供销社改革的启示[J].广东合作经济，2006（1）.

[100]姚铭尧.罗虚代尔原则[J].中国中小企业，1998（3）.

[101]韩俊.关于农村集体经济与合作经济的若干理论与政策问题[J].中国农村经济，1998（12）.

[102]周连云.当代国际合作社运动的新背景、新优势、新特点[J].中国合作经济，2005（2）.

[103]张士杰.中国近代农村合作运动的兴起与发展[J].民国档案，1992（4）.

［104］赵黎．欧洲：市场导向、跨国合作——欧洲农业合作社发展新动向［J］．农村经济，2012（4）．

［105］国鲁来．合作社的产生及马克思恩格斯的合作社思想［J］．马克思主义研究，2008（3）．

［106］唐仁健，杨尚勤，陈良彪．英国和波兰农业合作社发展考察报告［J］．中国农民合作社，2013（10）．

［107］杨少平，陈则生，艾斯克尔别克·都米西．英国、德国合作社考察报告［J］．中国合作经济，2007（8）．

［108］郭家宏，徐铱景．工人阶级的自助和互助——19 世纪英国消费合作运动探析［J］．史学月刊，2012（12）．

［109］万秀丽．"两个飞跃"与中国特色社会主义农业发展道路研究［J］．甘肃社会科学，2009（6）．

［110］张晓山．促进以农产品生产专业户为主体的合作社的发展——以浙江省农民专业合作社的发展为例［J］．中国农村经济，2004（11）．

［111］黄凤，杨丹．农民合作社内部治理对其农业服务的影响［J］．湖南农业大学学报（社会科学版），2014（6）．

［112］英国金融服务局颁布针对信用合作社的最新规定［J］．商业会计，2010（17）．

［113］乐波．法国农业合作组织及其对中国的启示［J］．社会主义研究，2005（5）．

［114］郑雪飞．法国农业合作社及其对中国的启示［J］．北方经贸，2013（5）．

［115］李先德，孙致陆．法国农业合作社发展及其对中国的启示［J］．农业经济与管理，2014（2）．

［116］文孟君．荷兰的农业合作社模式［J］．农产品市场周刊，2014（12）．

［117］吴黎明．荷兰农民是如何办好合作社的［J］．农机质量与监督，2014（2）．

［118］王东光．德国合作社法律制度研究［J］．中国商法年刊，2006.

［119］张开华．美、德、日农民合作经济组织发展的特点［J］．江苏农村

经济，2009（5）.

［120］曲泰．德国农业合作社——助农生产帮民解忧［J］．中国农村科技，2008（3）.

［121］刘清，王倩，等．农村合作经济组织形式比较［J］．辽宁经济，2009（4）.

［122］胡媛媛，万红先．德国农业合作经济组织的发展研究及对我国的启示［J］．红河学院学报，2011（4）.

［123］徐旭初，贾广东，刘继红．德国农业合作社发展及对我国的几点启示［J］．农村经营管理，2008（5）.

［124］孙中华，王维友，张保强等．关于德国、荷兰、丹麦农业合作社的考察报告［J］．中国农民合作社，2012（11）.

［125］张晓山，党国英．丹麦的农业合作社［J］．农村经营管理，2003（4）.

［126］常青，张建华．丹麦与中国农业合作社之比较研究［J］．农业经济问题，2011（2）.

［127］曹睿亮．借鉴丹麦经验促进中国农业合作经济发展［J］．世界农业，2014（3）.

［128］刘光辉，付彩芳．美国农民合作经济组织的发展及对中国的启示［J］．世界农业，2013（6）.

［129］孙亮．美国、韩国、印度的农业合作社发展研究［J］．世界农业，2013（2）.

［130］逄玉静，任大鹏．欧美农业合作社的演进及其对我国农业合作社发展的启示［J］．经济问题，2005（1）.

［131］邵喜武．美国农业合作社发展的成功经验及对中国的启示［J］．世界农业，2013（1）.

［132］魏威，穆久顺．美国农业合作社与我国农民专业合作社比较与启示［J］．科技致富向导，2012（13）.

［133］徐晖，潘伟光，傅家桢．美国农业合作社发展新动向［J］．世界农业，2014（5）.

［134］王军．北美农业合作社发展新动向及其启示［J］．中国农业大学学

报，2014（3）.

［135］李健，阮建雯，郭兴昱．美国农业合作社的研究［J］．世界农业，2013（12）.

［136］苏跃辉．美国农业合作社融资分析及启示［J］．世界农业，2014（1）.

［137］卢代富，谭贵华．美国农业合作社的形态法定化及其启示［J］．法学论坛，2012（3）.

［138］杨玲玲，辛小丽．加拿大合作社运动的起源、发展现状及未来趋势［J］．科学社会主义，2006（4）.

［139］李中华，曹春燕，辛德树．国际农业合作社的发展、经验及对我国的启示［J］．青岛农业大学学报，2008（1）.

［140］陈家涛．日本农村合作金融组织模式的分析与借鉴［J］．中州学刊，2011（6）.

［141］陈家涛．丹麦农民合作社的发展经验对中国农民合作社启示［J］．海派经济学，2013（3）.

［142］陈家涛．合作社的国际比较分析及对我国的启示［J］．海派经济学，2015（1）.

［143］陈家涛．印度农业合作社的发展及对中国的启示［J］．海派经济学，2015（4）.

［144］陈家涛．国外合作社理论研究综述［J］．海派经济学，2009（1）.

［145］苑鹏．加拿大新农业时代催生新一代农民合作社［J］．中国合作经济，2004（7）.

［146］张永霞．加拿大合作社法概述［J］．中国农民合作社，2010（12）.

［147］石萍．加拿大农业合作社发展经验及对中国的启示［J］．农村经济，2008（10）.

［148］林兆艳．加拿大农业合作社建设研究及对我国的启示［J］．决策与信息·下旬刊，2012（9）.

［149］柳一桥．荷兰、日本、澳大利亚和巴西特色农业产业化发展的战略研究［J］．世界农业，2013（3）.

［150］娄昭，徐忠，张磊．巴西农业发展特点及经验借鉴［J］．世界农

业，2011（5）.

［151］欧继中，张晓红．荷兰和日本农业合作组织模式比较与启示［J］．中州学刊，2009（5）.

［152］刘颖娴．法、美、日的农业合作社概况及其产权安排［J］．重庆工商大学学报（社会科学版），2008（4）.

［153］崔馥娟，田书芹．中日两国农业合作组织的比较研究［J］．农场经济管理，2009（1）.

［154］管珊．日本农协的发展及其对中国的经验启示［J］．当代经济管理，2014（6）.

［155］李晶．政府荫庇下的日本农协——仙台秋保町的人类学调查［J］．开放时代，2011（3）.

［156］黄正多．合作社发展：印度的经验与教训［J］．南亚研究季刊，2008（1）.

［157］曹建如．印度的农业合作社［J］．世界农业，2008（3）.

［158］申龙均．试论韩国农业合作社［J］．吉林市经济管理干部学院学报，2001（1）.

［159］王军杰．印度农业国内支持制度的完善及对我国的启示［J］．农村经济，2011（8）.

［160］于细婷．印度：财政与金融支持农业合作社发展的经验及启示［J］．中国农民合作社，2011（9）.

［161］万宝瑞．关于农民专业合作社当前急需关注的几个问题［J］．农业经济问题，2010（10）.

［162］王本立，江红云．基布兹的体制演变与历史贡献［J］．科学社会主义，2008（5）.

［163］张凤．以色列的莫沙夫［J］．农村经营管理，2011（1）.

［164］张传超，左合余．以色列农业现代化及对中国农业发展的启示［J］．黑龙江科技信息，2013，19.

［165］张玉军．以色列农业合作社的组织、运营及其发展［J］．农场经济管理，2007（6）.

［166］王仙先．以色列农业现代化对我国农业发展启示一二［J］．论坛集

萃，2012（7）.

［167］高峰．以色列：节水型农业的典范［J］．国土资源，2013（2）.

［168］杨淑华，许可．以色列基布兹制度浅析［J］．学理论.Theory Research，2014，11.

［169］姚远．从美国、以色列、瑞典农业合作组织中得到的启示［J］．农业科学研究，2014（1）.

［170］刘洪．以色列“人民公社”的危机与改革［J］．社会观察，2014（4）.

［171］黄祖辉，邵科，徐旭初．台湾农会的发展经验与启示——兼议我国农民合作组织的发展方向［J］．台湾研究，2010（5）.

［172］何文君，唐甲良．借鉴台湾农会经验推动合作社做大做强［J］．农村经营管理，2013（1）.

［173］陈秋仁．台湾农业合作社场筹组与经营技术改进之经济研究［J］．台湾银行季刊，2010，52.

［174］张洁．台湾农业合作社的发展现状及其运作机制［J］．亚太经济，2002（5）.

［175］余艳锋，龙超安，祁春节．澳大利亚农村合作社发展对我们的启示［J］．农业经济，2006（5）.

［176］常运涛，高克义，徐翔．澳大利亚农业合作组织考察与启示［J］．广西农学报，2010（8）.

［177］陈颐．新西兰恒天然：从合作社到大型奶制品生产企业［J］．经济日报，2011（4）.

［178］徐旭初，黄祖辉．中国农民合作组织的现实走向：制度、立法和国际比较——农民合作组织的制度建设和立法安排国际学术研讨会综述［J］．浙江大学学报（人文社会科学版），2005（2）.

［179］曾森，刘发志，曾磊．国外农民合作经济组织发展中的政府行为比较及其启示［J］．金融与经济，2007（9）.

［180］任军利．中韩两国农民合作组织的比较及其启示［J］．广东农业科学，2012（2）.

［181］林秋玲．泉台农民合作经济组织比较研究［J］．西安石油大学学报

（社会科学版），2012（5）.

［182］王凤成，郭秀霞，王国栋．中日两国农民合作组织发展特点的比较与启示［J］．江苏农业科学，2011（1）.

［183］刘雪莲，吴蕴韬，窦晓飞等．中外农村合作金融组织比较研究［J］．商业经济，2013（8）.

［184］应千凡，王婷．农村信用合作组织监管制度：国际比较与借鉴［J］．浙江金融，2010（12）.

［185］夏文辉．合作社经济成为新西兰现代农业的典型形态［J］．农村工作通讯，2006（4）.

［186］刘文斌．美日农业合作社发展经验及对中国的启示［J］．辽宁大学学报（哲学社会科学版），2013（2）.

［187］李敬锁．德国农业合作社的历史、现状及发展趋势［J］．中国农民合作社，2010（9）.

［188］姚英华．英国工合：工业共有权运动的贡献［J］．中国集体经济，2003（10）.

［189］段进鹏，高维岳．中国农村经济组织形式创新的必要性，长安大学学报（社会科学版），2006（8）.

［190］陈淑祥．我国农民合作组织发展突出问题分析［J］．经济纵横，2010（4）.

［191］李志良．关于积极发展农业产业化经营的理论政策探讨［J］．现代经济信息，2015（15）.

［192］骆蓝．简兰农业合作社和农民组织体系［J］．中国合作经济，2004（1）.

［193］孙士海．印度农业合作社的发展、作用与问题［J］．南亚研究，1988（1）.

术语索引